EL LIBRO NEGRO DE LAS COMPUTADORAS EN LA PRODUCTIVIDAD

Cómo determinar la PC de escritorio o portátil adecuada para sus necesidades productivas

A. David Garza Marín

Cubierta diseñada por Kindle Cover Creator

Este libro es un trabajo de ficción. Los nombres, personajes, lugares e incidentes son ya producto de la imaginación del autor o se han utilizado de manera ficticia. Cualquier semejanza con personas reales, vivas o fallecidas, eventos o lugares es meramente coincidencia.

A. David Garza Marín
david@garza.mx
Visite mi sitio Web en http://www.garza.mx

Impreso en México

Primera edición: Abril de 2020

ISBN: 9798634693019

Contenido

ACERCA DEL AUTOR

A. David Garza Marín es Ingeniero en Computación, diplomado en Tecnologías de la Información y tiene una Maestría en Administración de Negocios. Se ha dedicado al cómputo, particularmente corporativo y productivo, desde 1989. Es orador internacional y se ha presentado en diversos foros relacionados con la computación en una gran parte del continente americano, en países como Estados Unidos, Argentina, Brasil, Colombia, Chile, Perú, Costa Rica, Panamá, República Dominicana y México, entre otros. Colaboró para diversas publicaciones como eSemanal, Personal Computing México, Canales TI y el periódico El Universal, entre otros, así como con el programa tecnológico de radio Punto Final, donde tenía una sección llamada "Tips y punto". Ha sido autor y coautor de cuatro libros de computación. Programador y computólogo, en 2002 empezó a colaborar con AMD. En la UNAM ha impartido las asignaturas de "Sistemas de Información Gerencial", "Dirección Estratégica" y "Dimensión Humana y Procesos de Cambio" en la Maestría en Alta Dirección de la Facultad de Química. Es melómano y eternamente curioso.

A. David Garza Marín

A mi amantísima esposa Paty, y a mis inigualables y entrañables hijos Ileana y Fernando.

A. David Garza Marín

La arquitectura de las computadoras es la ciencia y el arte de seleccionar e interconectar componentes de hardware [y software] para generar una computadora que cumpla con las expectativas funcionales, de rendimiento y costos. De esto se trata el diseño conceptual y la estructura operativa fundamental de un sistema de cómputo en la ingeniería de la computación.

—ARINDAM MALLIK

AGRADECIMIENTOS

Como siempre, existe una larga lista de personas a quienes agradecer. En lo personal, reconozco a todos mis mentores, maestros, amigos y familia, quienes me han apoyado en el proceso de generar la estructura, la temática y la revisión de este libro; en particular, a aquellos que se tomaron el tiempo para leer todo o parte del bosquejo original para darme sus observaciones. Me siento muy halagado que doctores, maestros, científicos y especialistas en Inteligencia Artificial y en Ciencias de la Computación hayan leído los avances y los bocetos del texto, y enviado sus observaciones para nutrir su contenido. También prestaron sus ojos profesores, ingenieros, directores de áreas de Tecnologías de la Información (TI) y usuarios finales quienes compartieron sus observaciones, mismas que hicieron de este texto algo más enriquecedor.

Asimismo, quiero agradecer a Roberto Andrade Fonseca, Aquiles Cantarell Martínez, Emiliano Capilla Mora, Mónica Casas González, Edwin Cházaro, Andrés Espinal Jiménez, Eduardo Guadarrama Gutiérrez, John Hampton, Manuel López Michelone, Jorge Rafael Martínez Peniche, Jason Mooneyham, Ingrid Motta, Miguel Ángel Ortiz Villeda, Alejandro Pisanty Baruch, Greg Poole, Araceli Romo Cabrera, Carlos San Román, Jorge Soria Alcaraz, Marco Sotelo Figueroa, Toni Villa, Mauricio Zajbert y Avelina Zimbrón López entre muchas otras personas por su apoyo e inspiración en la creación de este libro.

PRÓLOGO

Ingrid Motta

La evolución histórica de los cambios tecnológicos da cuenta de que antes del siglo XX, los avances y descubrimientos se presentaban como eventos espaciados en el tiempo. En la actualidad, por el contrario, dichas innovaciones tienen lugar de una manera continua y crecientemente acelerada.

En antaño, los cambios tecnológicos tenían un carácter más bien colectivo: la oficina de telégrafo, el ferrocarril, el puerto marítimo, etcétera. Hoy son de carácter mucho más individual o personal: el celular, la tableta, la laptop, el smartphone. Por eso frecuentemente son denominados *"personal communications systems"* (PCS).

Nuestra forma de vivir y hacer, en presencia y uso constante de las aún llamadas "nuevas tecnologías", nos ha transformado en el ámbito social, cultural, educativo, laboral y, por supuesto, en el productivo.

Blaise Pascal fue un matemático francés quien, durante 1642, en la búsqueda por crear una herramienta para hacer sumas en forma sistemática, creó un primer instrumento de 10 ruedas con engranes que se conectaban entre sí (representando los números del 0 al 9) para realizar diferentes sumas. Casi 30 años después, el matemático alemán, reconocido como último genio universal, Gottfried Wilhelm Leibniz, perfeccionó y evolucionó este concepto creando una máquina que también podía multiplicar.

A lo largo de la historia, el hombre continuó creando máquinas que facilitaban la realización de cálculos para diferentes aplicaciones. En la Segunda Guerra Mundial, científicos dirigidos por Alan Turing (uno de los padres de la ciencia de la computación) crearon la primera computadora digital llamada *Colossus*. Ésta podía predecir la trayectoria de bombas y torpedos enemigos mediante sistemas informáticos, así como decodificar mensajes de radio cifrados por los alemanes con su máquina llamada Enigma, para así frenar su poderío militar y en consecuencia acortar la duración de la guerra.

Lo que empezó como un instrumento analógico para realizar cálculos matemáticos se transformó en máquinas que procesaban información mediante bulbos, que a su vez evolucionaron a transistores, que permitirían mayor velocidad en el procesamiento de datos. Estos últimos dieron paso a circuitos integrados dotados con programas conectados a procesadores y sistemas de almacenamiento de datos, que, además de acelerar la velocidad de análisis y de ejecución de procesos, constituyen la piedra angular de la era de las computadoras sin las que hoy nos sería imposible producir comunicaciones, información, ideas, creaciones, herramientas, entre otros elementos.

Durante la década de 1970, los analistas estadounidenses Steven Roach y Paul Strassman, observaron el fenómeno de la Paradoja de la productividad. En ella hicieron referencia a la desconexión que había entre la creciente inversión en tecnologías de la información y la comunicación (TIC), en relación con el bajo índice de productividad que se vivía en Estados Unidos en esos años. Lo anterior, tal vez, era ocasionado por la vertiginosa entrada de equipos de cómputo en contraste con la lentitud con la que el sector productivo podía entender la nueva tecnología disponible.

El libro negro de las computadoras en la productividad de A. David Garza Marín me atrapó desde muchos aspectos de mi vida profesional y personal, y me dio diferentes perspectivas:

Como Empresaria y Directora General de una consultoría de comunicación especializada en telecomunicaciones y tecnologías de la información—así como amante de la tecnología—, encontré en *El libro negro de las computadoras en la productividad* un texto de gran relevancia. Ello no solamente desde un punto de vista de aplicación dentro de mi propia empresa, sino también como un libro de referencia académica para todos aquellos que quieran adentrarse y especializarse en el mundo de las computadoras como poderosas herramientas, así como para quienes quieren incrementar la eficiencia de un negocio.

En *El libro negro de las computadoras en la productividad*, David hace gala de su vasta andanza en el mundo de la computación y las TIC. Además, ofrece al lector un iluminado camino que lo acompaña para entender por qué los sistemas computacionales son fundamentales para la productividad. No importa el nivel de especialización que el lector tenga sobre este tema ya que David, con sus años de experiencia como orador y profesor universitario, convierte el lenguaje técnico en una ruta fácil de andar para el lector.

Dado el contexto que enmarca la obra de David, considero que definitivamente debe ser seguida por emprendedores, ya que puntualiza la productividad de la informática como sinónimo de rendimiento. Es decir, se es productivo cuando, con el uso de los recursos tecnológicos adecuados, se obtiene la capacidad máxima y, con ello, se aumenta la rentabilidad, se disminuyen costos y se asegura la mejora continua de los procesos de producción—todo ello, pieza clave para los que hoy están arrancando su empresa, cualquiera que sea la industria en la que se estén desarrollando.

Desde mi punto de vista como mercadóloga, David nos ayuda a tener una visión más allá de los principios de mercadeo de la electrónica de consumo. Tales principios, de acuerdo con el estudio de las necesidades del consumidor y la observación de su conducta, se anticipan y ofrecen insistentemente productos y servicios al consumidor que lo distraen de alcanzar el mejor provecho de sus actuales equipos de cómputo y promueven, con ello, su permanente sustitución. Por el contrario, este libro brinda herramientas muy útiles para aprender de un experto sobre la adecuada configuración del equipo de cómputo personal, así como métodos para incrementar su productividad y aprovechamiento.

Así como la tecnología vive una evolución constante, *El libro negro de las computadoras en la productividad* nos estimula a la práctica de la productividad a través de la computadora como un instrumento para ampliar nuestras capacidades y dotar de trascendencia nuestro quehacer personal y profesional. También nos estimula a desarrollar nuestras capacidades de análisis para aumentar la eficiencia de la productividad de un negocio.

Este libro no se limita a los conceptos sobre la computación, sino que, a través de una variedad de ejemplos en los temas que aborda, brinda al lector una forma de adentrarse en la adopción activa de prácticas y técnicas para familiarizarse con ellas y ser aplicadas de modo que se garantice la multiplicación de un entorno productivo.

Los invito a disfrutar, procesar y aprender de un maestro de las tecnologías de la información y la comunicación, y a seguir su guía sobre cómo hacer de las computadoras una poderosa herramienta de productividad y rentabilidad.

Ingrid Motta *es Directora General de BrainGame Central (www.braingame.biz) y ha recibido varios reconocimientos. Entre los más importantes, como una de las 100 mujeres más poderosas en los negocios por la revista Expansión en más de una ocasión, una de las 45 líderes de mercadotecnia por la revisa InformaBTL, así como una de las mujeres más influyentes en el campo de la tecnología por el periódico El Universal. Licenciada en Comunicación, Maestra en Publicidad, Diplomada en Mercadotecnia especializada y Doctoranda en Comunicación y pensamiento estratégico, cuenta con más de 26 años de experiencia en el ramo. También es coautora del libro "Influencers: Todo lo que necesitas saber sobre influencia digital". Su correo electrónico es ingridmotta@braingame.biz.*

PREFACIO

La mayor parte de los campos de la ciencia y la ingeniería cuentan con herramientas y técnicas bien definidas para medir y comparar fenómenos de interés, así como para comunicar con precisión los resultados. Sin embargo, cuando se refiere a los campos de la ciencia, en particular de la ingeniería de la computación, existen pocos o nulos acuerdos respecto a la manera correcta de medir algo tan fundamental como el rendimiento de un sistema de cómputo. (Lilja, 2004)

Es decir, para medir el volumen de algún líquido, siempre puede hacerse a través de unidades estándar (litros, galones, etcétera), las cuales permiten la comparación directa de volúmenes de distintos tipos de contenedores (el tanque de gasolina de un auto, una cisterna, una taza...). No obstante, la comparación de rendimiento de distintos sistemas de cómputo ha probado no ser tan sencilla.

El principal problema se concentra en la falta de acuerdos al respecto, incluso en ideas que podrían ser muy simples, como la métrica más apropiada para el rendimiento de una computadora. Los problemas se agravan pues hay investigadores que obtienen y reportan resultados mediante metodologías cuestionables e, incluso, incorrectas.

Parte de esta falta de rigor se debe a que diversos valores de rendimiento obtenidos desde las pasadas décadas se han logrado mediante metodologías empíricas que se basan únicamente en experiencias personales, incluso por corazonadas, o solo por intereses de mercado; sin la ayuda de instrumentos. Por esta misma razón, hay muy pocos incentivos para que los investigadores se den a la tarea de obtener y reportar resultados de una forma científica. De manera paralela, aun cuando tales investigadores llegasen a tener una metodología científica y bien estructurada, muy pocas veces las imparten a sus estudiantes para que las utilicen en sus propios experimentos. (Lilja, 2004)

El propósito de este libro es conocer los fundamentos de una adecuada configuración del equipo de cómputo personal (PC, por sus siglas en inglés) para la productividad. Aunque se basa fuertemente en el sistema operativo de Microsoft Windows 10, los principios vertidos también pueden aprovecharse en otros sistemas operativos, como las distintas distribuciones de GNU/Linux.

En este libro se contará con herramientas para soslayar los abusos en las prácticas mercadológicas y en ofertas dominantes del mercado que han llegado a afectar la adecuada configuración de una PC al concentrarla exclusivamente en ciertos componentes, como el procesador o CPU. Este tipo de prácticas ha hecho que los especialistas, incluso los más avezados, caigan en trampas que reducen su visión y que pueden dañar la experiencia del usuario; por ejemplo, el uso inescrupuloso de benchmarks, simulaciones o pruebas de rendimiento como único medio para comprobar la supuesta viabilidad de una computadora.

Así, una de las metas primordiales de este texto es la de exponer al lector la importancia de su propia medición y percepción al utilizar los modernos equipos de cómputo. A su vez, a destacar los intereses del usuario como medio para ofrecer soluciones que tengan mayores posibilidades de satisfacer no solo sus requerimientos de cómputo, sino, también, con la mejor inversión posible. De esta forma, el lector podrá encontrar una manera de definir las mejores soluciones de cómputo personal para sus necesidades, sin verse acorralado o abrumado por la vorágine mercadológica de la industria.

Sea, pues, este libro una referencia para quienes quieren elegir una máquina de cómputo personal para su productividad.

INTRODUCCIÓN

A lo largo de mi vida como tecnólogo, he descubierto que no hay peor tecnología[1] que la que no se entiende; motivo por el cual procuraré proveer información en un sentido que sea de fácil acceso para el lector, sin importar su formación computacional.

La forma en que está estructurado este libro permite que los lectores se dirijan a los capítulos que más les interesen de acuerdo con su grado de especialización: A quienes no cuenten con mucha formación en la materia, recomiendo que inicien desde el primer Capítulo. Ahora bien, en determinadas secciones pondré la frase "Lenguaje general" cuando se refiera a una descripción genérica de un concepto, orientado a cualquier lector. La frase "Lenguaje técnico" destacará una sección donde el contenido sea más especializado. Si bien se utiliza un lenguaje más o menos llano, en los hechos la sección contendrá tecnicismos propios para quienes están más versados en el tema.

Este libro está, en esencia, concentrado en los equipos PC para productividad o uso profesional, ya sea de escritorio o portátiles, y se encuentra fuertemente orientado al Sistema Operativo Microsoft Windows 10[2]. Para su comprensión didáctica se ha dividido en tres partes: En la primera se desglosa la importancia de la PC en el entorno productivo, su configuración y algunos aspectos de seguridad; en la segunda se desmenuza el tema de las pruebas de rendimiento para la elección de la solución adecuada y; en la tercera, se ofrecen algunos apéndices para detallar información precisa que coadyuve en la toma de decisiones.

No se pretende que el lector tenga que hacer una inversión para poder medir el rendimiento de sus equipos, pues se destacarán aquellos programas que se ofrecen con una versión gratuita o de evaluación (ya sea con limitantes de funcionalidad o de

---

[1] Para comprender mejor este concepto, ver el Apéndice F: "Tecnología".
[2] De acuerdo con el sitio StatCounter, Microsoft Windows tenía una participación mundial de mercado del 77% hasta abril de 2020, y Windows 10 tenía una participación de 70%, con lo que ya superó de manera importante la participación de Windows 7. Curiosamente, en la participación de mercado de los sistemas operativos para escritorio, en la misma liga a continuación, se puede observar una que muestra el fuerte aumento de participación de sistemas operativos desconocidos. Habría que ver a qué se refieren estos sistemas operativos en equipos de escritorio. Fuente: http://gs.statcounter.com/os-market-share/desktop/worldwide

tiempo de uso); sin embargo, es probable que deba hacerse alguna inversión para adecuar o mejorar los resultados obtenidos por los equipos de cómputo existentes.

Además de utilizar y proveer información cuantitativa, aportaré un sentido cualitativo, basado en estudios existentes, de manera que se comprenda mejor lo que los usuarios perciben a la hora de utilizar una computadora. En este sentido, *El libro negro de las computadoras en la productividad* está dividido en tres partes.

La **Parte I** aportará en la comprensión de las generalidades de los equipos PC (Capítulo 1) y sus componentes (Capítulo 2). También se registrarán algunos mitos de las PC (Capítulo 3) y se estudiarán someramente algunas leyes y principios del cómputo, así como referencias de otros autores en este mismo tema (Capítulo 4). Asimismo, se delinearán algunos casos de uso genéricos (Capítulo 5) y se encontrarán las configuraciones recomendadas para los requerimientos delineados en el capítulo previo (Capítulo 6). Por último, se verán algunos aspectos relacionados con la seguridad en el cómputo personal (Capítulo 7).

La **Parte II** se concentrará en las famosas pruebas de rendimiento y, a lo largo de este apartado, será posible observar la importancia del rendimiento de una computadora (Capítulo 8) así como el panorama de las pruebas de rendimiento (Capítulo 9). De manera particular, se destacará algo que no muchos toman en cuenta: la percepción humana ante el "rendimiento" de una computadora (Capítulo 10). En secuencia, se hablará de las acciones que se pueden seguir para probar el rendimiento de una computadora (Capítulo 11), y con la facilidad de contar con un detenido protocolo sugerido para realizar estas pruebas (Capítulo 12). Para interactuar con el mercado, se describirán de algunos de los distintos programas de benchmark disponibles (Capítulo 13). Identificar cómo tener una Puntuación Mínima Actualizada de rendimiento para contar con una referencia, es el tema de un capítulo en este apartado (Capítulo 14), así como los posibles pasos para actualizar equipos existentes y, de ser posible, darles una segunda vida (Capítulo 15). Cierra con unas reflexión sobre las pruebas de rendimiento como conclusión de este apartado.

En la **Parte III** se encontrarán siete anexos que pretenden ampliar las explicaciones respecto a los equipos de marca o genéricos, de uso profesional o de consumo, de escritorio o portátil, Windows 10 o Windows 7, o alguna otra opción, el proceso de configuración y puesta a punto de la PC, la definición de Tecnología y, por último, el descargo de responsabilidad y atribución.

Espero que el lector disfrute tanto de la lectura de este libro como yo al escribirlo.

PARTE I

Las PC en el entorno productivo

CAPÍTULO 1

Generalidades de las PC en el entorno productivo

*[...]Un cliente que paga—por adelantado—por
contratos de servicio es una fuente de ingresos más
segura que un cliente que ha aprendido a usar un
producto. [...]Por ello es que ha surgido otra ley:
* La dependencia del cliente es más rentable que
la educación del cliente.*
—Niklaus Wirth

En el mundo que vivimos, las computadoras han cobrado una enorme importancia en una gran parte de los aspectos de nuestra vida. Hoy, más que nunca, la computadora encierra una importante influencia tanto en el éxito como en el fracaso de los procesos humanos: "Gracias a la computadora pude terminar el proyecto", "Se 'cayó' el sistema y no le puedo pagar el cheque", "La computadora se equivocó y me dio la cuenta incorrecta", "A través de Internet, pude traer la información a mi computadora", son algunas de las expresiones que es común escuchar hoy en día.

Las computadoras en la actualidad tienen mucho que ver con la vida productiva y el entretenimiento social. Se utilizan en prácticamente todas las vertientes de la creatividad humana: arquitectura, edición, ingeniería, gobierno, agricultura, ganadería, economía, actividad bancaria, industrial, transporte, enseres, redes sociales, etcétera. Es difícil voltear a alguna parte y que no esté una computadora involucrada (ya sea de manera evidente u oculta) en alguna parte de un proceso.

El ámbito de la ciencia de la computación ha avanzado de manera vertiginosa hasta nuestros días, lo cual es especialmente evidente en los dispositivos que nos rodean como Tabletas, Teléfonos Inteligentes y (¡así es!) los equipos de cómputo personal. En la actualidad, cada vez más procesos están basados en arquitecturas de sistemas heterogéneos donde un procesador o unidad de procesamiento (CPU) no es suficiente para satisfacer las actuales necesidades de los usuarios (en cuanto a potencia de procesamiento y ahorro de energía). El software y el hardware actuales están basados en esta arquitectura heterogénea para ofrecer mayor potencia con un mayor ahorro de energía.

UNA BREVÍSIMA SEMBLANZA DEL PROCESAMIENTO DE LA INFORMACIÓN

El uso de tecnología, en determinadas actividades cotidianas, tiene la finalidad de agilizar y reducir costos. El objetivo de haber generado computadoras es con exactitud el mismo que se relaciona con la tecnología en general; ello explica el por qué el primer objetivo al pensar en una computadora se concentra en la rapidez.

Se puede subrayar que la rapidez de una computadora dependerá mucho de lo que en ella se quiera hacer, de manera que hay que entender con claridad qué finalidad tendrá la computadora para saber cómo debe configurarse (ver a detalle este tema en los capítulos 5, 6 y 7, así como los apéndices E y F).

Sin embargo, de manera general, el procesamiento de la información se ha concentrado en las CPU que en la actualidad están representados por unos pequeños chips. La idea detrás de una CPU se concentra en un dispositivo que ejecutase determinadas instrucciones. Las CPU, en su origen, eran diseños para funciones específicas y algunas de ellas podían ocupar espacios muy grandes. Más tarde se generaron CPU de propósito múltiple que podían ejecutar diversas tareas. Gracias a la creación de transistores y circuitos integrados, las CPU pudieron reducir su tamaño de manera paulatina hasta llegar a los microprocesadores[3]. La reducción de la CPU

---

[3] La patente original por los microprocesadores la tiene Texas Instruments gracias al TMS 1000, la primera CPU unívoca. Sin embargo, sigue existiendo controversia respecto al creador del primer procesador del mercado. La primera vez que se utilizó la palabra "microprocesador" fue en octubre de 1968 por la empresa Viatron al anunciar su System 21. Sin embargo, no se trató de un chip, sino de toda una terminal. Antes que el Intel 4004, Texas Instruments había presentado el TMX-1795 que se anunció días antes y se presentó meses antes. Así, el primer

permitió la existencia de equipos pequeños que, a pesar de hoy ocupar apenas un pequeño espacio en el escritorio o, incluso, en el bolsillo, cuentan con mayor potencia que la computadora utilizada para el primer viaje a la luna[4].

Lenguaje Técnico

Debido a que aumentar la potencia de un solo procesador, CPU o microprocesador es una tarea titánica, la ciencia se empezó a decantar por la idea de utilizar dos o más procesadores idénticos para agilizar el cómputo. A esto se le conoció como Multiprocesamiento Simétrico (o SMP por sus siglas en inglés). La idea era dividir los procesos en pequeños "paquetes" conocidos como subprocesos, hilos o "threads" que se ejecutaran de manera simultánea, concurrente o paralela en los procesadores y, con ello, acelerar su procesamiento y agilizar los tiempos de respuesta[5]. El SMP requiere de procesadores idénticos (simétricos) para poder ejecutar exactamente las mismas instrucciones en ellos. Si bien, en su origen SMP se refería al uso de sistemas idénticos, la miniaturización trajo consigo la posibilidad de crear sistemas de cómputo con componentes idénticos, tiempo después con circuitos integrados idénticos, luego con microprocesadores idénticos en una misma placa y, como es en la actualidad, microprocesadores con "núcleos" o "cores" idénticos (donde cada chip consta de varios microprocesadores). Sin embargo, todo esto es complementario: varios sistemas pueden utilizarse en paralelo, donde cada uno puede contener componentes idénticos, con circuitos integrados idénticos y éstos, a su vez, con varios microprocesadores instalados, mismos que consisten en varios núcleos cada uno. Así, los equipos de cómputo son "escalables" (pueden crecer) de acuerdo con las necesidades de cómputo.

Ahora bien, conforme el SMP se fue utilizando, también se fue descubriendo que los procesadores tendían a quedarse por ciertos períodos a la espera de que algún dato les fuera suministrado para continuar con sus tareas. El dato esperado podría provenir de alguna fuente como el teclado (el usuario), las unidades de almacenamiento, la red u otros. A ese tiempo donde el procesador se queda esperando información se le conoce como "tiempo muerto", mismo que debería poderse aprovechar de alguna forma (como cuando el lector está esperando algún dato o información para continuar con alguna tarea encomendada, y aprovecha ese tiempo para avanzar en alguna otra tarea o, simplemente, tomarse un café).

---

microprocesador construido fue el TMX-1795 y el primer procesador públicamente disponible fue el TMS 1000.

[4] La IBM System/360 Modelo 75s tenía una capacidad de hasta 1MB de memoria y hasta 750KFLOPS. Los modernos teléfonos celulares alcanzan hasta 4GB de memoria y una potencia de procesamiento de 80GFLOPS. Ver el apartado de la tarjeta gráfica para comprender más a profundidad el concepto de FLOPS.

[5] Cabe subrayar que los procesadores por sí mismos son incapaces de hacer esta división de subprocesos, hilos o "threads". Ésta es una facultad de los sistemas operativos o los programas. De poco o de nada sirve tener SMP, SMT o HC si el software o el sistema operativo no está diseñado para aprovechar tales tecnologías. Verá más información al respecto en el Capítulo 3.

Ante ello, apareció una tecnología que permitiría a los procesadores aprovechar esos "tiempos muertos". Conocida como Multihilos Simultáneos (o SMT por sus siglas en inglés) representa grandes mejoras, aunque con la desventaja de que, si se carece de tiempos muertos, los subprocesos, hilos o "threads" que hayan entrado a la espera de ser procesados durante esos tiempos muertos no se encausarán o tardarán mucho en ser procesados. En ese sentido, esta metodología solo es útil cuando no existe una fuerte carga de procesamiento en la computadora.

Vale mencionar que la potencia de la computadora no se encuentra tan solo en las CPU. Existen otros tipos de procesadores que pueden realizar exigentes tareas, pero que no son simétricos a los núcleos de una CPU, como lo son las Unidades de procesamiento gráfico (GPU), los procesadores de señales y otros que, también, podrían aprovecharse para el procesamiento de información, aunque su modo de funcionamiento y estructura fueran distintos a los de una CPU. Esto traía la necesidad de romper con el SMP y decantarse por un procesamiento asimétrico (AMP); es decir, que no requiriera de procesadores idénticos, sino de distintos tipos de procesadores. De allí nació el concepto de Cómputo o Procesamiento Heterogéneo.

CÓMPUTO HETEROGÉNEO

En la actualidad, dos de cada tres dispositivos están basados en una funcionalidad conocida como Arquitectura de Sistemas Heterogéneos (HSA)[6], que es una implementación del Multiprocesamiento Asimétrico (AMP).

HSA sienta sus bases más allá de la funcionalidad de la CPU y la expande para obtener mayor potencia con distintos tipos de procesadores y ofrecer una mejor relación de Rendimiento por Vatio (o Watt); punto realmente importante, dado que la reducción en el consumo de energía es vital para disminución la emisión de gases de efecto invernadero por la generación de energía eléctrica[7].

La combinación de potencias de procesamiento provenientes de distintos tipos de procesadores ofrece la posibilidad de una mayor potencia de cómputo y una reducción en el consumo de energía. Ésta es la base de HSA: combinar las distintas potencias de cómputo que hay en un equipo para obtener mejores resultados (Ver el Capítulo 2 en el que se tratará con mayor detalle este tema de singular importancia para la nueva tecnología).

---

[6] HSA Foundation: http://www.hsafoundation.com/
[7] Esta práctica se encumbró en el Acuerdo de París del 5 de octubre de 2016, con 172 países comprometidos. Fue ratificado en la Cumbre celebrada en Argentina durante noviembre de 2018 . Fuente: http://unfccc.int/paris_agreement/items/9485.php

LAS COMPUTADORAS Y LA PRODUCTIVIDAD PERSONAL

Hoy por hoy, las diversas empresas relacionadas con el ámbito del cómputo han creado sistemas y equipos cada vez más fáciles de manejar: unidades de escritorio, portátiles, tabletas, celulares y una enorme diversidad. De esta forma, las computadoras han dejado de ser entes monstruosos e intimidantes para convertirse en herramientas con una enorme facilidad de uso y una amplia gama de aplicaciones productivas y de entretenimiento. Las computadoras ya no pueden mirarse de soslayo, particularmente en el terreno de la productividad.

En el campo productivo, las computadoras son esenciales. Desde las microempresas hasta los grandes consorcios, la computadora puede ayudar a la administración y procesos productivos de la empresa[8]. Hay organizaciones que, incluso, basan por completo su funcionamiento en los equipos de cómputo. Algunas de ellas funcionan a través de los servicios proporcionados por Internet y la integración de otros proveedores de servicios para lograr su objetivo con una inversión interna y cantidad de personal mínimos. La única limitación en el uso de las computadoras en la vida actual es, simplemente, la imaginación. Así, el campo de acción es, en esencia, ilimitado.

No hay manera de escapar de la informática en nuestros días, a menos que uno tome la decisión de irse a vivir a un apartado rincón del mundo, aunque no se podría asegurar que allá se evitaría algún tipo de contacto con computadoras.

Integración de una PC

Ahora que se ha tomado la decisión de hacerse de computadoras personales, lo mejor es conocer en qué consisten y cómo poder integrar la que sea más adecuada a las necesidades de la organización. Como se sabe, ésta es la finalidad primordial de este libro. Adquirir la computadora adecuada podría tener algunas complicaciones iniciales, si no se cuenta con el conocimiento. Pero una vez que conozcan las bases,

---

[8] Hay quienes piensan que, si hay desorganización en una empresa, la computadora lo arreglará. La verdad es que, si hay desorganización, la computadora magnificará esa desorganización. Una computadora no hará ni más ni menos que lo que se le pida que haga. Por ende, no arreglará, por sí sola, algún problema de la empresa, sino que únicamente podrá acelerar el desorden o, si se trabaja de manera ordenada, el orden.

quizá este libro se convierta en la mejor compañía cuando se esté en procesos de licitación, solicitud de presupuesto (RFP[9]) o adquisición independiente de equipos de cómputo.

Así como existen diversas marcas y modelos de automóviles, también existen diversas marcas y tipos de computadoras. Una de las herramientas que más éxito ha tenido en el quehacer humano es la computadora personal o PC. Este tipo de computadora fue creado por International Business Machines (IBM) a principios de la década de los años ochenta[10]. Su finalidad fue la de competir en un mercado donde las microcomputadoras de diversas marcas de arquitectura cerrada ya estaban sentando sus reales. La diferencia central de ésta es que toda su arquitectura era (y es) abierta: cualquier fabricante o persona podía crear componentes y programas para la PC. Lo anterior estableció las bases del éxito que hoy tiene la arquitectura PC sobre otras computadoras de escritorio.

Este grado de apertura ha permitido que, incluso en la actualidad, sea muy sencillo que uno mismo integre su propia computadora, genérica o bien original (Original Equipment Manufacturer/OEM[11]). En este sentido, conocer cada uno de los componentes de la PC le permitirá integrar una computadora a la medida de sus necesidades, ya sea con su fabricante de computadoras preferido o, si posee el conocimiento, integrarla a partir de componentes individuales.

La diferencia en la potencia, calidad y confiabilidad de ambos tipos de computadoras (genéricas y OEM) podría ser imperceptible. Se puede adquirir una computadora OEM o genérica cuyo poder de cómputo y confiabilidad sea equivalente en ambas. En el campo de las computadoras OEM, existen fabricantes que le permiten especificar los componentes de su máquina a la medida de sus necesidades, incluso sometidas a duras pruebas para garantizar su funcionalidad y durabilidad. Otras comercializan modelos específicos de computadoras. En ambos casos, las empresas hacen públicas las características y componentes de las máquinas.

Este libro le podrá ayudar a comprender mejor los términos que se utilizan y a adquirir la computadora que mejor se adapte a sus necesidades y posibilidades, tanto económicas como funcionales.

En el campo de las computadoras genéricas, existen algunas que ya están ensambladas de manera predeterminada con ciertos componentes. Es posible que sean más económicas que las OEM, aunque podrían no incluir los mejores componentes.

---

[9] RFP = Request For Proposal o Solicitud de Presupuesto. Es un tipo de solicitud de licitación en el que una empresa u organización anuncia que hay fondos disponibles para algún proyecto o programa en particular. Con ello, las empresas pueden presentar ofertas para llevar el proyecto a buen fin

[10] IBM PC 5150, presentada en agosto de 1981, http://www.oldcomputers.net/ibm5150.html

[11] OEM = Original Equipment Manufacturer, Fabricante de equipo original. Se trata de los fabricantes internacionales como HP, Lenovo, Dell, Acer, Asus y otros, que fabrican equipos de cómputo bajo la garantía de manufactura de su marca y orientadas a diversas necesidades.

Para el caso, los accesorios se venden por separado y, una vez adquiridos, puede solicitar que el vendedor le ensamble la computadora o acoplarla usted mismo. (Ver ventajas y desventajas de los equipos OEM frente a los genéricos y viceversa en Apéndice A).

Saber comprar

Por alguna extraña razón, cuando algunas personas deciden adquirir una computadora, suelen preguntar por la mejor y más potente. Ello es similar a salir a comprar un vehículo y tratar de adquirir un tractocamión, por ser el más potente y el mejor. De hecho, la decisión de compra de un automóvil está definida por tres aspectos fundamentales: necesidad, características y presupuesto. Saber comprar un automóvil trae consigo una cultura del automóvil. El comprador toma en cuenta qué necesita, las marcas, modelos, características, capacidad y precio del vehículo. Para adquirir una computadora, normalmente el comprador se fija en resultados de benchmarks[12] casi sin importar nada más. Pocas veces se toman en cuenta las características, funcionalidades, modelos, capacidades, seguridad y, menos aún, presupuestos y adaptabilidad a las necesidades de la organización.

El tipo, poder y calidad de la computadora que se adquiera tendrá una estrecha relación con la productividad para la que se orienta. Si se está en la rama de la arquitectura y se utiliza software de diseño como AutoCAD o eDrawings, se deberá pensar en una computadora potente con componentes certificados por los fabricantes independientes de software (ISV[13], por sus siglas en inglés). Si uno adquiere una computadora sin observar semejantes cualidades, la productividad podría descender a tasas alarmantes. Por otro lado, si las necesidades de cómputo son modestas y uno se hace de una potentísima computadora, se estarán "matando moscas a cañonazos". No solo desperdiciará potencia y energía eléctrica, sino también dinero y recursos.

Así como existe una cultura del automóvil, debería existir una cultura informática para no salir a comprar lo *más potente* en todos los casos, sino para salir a comprar lo ideal para cubrir las necesidades específicas, y que se anticipe cierto período de durabilidad.

En resumen, para salir a comprar una computadora, antes se deberá haber estudiado para qué se quiere y en dónde se utilizará. Con ello en mente y a sabiendas de lo que

---

[12] Se trata de programas que, supuestamente, prueban la rapidez de la computadora. Profundizaremos más en esto en los capítulos 7 y 8.
[13] ISV = Independent Software Vendor.

significa cada uno de los términos de cómputo, se sabrá el tipo de máquina o componentes que se estará comprando y se logrará el objetivo de obtener un equipo acorde a las necesidades y presupuesto.

Así, para definir la compra de un equipo de cómputo, será importante: 1) Saber cuál o cuáles necesidades se requiere satisfacer, 2) Conocer con qué software se podrá satisfacer lo mejor posible esa necesidad, 3) El software "establece" en qué sistema operativo requiere funcionar, así como las características (normalmente, las mínimas) del equipo por adquirir y; 4) Con ello ya se podrá hacer una compra mejor asistida.

Fuente: Elaboración propia.

Entre la computadora y el usuario debe existir una cierta fusión. Algo parecido a lo que, se dice, sucedió con Paganini y su Stradivarius. Paganini no dejó que nadie fuera de él utilizara su violín favorito; lo hizo suyo y lo adaptó de manera íntima a sus necesidades. Aunque en la computadora no necesariamente se deberá evitar que alguien más la utilice, cierto es que los usuarios suelen adaptarlas con exactitud a sus necesidades y las convierten en una extensión de su propia imaginación. Esto último es la finalidad primordial de una computadora.

De acuerdo con el software que se haya elegido y, con ello, al sistema operativo que le instale, se podrá ajustar a la computadora a las propias necesidades con distintos grados de exactitud. Lo principal es adecuar la computadora a las necesidades del usuario.

Poéticamente, lo recomendable es imaginarse la computadora como un "clon" de uno mismo. Las ideas, proyectos, trabajos y demás manifestaciones de nuestra mente estarán plasmadas allí. Mediante la computadora podremos ver realizados muchos de nuestros pensamientos e ideas, así que lo mejor es que se cuente con una computadora que se ciña, en lo posible, a nosotros y a nuestras necesidades hasta en el mínimo detalle; de manera para que se tenga en ella a la mejor herramienta para convertir a las ideas en algo tangible.

Nadie más que uno tendrá la facultad de "darle vida" a la computadora y que, a su vez, se convierta en un vehículo de la productividad.

Esta idea es el eje de *El libro negro de las computadoras en la productividad*, al pretender que se muestre lo que se debe tomar en cuenta para hacerse de un propio equipo de cómputo y que se sepa exactamente qué es lo que adquiere y porqué. Fin de la parte poética.

Por lo anterior expuesto, es importantísimo tomar en cuenta la percepción del usuario. Por desgracia, la idea actual es que los modernos equipos de cómputo, lejos de coadyuvar a la productividad la entorpecen, y ello ha sido documentado por Erik Brynjolfsson (1992), así como por Stuart Macdonald, Pat Anderson y Dieter Kimbel (1999). En muchas ocasiones ello se debe a un inadecuado proceso de configuración de las computadoras, no solo en lo que a hardware se refiere, sino, también, en cuanto a software.

Luis Vieira (2014) nos dice que la percepción o el rendimiento percibido es una mezcla de las expectativas del usuario, la capacidad o facilidad de uso y el rendimiento:

$$Rendimiento\ percibido = f(Rendimiento\ esperado, EU, Rendimiento\ real)$$

EU = Experiencia del Usuario

Cuando una solución está bien diseñada puede traer consigo una alta satisfacción del usuario, pese a que llegara a enfrentar algunos pequeños problemas; por el contrario, cuando una solución está mal diseñada, la percepción será mala, sin importar que integre las más altas y vanguardistas tecnologías.

Así, **el usuario es primordial**. Si se percibe que el rendimiento es mejor de lo que se esperaba, se tendrá una alta satisfacción. Por el contrario, si se percibe que está por debajo de sus expectativas, el grado de satisfacción será bajo, mínimo o, incluso, inexistente o negativo. Lo anterior pone en perspectiva la Primera Ley del Servicio de David Maister (1985): "La satisfacción es la diferencia entre lo que se percibe y lo que se espera". Si, como indica Arindam Mallik (2007), nos basamos en que el objetivo primordial de un sistema de cómputo es satisfacer las expectativas del usuario, lo importante será ofrecer a los usuarios y las organizaciones la mejor experiencia de usuario posible con el uso adecuado de los recursos.

CAPÍTULO 2

Componentes de una PC

El nuevo paradigma podría conocerse como una visión holística del mundo, donde se ve al mundo como la integración de un todo en lugar de una colección de partes disociadas.
—Fritjof Capra

Recordemos que lo que se compra son computadoras completas para satisfacer las necesidades de los usuarios, por lo que será mejor conocer qué y cuáles componentes serán los adecuados de acuerdo con las necesidades a las que se orientarán los equipos de cómputo.

PROCESADOR

Lenguaje general

Aunque los procesadores son una parte primordial en la ejecución del software, su eficiencia depende del tipo de aplicaciones y sistema operativo que se utilicen, así como de la configuración del resto del equipo. Hay empresas empeñadas en seguir restringidas a la Ley de Moore[14] para proponer "nuevas tecnologías"; sin embargo,

---

[14] La llamada Ley de Moore fue una observación formulada el 19 de abril de 1965 por Gordon Moore, cofundador de Intel, y establece que el número de transistores por unidad de superficie en circuitos integrados se duplicaba cada año. Este período ha sido modificado con el tiempo y en la

para una reducción por debajo de los 18nm[15], la materia presenta efectos cuánticos que hacen necesaria una tecnología diferente para seguir haciendo reducciones litográficas a ese nivel[16]. De ese modo, seguir por el camino simplista de una dudosamente efectiva "Ley de Moore", o montarse en una carrera basada en hercios (Hertz) no es la mejor forma de decidirse por una CPU. Brendan Gregg (2014) ofrece una gran visión respecto a la mal llamada "velocidad" de una CPU:

> *"La instalación de procesadores (CPU) con una mayor frecuencia de reloj podría no mejorar el rendimiento en el grado esperado, dado que la CPU podría esperar la misma cantidad de tiempo para que se complete una acción de E/S[17] de la memoria. En otras palabras, una CPU más rápida podría significar más ciclos de reloj ociosos, y, sin embargo, cumplir con la misma cantidad de instrucciones completadas".*

Es decir, solo concentrarse en una CPU podría traer consigo más tiempo muerto. Como bien lo establecen Alberto Onetti. Lutfus Sayeed (2010) y el sitio GreenIT (s.f.), contrario a la creencia común, los procesadores como tales no están siendo empujados a ofrecer mayores frecuencias de reloj y grandes mejoras de rendimiento a costa de lo que sea. De hecho, los fabricantes de procesadores están más interesados en reducir el consumo de energía de los procesadores sin castigar su rendimiento. El enfoque ha cambiado de ofrecer un rendimiento simple y llano a una mejor relación de rendimiento por consumo de energía y mejores gráficos integrados[18].

Ahora bien, por más que se quiera destacar la capacidad de la CPU por sí sola, su funcionalidad es inútil si no se cuenta con el software y el hardware adecuados que lo aprovechen. Por ejemplo, los populares procesadores multinúcleo requieren que el sistema operativo sea especialmente desarrollado para aprovechar esta funcionalidad[19]. Existen algunas aplicaciones que funcionan con multinúcleos, como Microsoft Excel y LibreOffice Calc, pero dada la complejidad para el desarrollo de

---

actualidad establece que se duplica cada dos años. No obstante, hoy en día dicha "ley" se encuentra en entredicho. Ver: https://www.intel.com/content/www/us/en/silicon-innovations/moores-law-technology.html y https://gizmodo.com/how-chip-makers-are-circumventing-moores-law-to-build-s-1831268322

[15] Nanómetros.

[16] IEEE, "The Quantum Limit to Moore's Law", IEEE Xplore Digital Library, http://ieeexplore.ieee.org/stamp/stamp.jsp?arnumber=4567410

[17] E/S: Se refiere a la Entrada y Salida. Es cualquier hardware o software que recibe y emite datos de un componente de hardware.

[18] Buildcomputers.net, "Power consumption of PC components", http://www.buildcomputers.net/power-consumption-of-pc-components.html

[19] Cass, Stephen, "Multicore Processors Create Software Headaches", http://www.technologyreview.com/article/418580/multicore-processors-create-software-headaches/

aplicaciones multinúcleo, la mayoría de ellas utilizan un solo núcleo de procesamiento. Así, la funcionalidad de estos núcleos se aprovecha en agilizar las capacidades multitarea. Por otro lado, un potente procesador palidecerá si no cuenta con la capacidad y rapidez adecuadas de memoria, de almacenamiento fijo adecuado, y varios otros componentes adicionales.

Lenguaje técnico

Los modernos sistemas operativos requieren instrucciones en el procesador como PAE, SSE4, CMPXCHG16b, PrefetchW, LAHF/SAHF, AES-NI, NX-Bit[20] y Virtualización[21]. Más vale asegurarse que el procesador que se esté probando incluya todas estas instrucciones (y otras más) para asegurar la compatibilidad y fluidez de Windows 10 de 64 bits y superiores, independientemente de la fecha de fabricación del procesador[22]. A su vez, también hay que asegurarse que los procesadores solicitados tengan resueltos un par de importantes problemas de seguridad descubiertos a finales de 2017 (bautizados como Meltdown, Spectre y ForeShadow, entre otros[23]), que podrían significar una importante brecha que dé acceso a personas indeseables hacia información delicada en los sistemas.

PROCESADOR: NÚCLEOS Y MANEJO DE MULTIHILOS

Lenguaje general

En lo que respecta a los procesadores, la cantidad de núcleos x86-64 se derivará del tipo de trabajo que se espera hacer en el equipo y de las cualidades del sistema operativo por instalar. Si es un trabajo básico a intermedio (con la apertura de 5 o 6 aplicaciones estándar al mismo tiempo [entre lo que se incluye al antivirus]), un

---

[20] Ver: https://www.microsoft.com/en-us/windows/windows-10-specifications
[21] Las modernas medidas de seguridad tanto del sistema operativo como de algunas computadoras requieren que esté activada la funcionalidad de la Virtualización.
[22] El tiempo de fabricación de un procesador toma 4 meses. Por ende, exigir fechas de lanzamiento cercanas es más una estrategia de marketing que un beneficio real para los usuarios.
[23] Google Project Zero: https://googleprojectzero.blogspot.mx

procesador de hasta cuatro núcleos físicos hará bien el trabajo. Si la carga es de más de 5 aplicaciones al mismo tiempo, o son aplicaciones exigentes, o aquellas que integren multimedios, o las que estén desarrolladas para aprovechar multinúcleos, será mejor utilizar procesadores de 4 o más núcleos físicos y hasta con funcionalidad de SMT[24]. En la actualidad, la moderna tecnología multitareas y multiprocesos se aprovecha mucho mejor mediante núcleos físicos. Los núcleos virtuales agregados por SMT, aunque pueden ofrecer algo de rendimiento adicional, dependen mucho de la carga de actividades que tenga el procesador y de la forma en que se haya implementado el SMT. Para todo efecto práctico, es mejor preferir los núcleos físicos. Los núcleos virtuales son una adición deseable, pero si no se tiene, de igual forma el sistema funcionará bien.

Lenguaje técnico

El Multiprocesamiento Simétrico (SMP, por sus siglas en inglés), es aquel que se explota con procesadores o núcleos idénticos reales[25]. La tecnología SMP prácticamente multiplica el rendimiento de las aplicaciones que la utilicen o la capacidad de respuesta del equipo, puesto que cada núcleo físico agregado ejecuta un proceso de manera paralela (es decir, puede ejecutar varios procesamientos al mismo tiempo[26]). Ahora bien, hay una variante para ejecutar más de un hilo de manera simultánea en el procesador que es la tecnología de Multihilos Simultáneos (SMT). Se trata de un medio para aumentar la capacidad multihilo o multithreading simultáneo de una manera económica (más económica que integrar núcleos físicos) y ofrecer una mejora que, de acuerdo con su implementación, puede ser marginal o significativa en el rendimiento del equipo.

Existen distintas implementaciones de SMT, aunque las dos más conocidas son las propias de Intel (que llama Hyper-Threading) y de AMD (que denomina SMT). Ambas tecnologías, si bien tienen una apariencia similar a los ojos del usuario, están

---

[24] De acuerdo con algunas pruebas de rendimiento, el SMT puede ofrecer entre 6 y 50% mayor rendimiento de acuerdo con el tipo de aplicaciones que se ejecuten. Sin embargo, también hay reportes de que el SMT puede permitir que ciertas amenazas funcionen en el equipo en algunos procesadores. Ver: https://hothardware.com/news/intel-cpus-impacted-by-portsmash-side-channel-smt-attack-amd-cpus-likely-also-exploitable

[25] Stokes, J, "Introduction to Multithreading, Superthreading and Hyper-Threading". Obtenido de ArsTechnica: https://arstechnica.com/features/2002/10/Hyper-Threading/

[26] Se trata de procesos, subprocesos (o hilos) que se ejecutan simultáneamente en distintos procesadores o núcleos de un procesador. Ver: http://searchdatacenter.techtarget.com/definition/parallel-processing

implementadas de manera distinta. Los mejores resultados con la tecnología SMT se obtienen con bajas cargas de trabajo en los procesadores, donde se pueden obtener beneficios hasta de 48% de mejora en rendimiento. En fuertes cargas de trabajo, esta tecnología tiende a palidecer, dado que depende de los "tiempos muertos" del núcleo del procesador. Al momento de este escrito, Agner Fog (2017) nos indica que la tecnología SMT de AMD tiende a ofrecer mejores resultados que la tecnología Hyper-Threading pues la última está basada en un diseño de "puertos", donde las instrucciones de punto flotante y de enteros pueden solo emitirse en distintos ciclos por puerto, mientras que el SMT de AMD cuenta con 10 pipelines de ejecución dedicados que permite agilizar mejor los procesos. Como sea, SMT difícilmente puede proveer los beneficios que se obtienen con SMP[27].

Hoffmanlabs (2006) nos establece que la moderna tecnología multitareas y multiprocesos se aprovecha mucho mejor mediante multiprocesamiento simétrico (SMP), que se explota con procesadores o núcleos reales. Chris Cunningham (2017) deja bien claro que el hecho de que un procesador cuente con alguna implementación de SMT es, por decirlo así, un valor agregado, pero no es tan importante como contar con núcleos físicos. Así, un procesador de dos núcleos con SMT nunca tendrá el rendimiento que puede ofrecer un procesador con cuatro núcleos físicos de características similares.

Cabe hacer notar que, como ya se refirió, existen implementaciones de SMT que podrían ser vulnerables a amenazas como PortSmash Side-Channel[28], por lo que es recomendable reconsiderar e informarse cuando se desee activar esta tecnología.

PROCESADOR: CÓMPUTO HETEROGÉNEO

Lenguaje general

Como ya se había explicado en el Capítulo 1, el ámbito de la tecnología de cómputo ha ido evolucionando para aprovechar funcionalidades más allá de la propia capacidad de los núcleos de la CPU, y ello se hace especialmente evidente en los dispositivos que ahora existen en el mercado, como las tabletas, los teléfonos celulares "inteligentes" y los equipos y sistemas de cómputo. Dos de cada tres dispositivos de cómputo que se adquieren en la actualidad están basados en una funcionalidad conocida como

---

[27] Bert Toepelt, "Analysis - - Hyper-Threading Yields 6% Speed-Up", TomsHardware, http://www.tomshardware.com/reviews/Intel-Core-i7-Nehalem,2057-12.html
[28] Si bien las pruebas han arrojado que la implementación Hyper-Threading de Intel es la única afectada, hay que evitar dar por hecho que otras implementaciones no sean susceptibles. Es importante mantenerse informado. https://bit-tech.net/news/tech/cpus/cpus-hit-by-portsmash-side-channel-vulnerability/1/

Arquitectura de Sistemas Heterogéneos (HSA)[29]. Y sí, dispositivos como los ya mencionados, que utilizan los sistemas operativos como Windows 7 y superiores, Linux, MacOS, Android, etcétera; Microsoft[30], la comunidad GNU[31], Apple[32], Google[33] y otros utilizan diversas tecnologías para aumentar el poder de cómputo con el aprovechamiento de lo que se conoce como "cómputo heterogéneo" (una implementación del AMP, o Multiprocesamiento Asincrónico).

Aunque estas tecnologías podrían funcionar solo en una CPU con varios núcleos, exigen que el hardware cuente con funcionalidad más allá del cómputo x86 o CPU (que es en el que se basan algunos benchmarks) para ofrecer toda su potencia. Esa capacidad proviene de los Compute Cores (es decir, los núcleos de cómputo integrados en otros tipos de procesadores, como los procesadores gráficos [GPU] y los Procesadores de señales digitales [DSP]); y requiere de mayor amplitud en los buses (de memoria, del sistema), y otras características. Algunas de las aplicaciones que aprovechan estas características son Internet Explorer, FireFox, Microsoft Office 2010 y superiores, LibreOffice 4.2 y superiores, aplicaciones de análisis, imagenología, aplicaciones ofimáticas, investigación de Petróleo y Gas, análisis de suelos, etcétera. Estas aplicaciones pueden echar mano de esta funcionalidad y mejorar su rendimiento con un consumo contenido de energía.

Ésta, así, es la base de HSA: *combinar la potencia de cómputo de distintos procesadores para obtener mayor poder de cómputo con un menor consumo de energía.* En la figura siguiente se podrá apreciar como Microsoft Word 365 integra, de facto, la funcionalidad activada de aceleración por hardware para agilizar sus procesos. Lo mismo se puede encontrar en las demás aplicaciones de Microsoft Office a partir de la versión 2010. Con ello, se pone en evidencia que el cómputo acelerado está en boga y totalmente en uso actual.

---

[29] HSA Foundation: http://www.hsafoundation.com/
[30] Microsoft Corp. Computer Shader Overview: http://msdn.microsoft.com/en-us/library/ff476331.aspx
[31] Khronos Group. OpenCL: The open standard for parallel programming of heterogeneous systems: https://www.khronos.org/opencl/. Microsoft Corp. Compute Shader Overview: http://msdn.microsoft.com/en-us/library/windows/desktop/ff476331%28v=vs.85%29.aspx.
[32] Apple Corp. OpenCL for OS X: https://developer.apple.com/opencl/
[33] Android RenderScript: http://developer.android.com/guide/topics/renderscript/compute.html.

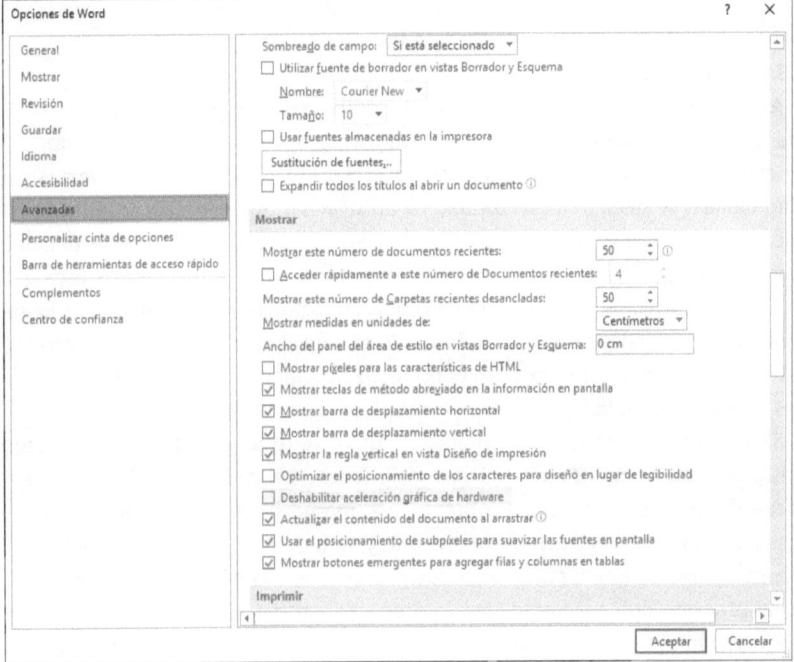

Fuente: Captura de pantalla de la opciones de configuración de Microsoft Word.

Así, para ceñirse a este moderno esquema de cómputo heterogéneo[34], se debe tomar en cuenta la potencia del procesador gráfico y su capacidad de ejecutar código OpenCL, DirectCompute o, en su caso, CUDA[35]. Además, en las soluciones orientadas a la productividad, se agregan importantes funcionalidades de seguridad, eficiencia energética, virtualización, y amplitud de buses, entre otras características.

---

[34] Consiste en un punto intermedio entre el cómputo serial tradicional, alguna vez reinado por una CPU unívoca, y el venidero cómputo cuántico que podría romper todas las marcas de rendimiento y prestaciones que hasta hoy hemos atestiguado.
[35] La finalidad de OpenCL, DirectCompute y CUDA, entre otros, es la de aprovechar los procesadores, particularmente los gráficos, para ejecutar tareas de cálculo y apoyar la rapidez de la computadora. CUDA, en particular, es propietaria de un solo fabricante, nVidia, mientras que OpenCL es totalmente abierto (se puede usar en cualquier sistema operativo y por cualquier fabricante), y DirectCompute tiene la misma finalidad, pero solo para entornos de Windows.

Lenguaje técnico

Ante las limitaciones por lograr que un solo elemento pueda aumentar su potencia para ofrecer resultados con cada vez mayor agilidad y eficiencia, se han generado tecnologías para buscar alternativas al respecto. Así, luego de varios métodos tecnologicos, se llegó a la posibilidad de aprovechar aquella frase que reza: "Divide y vencerás". En lugar de que un proceso se ejecute de manera secuencial en la computadora, su carga de trabajo se empezó a dividir en subprocesos (también conocidos como hilos o threads) que ofrecieron la posibilidad de distribuir la ejecución entre varias unidades de procesamiento. Esto colocó al Multiprocesamiento Simétrico (SMP, por sus siglas en inglés) en el mapa tecnológico a principios de la década de los años 60 del siglo pasado[36].

SMP, como su nombre lo indica, requiere de una arquitectura de sistema con múltiples procesadores o núcleos, así como un software, donde dos o más procesadores idénticos se conectan a una memoria principal compartida, y tiene acceso a todos los dispositivos de entrada y salida. Todo ello se controla con un solo sistema operativo que trata a todos los procesadores o núcleos por igual y distribuye los subprocesos entre las unidades de procesamiento disponibles. Así, el código podrá ser ejecutado sin tropiezos debido a que toda la infraestructura de procesamiento es idéntica o simétrica.

Tal y como se indicó en el Capítulo 1, conforme la potencia de los procesadores aumentó, la tecnología se encontró con que los procesadores tenían tiempos que no se aprovechaban, pues se quedaban a la espera de alguna información o dato, o a la respuesta de algún componente externo. Ante ello, se agregó, mediante los Multihilos Simétricos (SMT, por sus siglas en inglés), la posibilidad de que un procesador (o un núcleo) aceptara más de un subproceso, hilo o "thread" al mismo tiempo, con lo cual se aprovecharían los "tiempos muertos". Sin embargo, esta técnica solo es útil cuando los tiempos muertos son altos: cuando el procesador está muy ocupado, el SMT podría ser contraproducente. Esta tecnología se utilizó por primera vez a finales de la década de los años 60[37].

Ahora bien, hubo la aparición de otros procesadores con características diametralmente distintas, pero con una impresionante potencia de procesamiento. Sus diferencias hacían que su uso fuera imposible en modo SMP, pues, como ya se indicó, esta tecnología demanda que todos los procesadores sean iguales, idénticos,

---

[36] La primera computadora de la historia que implementó SMP fue la Burroughs D825 en 1962. http://ei.cs.vt.edu/~history/Parallel.html

[37] IBM integró SMT como parte del proyecto ACS-360 en 1968. Sin embargo, el primer procesador comercial que lo implementaría sería el DEC Alpha 21464 en 2001, mismo que se usó como base para la versión de Hyper-threading que se ha implementado en procesadores desde el Pentium 4 "Northwood" y "Prescott".

simétricos. Se requería de la posibilidad de utilizar cualquier tipo de procesador y aprovechar su potencial para agilizar los procesos y reducir, con ello, el consumo de energía. Es allí donde el Multiprocesamiento Asimétrico (AMP, por sus siglas en inglés) entró en acción. El Cómputo Heterogéneo, una forma de llamar al AMP, ofrece la capacidad de distribuir la carga de procesamiento entre procesadores, sin importar que sean o no simétricos. SMP, SMT y AMP pueden convivir para ofrecer una mayor potencia de cómputo con un menor consumo de energía.

En el caso de una PC, para que se pueda ejecutar código heterogéneo, se requiere que el hardware de gráficos cumpla, al menos, con el Shader Model[38] 5 y la capacidad de paralelización con tecnologías como OpenCL[39] y Direct3D Compute Shader (también conocida como DirectCompute) sobre Windows 10[40]. El rendimiento total alcanzado por la combinación de esta moderna potencia de procesamiento, comparado con el consumo de energía que se tiene con las actuales generaciones de procesadores, ofrece una nueva forma de analizar el hardware y su rendimiento. En la actualidad, hay procesadores (conocidos como APU) que pueden llegar a ofrecer una potencia de casi 2TFLOPS[41] con un consumo de energía de 65W. Hay combinaciones de CPU y GPU que podrían permitir potencias que superen los 8TFLOPS en una sola máquina.

PROCESADOR: CARACTERÍSTICAS DE PRODUCTIVIDAD

Lenguaje general

En cuanto a necesidades de cómputo productivo, la seguridad juega un papel primordial. Por ende, además de las capacidades de rendimiento requeridas por las aplicaciones, es sumamente importante asegurarse que la tecnología elegida incluya los servicios de productividad (en cuanto a seguridad, virtualización y prestaciones), que garanticen la continuidad en la operación con gran agilidad. La tecnología elegida debe integrar servicios de virtualización por hardware, cifrado mediante AES-NI, servicios de arranque seguro del sistema, servicios de protección contra desbordamiento de búfer (técnica utilizada por cierto software maligno), servicios de

---

[38] El Shader Model es un sistema utilizado para programar distintos tipos de gráficos y efectos en una espectacularidad visual. Cada nueva versión de Shader Model agrega capacidades tanto visuales como de cómputo para lograr mejores resultados.
[39] OpenCL es un estándar libre creado por el grupo Khronos que permite agilizar el cómputo al combinar la potencia de distintos tipos de procesadores. Facilita el uso de los procesadores gráficos en tareas comunes.
[40] En Microsoft Windows 7 el soporte a cómputo heterogéneo es básico, aunque presente.
[41] Ver el apartado de "Procesador gráfico" para tener un detalle del significado de los TFLOPS.

cifrado de buses y memoria, así como la salvaguarda de fabricación continua durante, al menos, 18 meses, y garantía durante, por lo menos, 36 meses. Los fabricantes de procesadores tienen líneas específicas orientadas a la productividad que integran procesadores de seguridad y los ya mencionados servicios a través del hardware, con lo que la funcionalidad de TPM —entre otras características de seguridad— se puede aprovechar para mejorar la confidencialidad y la inviolabilidad de la información[42] y [43].

Ahora bien, es muy recomendable que se tomen en cuenta tecnologías de hardware y software con capacidades integradas de ahorro de energía como: reducción en el consumo de energía mediante el ajuste dinámico en la frecuencia de reloj y ajuste automatizado del voltaje (VCORE), inhabilitación de componentes del procesador que no se utilicen de acuerdo con las necesidades del sistema y del usuario, y software (sistemas operativos y aplicaciones) que integre, active y aproveche este tipo de tecnologías en el hardware. Con lo anterior, el usuario podría ahorrar una buena cantidad de dinero en consumo de energía, reducir la generación de calor y disminuir la polución mediante la disminución de la cantidad de energía eléctrica utilizada en la operación diaria de los equipos; en particular si se toma en cuenta la densidad de equipos que, por lo regular, están conectados en la organización.

El arranque de una aplicación o de algún proceso de cómputo es el que requiere de enviones de rendimiento para tener una buena capacidad de respuesta[44]. Ante ello, se sugiere tomar en cuenta tecnologías de aceleración dinámica de reloj, lo cual garantizará el mejor rendimiento posible ante el arranque de aplicaciones y procesos en un equipo de cómputo.

Las empresas fabricantes de procesadores generan soluciones específicas para el entorno productivo. En el caso de AMD los procesadores para entorno productivo integran la palabra PRO[45] (como AMD Ryzen PRO o AMD Athlon PRO). En el caso de los procesadores Intel, los procesadores para entorno productivo son identificados como Intel Core vPro[46]. Para equipos orientados a la productividad, siempre es recomendable obtener de este tipo de procesadores que aseguren que se podrán utilizar

---

[42] En conjunto con herramientas y sistemas operativos como Microsoft Windows 10, aunque algunas versiones anteriores permiten el acceso a algunas de estas características (en particular, el TPM).

[43] Cabe destacar que no existe medida de seguridad inviolable e infalible, por lo que hay que estar especialmente vigilante ante los riesgos de seguridad cada vez más presentes en el ámbito del cómputo. La integración de seguridad en el hardware tiene la finalidad de agilizar procesos de seguridad, no de hacer impenetrable un sistema.

[44] Esto es similar a la corriente de arranque de los motores eléctricos: Cuando el motor arranca requiere de una enorme cantidad de energía de la que requiere cuando ya está en operación normal. Pueden verse mayores detalles en:
http://www.motortico.com/biblioteca/MotorTico/2013%20NOV%20-%20Corriente%20de%20Arranque%20en%20Motores%20Electricos.pdf

[45] https://www.amd.com/es/ryzen-pro

[46] https://www.intel.la/content/www/xl/es/products/processors/core/core-vpro.html

las características propias de productividad y seguridad para organizaciones como las que ya se han descrito con anterioridad.

En resumen: En cargas básicas a intermedias de cómputo, se recomiendan procesadores con hasta cuatro núcleos físicos x86-64; en cargas intermedias a avanzadas (o con multimedia), se recomiendan procesadores con cuatro o más núcleos físicos x86-64. Para el manejo de múltiples subprocesos, es mucho más eficaz hacerlo con SMP que con SMT. Con la moderna funcionalidad de las aplicaciones y sistemas operativos, donde el uso de tecnologías como OpenCL 2.0 y Direct3D Compute Shader se ha ido extendiendo, ya no solo importa tomar en cuenta el rendimiento de la CPU, también lo es la potencia de cómputo integrado en las GPGPU que agregan potencia al sistema sin aumentar el consumo de energía (siempre y cuando estén integradas a la solución de procesamiento). Ya con Windows 10 en el mercado, habrá que asegurarse que la tecnología ofrecida cumpla con DirectX 12. A su vez, se recomienda solicitar tecnologías de seguridad (AES, desbordamiento de búfer, arranque seguro del sistema, seguridad en los dispositivos y TPM), de ahorro de energía y de aceleración dinámica de reloj integradas al procesador, y reconocidas por el sistema operativo, para reducir el consumo de energía y, en el caso de las portátiles, alargar la duración de la batería. Es recomendable utilizar procesadores AMD PRO (AMD Ryzen PRO o AMD Athlon PRO) o Intel Core vPro (Intel Core i7 vPro o Intel Core i5 vPro) para asegurar la funcionalidad que se requiere para la productividad.

PROCESADOR GRÁFICO

Lenguaje técnico

Los procesadores o tarjetas gráficas son clave en los modernos sistemas gráficos para ofrecer una agradable y eficaz experiencia visual. Aunque, por lo general, en este componente suele concentrarse el requerimiento en la memoria, a decir verdad, se trata de un procesador como cualquier otro. Por ende, su rendimiento final no solo depende de la cantidad y el tipo de memoria con la que cuente, sino, también, de la potencia de cómputo que ofrezca. Existen distintos modelos de procesadores gráficos y uno de sus principales aspectos es ofrecer imágenes y cómputo matemático lo más veloces posible. Para ello, entre otros requisitos su potencia matemática tiene que ser cada vez mayor, conforme se requieren resultados visuales más ágiles. Por lo general, un procesador gráfico básico (de unos, digamos, 550GFLOPS SP[47]) es capaz de ofrecer

---

[47] GFLOPS SP: miles de millones de operaciones matemáticas de precisión simple en un segundo. Se trata de una unidad de medida genérica para establecer la potencia matemática de un procesador. Un FLOP es una operación de punto decimal y la precisión simple habla de una

una adecuada experiencia de cómputo para la productividad en general, y con 512MB de VRAM[48] es posible conectar hasta tres monitores de alta definición. Sin embargo, un procesador gráfico como éste no será capaz de procesar con buena rapidez imágenes de diseño asistido por computadora (CAD) o colaborar con importantes cálculos en los procesos. Para ello es mejor tener procesadores que sean capaces de ejecutar más de 2,000GFLOPS SP (o 2TFLOPS SP) y es posible que este tipo de procesadores gráficos requieran de alguna certificación. En el caso de Windows 10, es importante que estos procesadores gráficos cumplan con DirectX 12.1[49], con el WDDM 2.1[50] y con UEFI[51].

Lenguaje técnico

Como ya se ha indicado, los procesadores gráficos ahora tienen una tarea particularmente importante en el rendimiento general del equipo. Con las modernas aplicaciones que utilizan tecnologías como OpenCL 2.x, Direct3D11 Compute Shader (o DirectCompute), CUDA y ROCm, el procesador gráfico agrega su poder de procesamiento a las capacidades de la CPU, lo cual convierte a estos componentes en un requisito primordial[52]. Tal como se establece en una CPU, las capacidades integradas en la GPGPU son importantes para el desempeño final del equipo muy al margen de sus capacidades gráficas. Así, es necesario que la tecnología integrada a la GPGPU cumpla, al menos, con una adhesión al estándar Shader Model 5[53], el cual

---

operación que ocupa 32 bits. Entre más FLOPS es capaz de realizar el procesador en un segundo, es más rápido, con independencia de la cantidad de hercios a los que funcione.

[48] VRAM=memoria de gráficos.

[49] DirectX 12.1: es una tecnología de Microsoft para, entre otras cosas, dibujar con mayor rapidez en la tarjeta gráfica y ofrecer resultados de la manera más eficiente posible.

[50] WDDM 2.1: es la versión del modelo de controlador (Driver Model) actual en Windows 10. El WDDM se integró en Windows a partir de Windows Vista, entre otras cosas, para ofrecer mayor estabilidad y agilidad al sistema.

[51] UEFI: la Interfaz unificada extensible de Firmware es una especificación que define una interconexión entre un sistema operativo y el firmware de una plataforma. Sustituye al clásico BIOS.

[52] PMC; Stone, John E., "OpenCL: A Parallel Programming Standard for Heterogeneous Computing Systems", http://www.ncbi.nlm.nih.gov/pmc/articles/PMC2964860/

[53] Thibieroz, Nick, "Shader Model 5.0 and Compute Shader", http://twvideo01.ubm-us.net/o1/vault/gdc09/slides/100_Handout%206.pdf

permite que puedan realizarse con amplitud los procesos de paralelización[54, 55 y 56]. Este esquema requiere del uso de una cierta cantidad de memoria RAM para poder funcionar adecuadamente. Lo mínimo son 512MB, aunque lo ideal son 2GB de RAM de alta rapidez (al menos, DDR4-2666MT/s CAS17 en modo Dual Channel) para ofrecer una buena capacidad de respuesta en gráficos integrados, o 1GB de RAM GDDR5 en gráficos agregados[57].

De manera paralela, existen algunas funcionalidades gráficas propias de estos componentes como son: capacidad de conexión de tres o más monitores, lo cual puede incrementar la productividad entre un 30 a un 70%[58]; capacidad de administrar el despliegue virtual de las ventanas y escritorios de manera que se haga un mejor uso del espacio en la pantalla; transmisión mediante la red interna hacia equipos certificados DLNA®[59], etcétera.

Cabe destacar, de nuevo, que con la presencia en el mercado de Microsoft Windows 10, es muy recomendable que se requiera que el procesador gráfico cumpla con la tecnología DirectX 12. Ello puede revisarse con el comando dxdiag en Windows 10, con lo que aparecería una imagen como la que a continuación se muestra.

---

[54] ROCm: Radeon Open Compute platform: https://www.amd.com/en/graphics/servers-solutions-rocm
[55] CUDA: Compute Unified Device Architecture: https://developer.nvidia.com/cuda-zone
[56] Luis Franco, "Parallel Series: Programación paralela con .NET Framework 4.0", Ordeeno, https://www.youtube.com/watch?v=2axRAjrXDME
[57] A este tipo de gráficos también se les conoce como "Discrete graphics", que mal-se-traducen a "Gráficos discretos". De hecho, se trata de gráficos agregados a través de lo que se conoce como Tarjetas gráficas.
[58] Core Communication; Kane, Kevin, "4 Studies which Show that Using a Second Monitor Can Boost Productivity", http://www.corecommunication.ca/4-studies-which-show-that-using-a-second-monitor-can-boost-productivity/
[59] DLNA http://www.dlna.org/

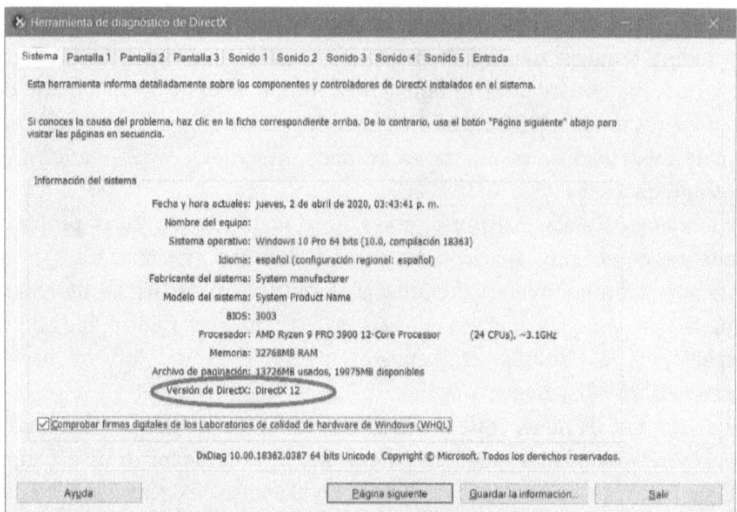

Fuente: Captura de pantalla de dxdiag.

En resumen: Para aprovechar las capacidades del moderno procesamiento heterogéneo, es necesario solicitar el procesador gráfico que cumpla con el estándar Shader Model 6 (en particular, con DirectX 12), que cuente con acceso al menos a 512MB de RAM (idealmente ~2GB de RAM que puede ser compartida) de alta rapidez en gráficos integrados, o de 1GB de RAM GDDR5 en gráficos agregados, y que ofrezca conectividad a través de DisplayPort 1.3 o HDMI 2.0 para ofrecer la conexión a más de un monitor.

MEMORIA

Lenguaje general

No es un secreto, a lo largo del tiempo, que los procesadores han aumentado su rendimiento muy por encima de lo que el resto de los componentes del equipo ofrecen. De hecho, esto está indicado con claridad por John McCalpin, decano de la Universidad de Texas, que en su Blog establece[60]:

---

[60] University Of Texas, McCalpin, John, "John McCalpin's blog. Dr. Bandwidth explains all", http://sites.utexas.edu/jdm4372/2010/10/01/welcome-to-dr-bandwidths-blog/

> *"Las CPU se han hecho mucho más rápidas en menor tiempo que la memoria de los sistemas. Conforme esto sucede, más y más programas estarán limitados en su rendimiento por la tasa de transferencia de la memoria del sistema, en lugar del rendimiento de cómputo de la CPU. Como ejemplo extremo, la mayor parte de los equipos de alto rendimiento ejecutan kernels aritméticos simples para operandos fuera de la caché a 1-2% de su rapidez máxima. Ello significa que el 98-99% del tiempo [los procesadores] se encuentran inactivos en espera de que las fallas de caché (cache misses) sean resueltas".*

Lo anterior se traduce en que el procesador puede estar pasando casi todo el tiempo a la espera de recibir de la memoria RAM algún dato que haya solicitado. En definitiva, ello puede afectar el rendimiento de un equipo. Ante lo anterior, es de suma importancia verificar la cantidad y eficiencia de la memoria que se instala en los equipos de cómputo para obtener el mejor rendimiento posible. A pesar de que la rapidez de la memoria no sea ni la sombra de la rapidez del procesador en sí, lo cierto es que su rapidez es mucho mayor que la de cualquier otro dispositivo (como unidades SSD o de Disco Duro) del sistema. Cabe hacer notar que mientras más núcleos tenga un procesador, mayor cantidad de recursos (como la memoria RAM) requerirá del sistema.

Como regla general, con los actuales sistemas operativos de 64 bits, por cada núcleo x86-64 al menos deben instalarse 2GB de RAM (por ejemplo, 8GB en procesadores de 4 núcleos), aunque lo ideal sería 4GB de RAM por cada núcleo. Sin embargo, será muy recomendable contar con, al menos, 16GB de RAM en modo Dual Channel (2x8GB) para satisfacer las necesidades de los sistemas operativos y software actual y del venidero de 64 bits. Con los cada vez mayores requerimientos de memoria RAM, tan solo de los navegadores Web, no es descabellado partir de 16GB.

Lenguaje técnico

La verdadera cantidad total de RAM recomendada dependerá de la cantidad y tipo de aplicaciones que se espere tener abiertas al mismo tiempo, donde cada requerimiento mínimo de RAM por aplicación se suma a los requerimientos de RAM del resto de las aplicaciones (incluido el sistema operativo y el antivirus) que estén abiertas al mismo tiempo. Es decir, si Microsoft Windows 10 recomienda un mínimo de 2GB[61] de RAM para funcionar, el antivirus requiere de 1GB[62], Microsoft Word 365 requiere de 4GB[63], Microsoft Excel 365 requiere 4GB y Microsoft Outlook 365 requiere de otros 4GB, y todos estos programas se abrirán al mismo tiempo, el ideal para el equipo de cómputo en cuestión sería de 15GB de RAM. Con una menor cantidad de RAM, el sistema tendería a realizar un intercambio (swapping) de memoria en el disco duro[64]. En el artículo relacionado con este tema de Computerhope (2015) menciona que el gran problema del swapping es el efecto de hiperpaginación o thrashing[65], que afecta seriamente el rendimiento del equipo, dado que el disco duro y la unidad de Estado Sólido son lentos en exceso comparados con la rapidez de la memoria RAM (puede ser menos del 1% de la rapidez de la RAM). Por ende, si el sistema no tiene una adecuada cantidad de memoria RAM, su rendimiento se verá afectado con seriedad sin importar el tipo de procesador que se instale. Andrew Cunningham (2012) nos invita a que recordemos que los requerimientos mínimos del sistema nunca serán suficientes para ejecutar bien un sistema o aplicación.

MEMORIA: RAPIDEZ DE ACCESO

Lenguaje general

No siempre una mayor cifra traerá mayor rendimiento. Por desgracia, en términos mercadológicos, se ha dado en ofrecer la memoria por su tasa de transferencia sin tomar en cuenta ningún otro dato, por ejemplo: ofrecen memoria DDR4-2666 como único argumento para decir que es algo muy superior a la DDR3-1600. Las memorias RAM, además de sus tasas de transferencia, cuentan con diversas características que pueden agilizar o lentificar su funcionamiento. Por lo general, las memorias RAM integradas de manera predeterminada en los sistemas tienen características conservadoras para mejorar, en lo posible, la estabilidad de los sistemas, en particular, los de productividad. Ello es, en definitiva, bueno, pero también puede zaherir el rendimiento del equipo. Si se tiene la posibilidad de leer los datos del Lenguaje Técnico, se podrá ver cómo el tiempo de respuesta de la memoria RAM juega un papel muy

---

[61] Microsoft Windows 10 System Requirements, https://www.microsoft.com/en-us/windows/windows-10-specifications#sysreqs
[62] System requirements for Norton Antivirus, https://support.norton.com/sp/en/us/home/current/solutions/v63066051_EndUserProfile_en_us
[63] Office 2019 System requirements, https://products.office.com/en/office-resources#coreui-heading-ve4oosr
[64] Programmerinterview.com, What is the purpose of swapping in virtual memory?, http://www.programmerinterview.com/index.php/operating-systems/purpose-of-swapping/
[65] Thrashing, http://cs.gmu.edu/cne/modules/vm/blue/thrash.html

importante en la determinación de la rapidez de la memoria. En general, una mayor rapidez de respuesta de la memoria siempre apoyará de manera decidida el rendimiento del equipo. De ser posible, hay que preferir, al menos, memoria RAM DDR4-2666 CL19. Idealmente, con un CL inferior el rendimiento puede mejorar de manera significativa (CL17 podría idealmente agilizar el funcionamiento de la máquina hasta en un ~10%).

Otro detalle es procurar solicitar que la memoria RAM esté configurada en modo Doble canal o Dual Channel. Ello significa que, en la práctica, se duplica la rapidez de transferencia de datos. Para lograr que el doble canal funcione, se debe contar con varias características:

1. Que el procesador lo soporte
2. Que la placa base lo soporte
3. Que los módulos de memoria sean simétricos (idénticos).

Si bien todos los aspectos son importantes, uno de los que más problemas generan es el último. Como el doble canal trata de instalar dos módulos de memoria en el sistema, muchos optan por solo comprar un segundo módulo e instalarlo. Ello, en muchas ocasiones, puede traer una fuerte inestabilidad del sistema (pantallas azules, atascamientos del sistema, corrupción de datos), los cuales llegarían al nivel de no poder trabajar con la máquina. Los módulos por instalar en modo Doble Canal deben ser idénticos: misma capacidad, misma tasa de transferencia, misma latencia, misma marca y, de ser posible, hasta mismo lote. Si se observan estas características, la computadora podrá ofrecer mejores resultados.

Lenguaje técnico

Cabe hacer notar un punto respecto a la rapidez de acceso de la memoria[66]. Los datos en la memoria RAM casi nunca están a la mano, y es por eso que existe una latencia desde que se recibe la orden de leer los datos hasta que el primero de ellos se devuelve, pues no se puede predecir siempre dónde están los datos. Así, el acceso a los datos no es directamente proporcional a la rapidez establecida en MT/s. Para el caso que nos ocupa, la latencia que importa es la que determina el tiempo para cerrar cualquier fila abierta de datos, más el tiempo para abrir la fila deseada, seguido del tiempo necesario para leer los datos que allí se encuentran. A este tiempo se le conoce

---

[66] Sun, Colin, "Memory Bandwidth vs Latency Timings",
http://www.pcstats.com/articleview.cfm?articleID=873

como latencia CAS, y determina el tiempo que pasa desde que recibe la orden de leer hasta que se pone a disposición la primera pieza de los datos resultantes. Así, entre menor sea la latencia CAS, será más rápido el acceso a los datos. El problema es que la memoria RAM tiende a ser vendida, en esencia, por su rapidez en MT/s (como son 1600MT/s en DDR3 o 2666MT/s en DDR4), y si no se toma en cuenta la latencia CAS el resultado puede no ser el esperado en cuanto a rapidez real. Ahora bien, siempre será importante traducir las latencias a tiempos absolutos para tener una comparación adecuada, en particular cuando hay diferencias en los MT/s o en las tecnologías. La rapidez de acceso se obtiene en nanosegundos (ns), de modo que, entre menos nanosegundos, la rapidez de acceso será más rápida. Así, para medir la rapidez de acceso a la memoria hágase lo siguiente:

- Se obtiene el valor de latencia CAS establecido por el fabricante de la memoria RAM que se trate (por ejemplo, es común que la memoria DDR4 presente en equipos de productividad sea de 2666MT/s con una latencia CAS de 19. Lo anterior se representa como CAS19 o CL19 respectivamente).
- Se obtiene la tasa de transferencia de la memoria. La tasa de transferencia es el valor que, por lo regular, se provee con la memoria RAM. Por ejemplo, si se dice que la memoria es DDR4-2666, el 2666 es la tasa de transferencia[67] (2666MT/s).
- Se aplica la siguiente fórmula:

$$TiempoAcceso_{ns} = \left((CAS * 2) * \left(\frac{1}{TasaTransferencia} \right) \right) * 1000$$

Para el caso de la memoria DDR4-2666 (CL19) y la DDR4-2933 (CL21), el resultado sería el siguiente:

$$\left((19 * 2) * \left(\frac{1}{2666} \right) \right) * 1000 = 14.25ns$$

$$\left((21 * 2) * \left(\frac{1}{2933} \right) \right) * 1000 = 14.31ns$$

Como puede verse en el ejemplo anterior, aunque los MT/s de la memoria DDR4-2933 son mayores, la combinación con la latencia hace que la rapidez de acceso sea marginalmente inferior que la memoria DDR4 de 2666MT/s. Es importante conocer esta información para evitar ser sorprendido con valores que podrían no traer beneficios directos a la productividad. Una memoria RAM DDR4-2933MT/s CAS19 sí puede ofrecer tiempos de acceso menores (12.95ns) con lo que se puede agilizar la máquina.

---

[67] Algunos inescrupulosos dicen que se trata de los Hz de la memoria. Eso es falso. Los Hz de la memoria DDR son exactamente la mitad de la Tasa de Transferencia. Así, una memoria DDR4-2400 funciona a 1200MHz.

Por último, hay quienes ofrecen la memoria RAM en términos de transfers (DDR4-2666) o en términos de MB/s (PC4-21300). De hecho, ambos significan lo mismo. Cuando se ofrece la memoria en términos de la tasa de transferencia, se maneja, directamente, su valor después del DDR4 (DDR4-2666MT/s, en este caso). Cuando se ofrece en términos del pico teórico de transmisión de datos que es capaz de ofrecer, se multiplica la tasa de transferencia (2666 en este caso) por 8 (porque el bus de la memoria DDR es de 64 bits, o sea, 8 Bytes) con lo que la unidad de medida cambia de MT/s a MB/s. El resultado en este caso es 21,328 lo cual se redondea a 21,300MB/s. Cuando la memoria se coloca en modo Dual Channel, este pico teórico se reproduce (42,656MB/s) debido a que se duplica el bus de la memoria a 128 bits (16 bytes).

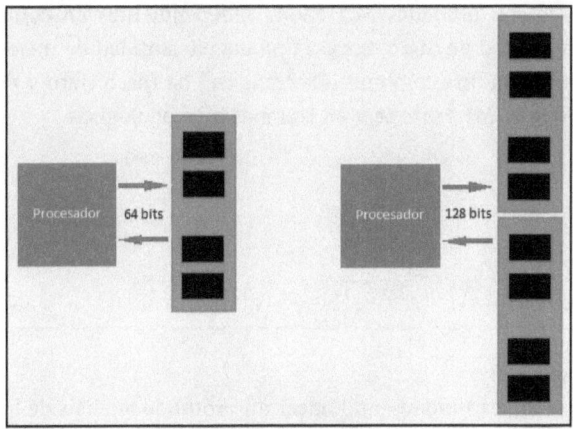

Fuente: elaboración propia.

En resumen: Es MUY recomendable solicitar los equipos con, al menos, 16GB de RAM (2x8GB), aunque lo ideal serían configurar la RAM de acuerdo con la cantidad de programas abiertos que se usen. Al menos, hay que solicitar RAM PC4-21300 DDR4-2666MT/s CAS19 Dual Channel mode en equipos de escritorio y portátil para que el equipo pueda funcionar bien y reducir el uso de la paginación, intercambio o swap en el disco. Entre mayor cantidad de memoria RAM, mejor. Cabe insistir en el modo Doble Canal[68] pues su uso puede tener un efecto positivo en la capacidad de respuesta del equipo. En cuanto al uso de memoria DDR4, tendrá más sentido cuando alcance el esquema PC4-25600 DDR4-3200MT/s CAS22, pues una especificación menor de MT/s puede no traer beneficios tangibles en el rendimiento del equipo. Sin embargo, las memorias que se instalan en los equipos de productividad normalmente tienen ajustes muy conservadores para asegurar, en lo posible, la estabilidad.

---

[68] Hardware Secrets; Torres, Gabriel, "Everything You Need to Know About the Dual-, Triple-, and Quad-Channel Memory Architectures", http://www.hardwaresecrets.com/article/Everything-You-Need-to-Know-About-the-Dual-Triple-and-Quad-Channel-Memory-Architectures/133/1

Advertencia: Se ha estado dando la situación en que se promueven "soluciones" de caché para, aparentemente, ofrecer un mejor rendimiento con una menor cantidad de RAM física. De hecho, se ha estado malinformando de sistemas que, con una combinación de memoria caché M.2 y RAM, ofrecen aparentes "capacidades" de memoria de 20 o 24GB[69]. **Esto es incorrecto.** El uso de una memoria caché, como la 3d XPoint (ofrecida en el mercado como Optane) o alguna otra, no sustituye a la memoria RAM. La limitante de un bus M.2 establece una rapidez máxima de 4GB/s mientras que la RAM puede tener una rapidez que puede superar los 32GB/s. Lo único que se pretende hacer es agilizar el acceso al disco duro estándar con este tipo de cachés, pero ello jamás sustituirá a una buena cantidad y rapidez de memoria RAM. Se lograrán mejores accesos con unidades M.2 NVMe independientes en conjunto con, de ser necesario, una unidad de disco duro, y una buena cantidad de memoria RAM, que lo que se obtendría con una combinación "mágica" de Disco Duro y alguna "solución" como Optane o StoreMI. Evite caer en trampas mercadológicas.

UNIDAD DE ALMACENAMIENTO

Lenguaje general
En este ámbito, es fundamental hacer un profundo análisis de lo que se requiere: rapidez o capacidad[70]. Con las actuales tecnologías, es difícil elegir ambas.

Si lo que se requiere es **rapidez**, la opción sería decantarse por Unidades de Estado Sólido (SATA-III o M.2, rapidez de 500MB/s E/S o más) cuyas capacidades oscilan entre 60 y 2000GB. Uno de los grandes beneficios de las unidades de Estado Sólido se concentra en su altísima rapidez de acceso (más de 250MB/s y más de 3GB/s en SSD M.2 NVMe PCIe3) y el tiempo medio entre fallas (MTBF) que se encuentra en ~1 millón de horas. Ello significa que en unas 1000 unidades se presentarán alrededor de 3 fallas dentro de la garantía cada seis meses (aproximadamente)[71]. En términos de las desventajas, la más importante se encuentra en los precios, donde se podría llegar a tener una relación de .41USD/GB (es decir, que cada GB podría costar hasta 41¢ de dólar). No obstante, conforme se están popularizando, esta relación de costo/capacidad se ha ido reduciendo.

---

[69] Véase: https://www.techpowerup.com/245256/wishful-thinking-disingenious-marketing-intels-optane-being-marketed-as-dram-memory
[70] No todo se puede en la vida y en más ocasiones de las que se piensa se dan unas por otras (Quid pro quo) en el ámbito de la computación.
[71] Hardcoreware; Nelson, Carl, "Understanding MTBF in SSD – What Does an SSD's MTBF Mean for You?", http://www.hardcoreware.net/mtbf-ssd-what-does-it-mean-for-you/

Si lo que se requiere es **capacidad**, la opción sería decantarse por Unidades de Disco Duro (SATA-III, 7200RPM o 5400RPM), cuyas capacidades oscilan entre 320 y 6000GB. Entre sus grandes beneficios se encuentra la enorme capacidad de almacenamiento ofrecida a precios realmente bajos (con relaciones que podrían ser de .03/GB, es decir que cada GB podría costar unos 3¢ de dólar). Entre sus desventajas se encuentra la raquítica rapidez de acceso que ofrecen (hasta 120MB/s, misma rapidez que se degrada de manera paulatina conforme se llena de datos hasta llegar a niveles inferiores a los 50MB/s[72]), la generación de calor (las unidades de 7200RPM tienden a generar más calor que las de 5400RPM), y el tiempo medio entre fallas (MTBF) que se encuentra en ~30 mil horas, es decir, en unas 1000 unidades se presentarán ~290 fallas dentro de la garantía cada seis meses (fallas que pueden ser menores, como errores de escritura o lectura)[73].

Si lo que se requiere es un equilibrio entre **rapidez y capacidad**, la opción sería decantarse por unidades híbridas SSD+HD (también conocidas como SSHD) (SATA-III, NAND 16GB, HD 7200RPM), cuyas capacidades se encuentran entre los 500 y 4000GB. Entre sus grandes beneficios se encuentra la enorme capacidad de almacenamiento con precios competitivos, así como la aceleración ofrecida por la integración de una memoria NAND (similar a la utilizada en las modernas unidades SSD) que oscila entre 8 y 24GB que es donde, por lo general, se instala el sistema operativo y su grupo de bibliotecas, así como el archivo de paginación. El precio también parece estar bastante equilibrado (unos .05USD/GB, es decir que se podrían pagar 5¢ de dólar por cada GB). Entre las desventajas se encuentra una menor rapidez respecto a una unidad SSD nativa (pues al conectarse a un puerto SATA la tasa de transferencia no superará los 600MB/s), con los mismos efectos colaterales que un disco duro estándar conforme se va llenando de datos, la generación de calor, y un tiempo medio entre fallas (MTBF) similar al de los discos duros estándar (alrededor de 30 mil horas). Este tipo de soluciones agregan tecnologías que pueden ser aprovechadas en los modernos sistemas operativos, como Windows 10, para agilizar el acceso a datos y mejorar la confiabilidad de la información almacenada.

---

[72] La pasmosa lentitud de las unidades HDD ha traído consigo la generación de alternativas que permitan acelerar un tanto el acceso a sus datos. Si bien han existido una miríada de alternativas, en la actualidad las más conocidas son Microsoft ReadyBoost e Intel Optane. Ambas tienen la misma finalidad: ofrecer un medio alternativo para almacenar el archivo de paginación (y ofrecer una especie de memoria intermedia o caché para los datos más utilizados) para aliviar un tanto el yugo que significa para la computadora tener que utilizar el disco duro. La opción más simple y económica, debido a que puede instaurarse con alguna unidad DiskOnKey USB o SD, es Microsoft ReadyBoost. La única condición es utilizar dispositivos de alta rapidez (digamos, de 30MB/s o más).

[73] ArsTechnica; Bright, Peter, "Putting hard drive reliability to the test shows nota all disks are equal", http://arstechnica.com/information-technology/2014/01/putting-hard-drive-reliability-to-the-test-shows-not-all-disks-are-equal/

Como referencia general, las temperaturas idóneas de operación de los discos duros se encuentran entre los 25° y los 40°C. Si un disco opera entre 41° y 50°C se considera que está en el umbral aún aceptable de operación. Por lo general, la temperatura máxima de un disco duro estándar es de 60°C. Si las temperaturas de un disco están por debajo o por encima de esos valores, serán propensos a fallas y, por ende, serán poco confiables.

En resumen: Lo que se sugiere, si el espacio para albergar las unidades de almacenamiento en el equipo es limitado, es utilizar unidades híbridas SSHD que permitan acelerar el acceso a la información en conjunto con el uso de Sistemas Operativos que puedan aprovechar mejor las capacidades de acceso del sistema. Si pueden instalarse dos unidades SATA-III o una M.2, puede colocarse una unidad SSD (M.2 o SATA-III) de baja capacidad (unos 128GB) y un Disco Duro estándar de 7200RPM de manera que el sistema operativo se instale en la unidad SSD y los datos se puedan guardar en el disco duro.

Para ello, lo único que se tendría que hacer es redirigir el almacenamiento de las carpetas de documentos y otras hacia el disco duro para que allí se almacene toda la información. Solo habría que hacer clic con el botón derecho en la carpeta seleccionada (digamos, Documentos), seleccionar Propiedades del menú contextual que aparezca, y hacer clic en la ficha Ubicación. Allí se indica la unidad de disco donde se almacenará la carpeta y Windows 10 se encargará de colocar allí toda la información que se guarde en ella.

De acuerdo con las necesidades del Usuario y el uso que se le dará al equipo, podrían solicitarse unidades de 500GB a 1TB. Esta solución reflejará mucho mejor el rendimiento del sistema que el procesador en sí. Una unidad de disco de 7200RPM tendrá un mejor tiempo de respuesta, pero consumirá mayor cantidad de energía y, por ende, generará más calor. Una unidad de disco de 5400RPM reducirá el consumo de energía y funcionará con una temperatura menor, pero castigará el tiempo de respuesta. Finalmente, y como comentario al margen, sería muy recomendable que se cifraran las unidades de disco con Bitlocker (o alguna otra utilería, aunque pocas razones encuentro para usar otra que no sea Bitlocker) para reducir la posibilidad de que los datos sean sustraídos del equipo sin permiso. El cifrado podría reducir el rendimiento del equipo, pero al utilizar características integradas en el harware, la lentificación podría no ser significativa—aunque sí el beneficio de tener mayor seguridad en los datos.

Si se quiere utilizar una caché "inteligente" para agilizar el acceso al disco duro, existen opciones como Intel Optane, AMD StoreMI, Enmotus FuzeDrive, Romex PrimoCache, Microsoft ReadyBoost, entre otras. Algunas tienen costo, y algunas otras no. Puede experimentar con estas tecnologías que, como ya se indicó en el apartado correspondiente, no sustituyen a la Memoria RAM.

EL SOFTWARE

La computadora no solo se compone de hierros, necesita un "alma" para poder ser útil.

Regresemos a la parte poética: Comparemos a la PC, por ejemplo, con un ser humano: el cuerpo de un humano por sí solo es un ente inerte, sin vida. Una persona tiene un aliento de vida que anima a ese cuerpo, que lo hace funcional, que le permite pensar y realizar acciones.

Lo mismo se aplica en el caso de una computadora, el adquirir un conjunto de hierros y pensar que "ya se tiene una buena computadora" es equivalente a decir que por adquirir un cadáver "ya se tiene un buen cuerpo y ya". Finalizamos la parte poética.

De hecho, una "buena computadora" resulta de la adecuada combinación de tres elementos primordiales: el hardware (los componentes del equipo), el software (los programas, aplicaciones y datos que en ella funcionan) y el usuario (la persona que utiliza al equipo). Si alguno de estos tres elementos falta, la computadora se convierte en algo inútil: si la computadora tiene hardware y software, pero no hay usuario que la utilice o le saque provecho, es inútil; si tiene hardware y usuario, pero no se cuenta con software, es inútil; si tiene usuario y software, pero no hay hardware, es inútil.

El software es todo aquel componente etéreo de la computadora que hace que ésta realice algún proceso. También son los datos necesarios para elaborar tal proceso, y los que se obtienen como resultado de él (hay otros efectos que se logran por otros medios, como impreso o sonoro).

Existen dos tipos primordiales de software: los programas y los datos. Los primeros son secuencias funcionales que le indican a la computadora qué hacer y cómo hacerlo. Los segundos son los medios de los que se valen los programas para su funcionamiento. Los programas establecen procesos. Los datos son orígenes y resultados de los procesos. En ambos rubros, existe una enorme gama de variedades con finalidades muy específicas. Los programas pueden ser de tipo sistema, controlador y aplicación, entre otros. Los datos pueden ser del tipo estático (archivos de texto plano, de configuración, de imágenes, de sonido, etcétera), o dinámico (bases de datos, bases de datos relacionales, archivos de datos, etcétera).

En esta sección nos concentraremos en las características del software del equipo, particularmente del sistema operativo.

SISTEMA OPERATIVO

Lenguaje general

A grandes rasgos, un sistema operativo es un software que le permite a la computadora saber con qué cuenta y cómo puede funcionar de la mejor forma posible. El sistema operativo establece la forma en que deben grabarse y leerse las diversas unidades de disco, cómo debe hacerse el despliegue de elementos en la pantalla, cómo deben enviarse señales sonoras a los dispositivos de sonido, cómo deben interpretarse los impulsos provenientes del teclado y el ratón, etcétera.

Ello, definitivamente, nos habla de una característica que no puede escapar a la definición: entre mejor se lleve a cabo tal administración, mejor será la funcionalidad de nuestra computadora. Así pues, entre mejor sea administrado el equipo y sus facultades por el sistema operativo, mayor será la calidad, eficacia y eficiencia del equipo. Sin embargo, no todos los sistemas operativos están orientados a los mismos nichos de mercado (aunque todos tienen la misma misión de controlar al equipo).

Hay sistemas operativos que están orientados al mercado del hogar, otros orientados al del entretenimiento, al trabajo organizacional, al de los procesos industriales, a los procesos multimedia, a los teléfonos celulares, a las tabletas, a los sistemas incrustados y a los procesos científicos y de misión crítica, entre otros. Aunque la anterior lista no es exclusiva, ni exhaustiva, gran parte de las tareas de la computadora se centran en tales rubros. En lo que se refiere a Microsoft Windows, se cuentan con dos[74] ediciones orientadas a la productividad: Microsoft Windows 10 Pro (para empresas micro, pequeñas y medianas), Microsoft Windows 10 Enterprise (para empresas medianas, grandes, corporativos y organizaciones grandes). Por lo general, una máquina orientada a la productividad integrará, al menos, Microsoft Windows 10 Pro.

Como regla de oro, a hardware nuevo, software nuevo. Lo más recomendable es instalar la versión reciente del Sistema Operativo (que, al momento de este escrito, en el caso de Windows 10, es la 1809) para aprovechar lo mejor posible las características del hardware. Ello es muy importante con las generaciones actuales de procesadores, pues a partir de la 7ª generación de los procesadores AMD A PRO e Intel Core vPro (modelos 9000 y 7000 respectivamente) no se puede instalar una versión anterior de Windows pues Microsoft no certifica su uso para ello. Y hay razón. Windows 7 fue lanzado en 2009 para administrar el hardware disponible en esas fechas (y, cuando mucho, hasta el 2011). Windows 10 fue lanzado en 2015 y cada cierto tiempo tiene

---

[74] De hecho, Microsoft Windows 10 cuenta con más de dos ediciones orientadas a la productividad. Sin embargo, las más comunes son las que aquí se establecen. Para ver mayores detalles, visite: https://www.microsoft.com/en-us/windowsforbusiness/compare

actualizaciones en su kernel[75] para reconocer el hardware reciente y utilizarlo mejor (la versión actual es la 2004). Windows 10 2004 podrá reconocer y administrar mejor los recursos del nuevo hardware que un sistema operativo que administraría el hardware como en el 2009[76]. En general, la fecha de emisión del kernel puede dejarle entrever mucho de qué hardware podrá administrar mejor el sistema operativo (y, por ende, tener una mejor funcionalidad, pues un sistema operativo nuevo en un hardware muy viejo podría traer, también, una magra experiencia de cómputo):

Versión Kernel	Nombre comercial	Fecha de lanzamiento
6.1	Windows 7	Octubre/2009
6.2	Windows 8	Octubre/2012
6.3	Windows 8.1	Octubre/2013
10	Windows 10	Julio/2015
10 (2004)	Windows 10	Mayo/2020

Luego de su lanzamiento, el kernel del sistema operativo es capaz de administrar con eficiencia hardware que haya aparecido, en promedio, hasta dos años después de la fecha en la que el kernel fue lanzado en el mercado. De hecho, la fecha de lanzamiento pone en evidencia el tipo de hardware sobre el que se pudo haber basado el sistema operativo para funcionar de manera óptima. Hay cierta funcionalidad integrada en el hardware que, si no es reconocida por el sistema operativo, definitivamente no se utiliza y, por ende, se desperdicia. Por ello es por lo que comprar nueva tecnología de hardware y ponerle un sistema operativo antiguo no hace sino desperdiciar supinamente la inversión.

En equipos de escritorio Microsoft Windows 10 funciona, en general, de manera nativa en procesadores AMD A de la serie 7000 en adelante y toda la línea AMD Ryzen PRO y AMD Athlon PRO, así como en procesadores Intel Core vPro de la serie 4000 en adelante. En modelos anteriores de estos procesadores, Windows 10 podría funcionar de manera compatible, lo que significa que no se podrán aprovechar a cabalidad las características de este sistema operativo. Hacia la publicación de este escrito (1 semestre de 2020), los procesadores disponibles son AMD Ryzen PRO series 3000 y 4000, AMD Athlon PRO series 300 e Intel Core vPro series 9000 y series 10000.

---

[75] Kernel = Núcleo del sistema operativo. Es la parte más importante del sistema operativo, pues es la que se encarga de realizar la comunicación entre el hardware y el software.
[76] En muchas ocasiones, ésta es la razón por la cual los usuarios no perciben mejoras en el rendimiento del sistema, pues el sistema operativo tiende a omitir la administración de las nuevas características del hardware.

SISTEMA OPERATIVO: USO DE VERSIONES ANTERIORES

Es posible que haya algunos programas o aplicaciones que se utilicen en la organización que no puedan instalarse, sean inútiles o tengan problemas de compatibilidad con la nueva versión del sistema operativo. La primera sugerencia sería que se obtuvieran versiones actualizadas de esos programas para ser utilizados en el nuevo sistema operativo. Si esta consideración está fuera del alcance o del presupuesto, podría optarse por el uso de una máquina virtual para instalar la versión del sistema operativo que se trate y, allí, instalar el o los programas que se necesiten. Los equipos de cómputo para productividad (es decir, que tienen la línea de procesadores AMD PRO [A o Ryzen] o Intel Core vPro i5 o superior[77]) integran virtualización por hardware, lo cual significa que se podrán utilizar máquinas virtuales para ejecutar los programas. Tan solo hay que hacer que aparezca el Administrador de tareas de Windows 10 y, en la ficha Rendimiento, se verá si se tiene habilitada la virtualización por hardware. Ver la siguiente imagen:

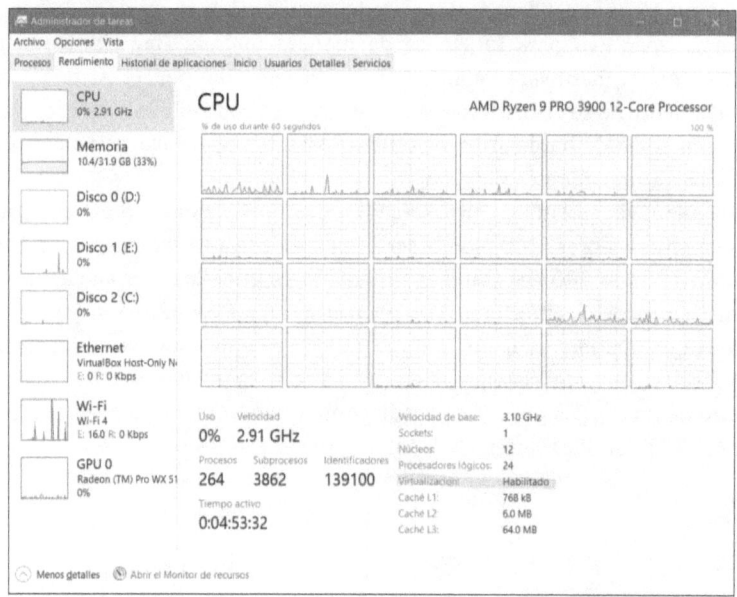

Fuente: captura de pantalla del Administrador de tareas de Windows 10

---

[77] Algunos procesadores de las líneas AMD no-PRO E, A o Ryzen, así como Intel Core i3, Pentium y Celeron también integran virtualización. Sería importante ver la referencia de su procesador.

Aquí es evidente que está habilitada la virtualización por hardware. Así se podrá hacer uso de Hyper-V, que viene integrado en Windows 10, o de algún otro virtualizador de terceros para instalar la máquina virtual que se requiera[78]. A continuación, se puede ver una imagen de Windows 7 corriendo en una máquina virtual de Oracle VM VirtualBox:

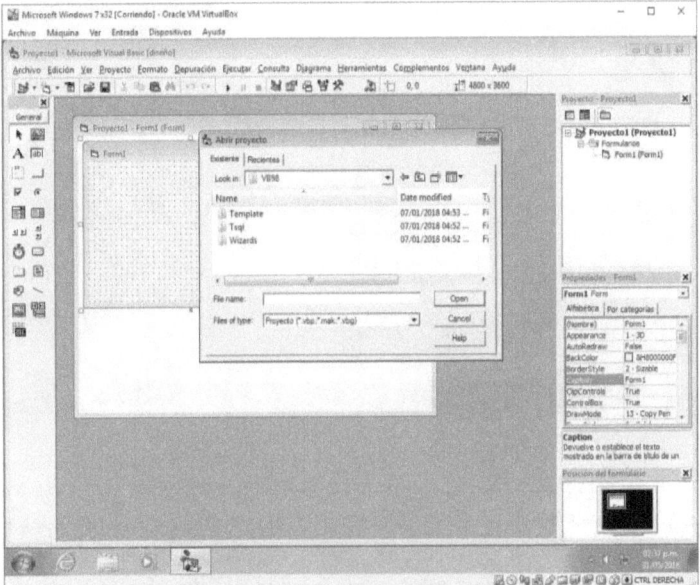

Fuente: captura de pantalla desde Virtual Box.

Y una imagen de Windows XP en el mismo virtualizador.

---

[78] Será importante consultar con Microsoft el licenciamiento que corresponda a la instalación de un sistema operativo de esta empresa en la máquina virtual para evitar caer en incumplimiento de licencia o problemas más graves.

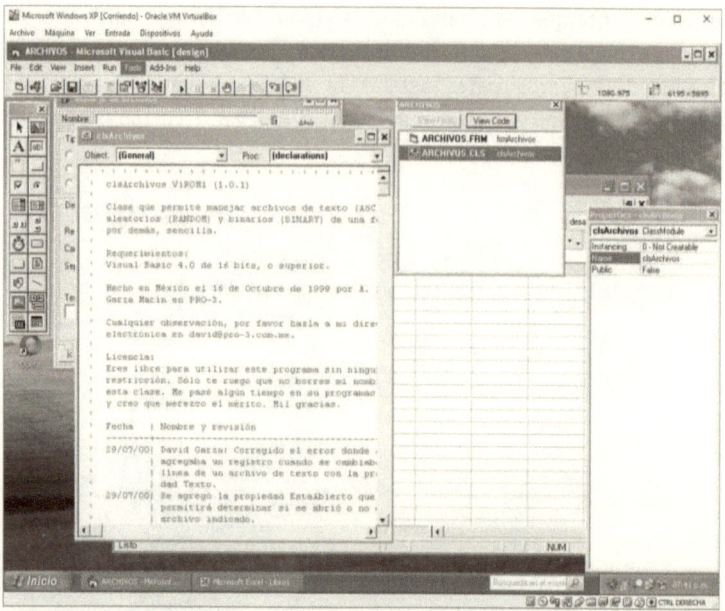

Fuente: captura de pantalla desde VirtualBox.

Podría existir la posibilidad de generar una imagen de referencia (ver los Apéndices E y F) con Windows 10 de 32 bits. Si bien es posible que no existan todos los drivers para este tipo de versión del sistema operativo, es muy probable que aplicaciones antiguas funcionen adecuadamente si esta versión del sistema operativo se instala en la computadora. Hay que tomar en cuenta que esta versión no funciona con el UEFI, por lo que se tiene que activar el CSM en el BIOS. También, es seguro que no se podrá tener acceso a más de 4GB de RAM en total, por lo que la memoria RAM restante se desperdiciaría. Sin embargo, en programas antiguos que aún requieren de acceso al hardware en 16 bits, será mucho mejor instalar Windows 10 de 32 bits que un Windows 7 de 32 bits.

Por último, poco se recomienda el uso de versiones anteriores (o downgrade) de un sistema operativo, lo cual se refiere a instalar en un equipo nuevo un sistema operativo anterior. Ésta debería ser una decisión extrema a considerar cuando existan problemas de compatibilidad con hardware (componentes) o con software respecto a un sistema operativo nuevo, o cuando el esquema de licenciamiento de usar máquinas virtuales se vuelva muy oneroso, o si determinado software funciona mejor si está directamente instalado en el sistema operativo en la computadora y no en una máquina virtual. En cuanto a hardware anacrónico, podría haber impresoras, lectores de huella digital, tablillas de dibujo, dispositivos de conexión serial (RS-232c), digitalizadores (escáneres), y una miríada de componentes que, en resumen, carezcan de controladores en el nuevo sistema operativo y que, por ende, sea imposible utilizarlos cuando estos componentes sean importantes para la productividad empresarial. Si la incompatibilidad es por software y las opciones de su actualización o de las máquinas virtuales no son viables, entonces se debe usar una versión anterior (downgrade) del sistema operativo. Ello podría traer las siguientes consecuencias:

- Se podrían desperdiciar ciertas funcionalidades del hardware por incapacidad de administración del kernel del sistema operativo por instalar.
- Se podría reducir la rapidez y eficiencia energética de la computadora.
- Se podrían tener problemas de estabilidad.
- Se podría tener la incapacidad de que algunos componentes de la máquina sean reconocidos por falta de controladores en el anterior sistema operativo.
- Se podría perder soporte tanto del fabricante del sistema operativo como del equipo de cómputo.
- Se podría reducir la seguridad del equipo.
- Se podrían enfrentar algunos otros problemas propios del anacronismo del kernel del sistema operativo en el hardware reciente.

Ante ello, si no queda otra opción, deberá usar una versión anterior del sistema operativo en la computadora. Pero procure que ésta sea la solución extrema, la última. En lo que corresponde a Microsoft, existe una limitante importante para poder instalar un sistema operativo anterior en hardware nuevo: El procesador donde se instale debe ser, máximo, de 6ª generación[79]. Es decir, en el caso de AMD se puede instalar hasta en las APU A PRO o A serie 8000, y en el caso de Intel en las CPU Core i serie 6000[80]. Cualquier intento de instalar Microsoft Windows 7 en procesadores de modelos posteriores traerá consigo una imposibilidad de instalar las actualizaciones existentes[81]. Si instala Microsoft Windows 7 en procesadores AMD PRO serie A 9000 o Ryzen en adelante, o en Intel Core i serie 7000 en adelante, al querer instalar las actualizaciones obtendrá un mensaje como el siguiente:

---

[79] Ello tiene que ver con el diametral cambio de arquitectura de hardware que ha ocurrido desde el 2009 que apareció Windows 7 hasta la actualidad. En gran medida, se tiene que emular la arquitectura propia del 2009 para que Windows 7 pueda funcionar en equipos nuevos. Ello trae consigo, entre otras cosas, serios problemas de lentificación del sistema que, posteriormente, son achacados a Microsoft, cuando, de hecho, el problema es haber utilizado una versión anterior del sistema operativo de la computadora.
[80] Esta limitación no existe si se requiere instalar Windows 10 de 32 bits.
[81] Cabe hacer notar que Windows 7 ha quedado fuera de todo soporte oficial de Microsoft a partir del 14 de enero del 2020.

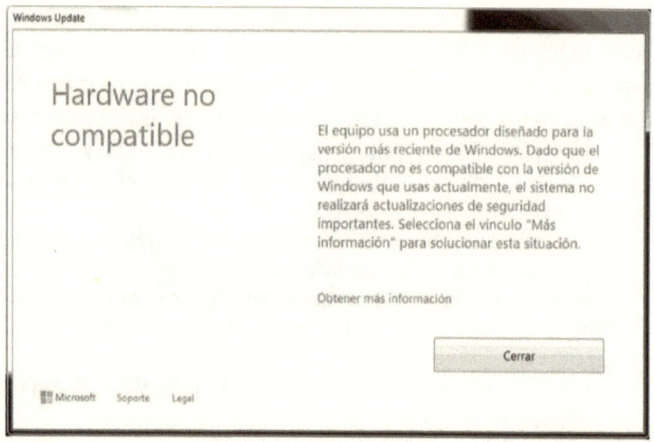

Fuente: captura de pantalla de Windows 7 instalado en un procesador incompatible.

En la siguiente tabla tendrá más clara la compatibilidad de Downgrade

Procesador	Compatibilidad
AMD APU PRO hasta modelo A 8000	Microsoft Windows 7 y Windows 10
AMD APU PRO a partir del modelo A 9000 y AMD Ryzen PRO en todos sus modelos	Microsoft Windows 10
Intel Core vPro hasta modelo 6000	Microsoft Windows 7 y Windows 10
Intel Core vPro a partir del modelo 7000	Microsoft Windows 10

Lo más recomendable es que se haga lo posible por actualizar el hardware o el software que no deja que se utilice un nuevo sistema operativo, de modo que pueda aprovechar a cabalidad la potencia del nuevo equipo. Es menester recordar que el principal problema de utilizar sistemas operativos, o software o hardware anacrónico se centra en la seguridad. (Shinder, 2016)

Es curioso cómo algunos autores, como Ernie Smith (2017), hacen referencia que los sistemas operativos son las cucarachas de la revolución digital: están por todos lados, se esconden en grietas de bajo nivel, y la mayoría de las veces uno no se da cuenta de que allí están hasta que atraen la atención.

SISTEMA INTEGRAL

Hay una gran cantidad de elementos que podrían tomarse en cuenta para la correcta configuración de equipos para la productividad. En cuanto a **seguridad**, los equipos solicitados deben integrar opciones adicionales de seguridad como BIOS protegidos por contraseña, cifrado de información mediante, al menos, TPM 2.0, arranque seguro del sistema, inicio de sesión mediante tarjetas de acceso y medios biométricos, etcétera. En cuanto a **características del sistema**, que se refiera a soluciones especialmente diseñadas para la productividad de oficina (y, de acuerdo con el uso o cometido, que cumplan con MIL-STD-810G o con pruebas equivalentes y aprobadas, como caída, choque funcional, vibraciones, polvo, humedad, altitud, alta temperatura, baja temperatura, choque de temperatura, arena, atmósfera explosiva y congelamiento/deshielo), lo recomendable es buscar con garantías de tres o más años. Lo anterior, en su conjunto permitirá al usuario elegir un equipo completo con capacidades de rendimiento y respuesta mucho más allá de un elemento unívoco como la CPU.

Por lo general, los equipos orientados a la productividad están basados más en soportar el trajín laboral diario que en ofrecer un agradable diseño. Los monitores, por ejemplo, cuentan en sus pantallas con capas de material antirreflejante, protectores de rayos UV, protectores contra miradas intrusivas, y otras características para proteger la vista y la piel de la continua exposición por las largas jornadas laborales. Los teclados están fabricados para aguantar durísimas y extensas sesiones de trabajo, donde los símbolos de las teclas no se borran (o tardan mucho tiempo en borrarse) y tienden a ser más resistentes al maltrato. Los gabinetes están fabricados de materiales que soportan mejor las caídas, temperaturas extremas, presiones y maltrato; además de facilitar, en lo posible, su proceso de mantenimiento (en particular en los denominados "sin-herramientas" o Tool-less), así como contar con dispositivos que alertan, disminuyen o impiden su apertura por personal no autorizado. Integran componentes, desde su tarjeta madre, su memoria, sus unidades de almacenamiento, sus procesadores, y otros, especialmente diseñados para largas jornadas laborales, donde se toma en cuenta la mayor estabilidad y el menor consumo de energía. En ellos se cuentan con características de administración remota (como DMTF DASH o Intel vPro entre otros) que facilitan a los administradores de sistemas su trabajo.

Este tipo de sistemas también permite la integración a un esquema de dominios (si se cuenta, al menos, con Microsoft Windows Pro o Professional), lo cual permite administrar los sistemas desde el Microsoft System Center y sus herramientas de Administración. Con lo anterior se pueden establecer esquemas de seguridad, de control, de actualización, de ramas, árboles y bosques de dominio y muchas otras características adicionales.

Es importante, a su vez, destacar la ergonomía como parte integral del sistema. Hay larguísimas jornadas que se tienen enfrente de una computadora y la ergonomía puede jugar un papel importantísimo en la productividad. Usar monitores de un tamaño adecuado (recomendable, más de uno de 21" de pantalla ancha), con material antirreflejante, teclados y ratones ergonómicos, así como sillas y mesas cómodas y una buena iluminación puede hacer la diferencia entre una baja productividad y una alta productividad. No es recomendable tirar la sugerencia de la ergonomía a la basura. Definitivamente, los resultados podrán palparse.

Por ende, es muy importante observar que los equipos completos estén orientados a la productividad laboral. Es fundamental asegurarse que la línea de productos ofrecida pertenezca a la línea empresarial o corporativa del fabricante. Los sitios Web de los fabricantes ofrecen claras líneas de equipos orientados a la productividad de oficina.

CAPÍTULO 3

Mitos respecto a los componentes

Los usuarios quieren rápidamente culpar a algo. Y
la Espada de Occam—la explicación más sencilla es
la mejor—parece caber perfectamente cuando se
trata de señalar.
—Steven C. Seow

El mundo está lleno de mitos y leyendas, algunas más arraigadas que otras. El ámbito de la computación no está exento de esto y es por lo que deben conocerse antes de que algún vendedor sin escrúpulos quiera ofrecernos algo basado en este tipo de prácticas.

MITO 1: UN PROCESADOR SIN SMT NO EJECUTA MULTIHILOS

Hechos: el funcionamiento de los subprocesos, hilos o threads es algo particularmente propio de los sistemas operativos multitarea y multiproceso. Para ello, es importante ver la documentación de los fabricantes de los sistemas operativos para tener una mejor idea de qué es un subproceso y cómo el sistema operativo aprovecha los recursos del procesador para ejecutarlos de la forma más eficiente posible.

Lenguaje técnico: procesos y subprocesos

Cabe destacar que los procesos y los subprocesos o threads son atributos propios del Sistema Operativo y de los programas que en él funcionan. Aun cuando un programa esté basado en subprocesos, si el núcleo o kernel del sistema operativo no soporta el manejo de subprocesos, entonces no será capaz de ejecutarlos. Esto se indica con claridad en el texto de Juan K. Ruiz (2017) de Microsoft que dice: "La CPU por sí sola no puede iniciar la ejecución de otro proceso, es el sistema operativo que le dice a la CPU cuándo comenzar a ejecutar un conjunto de instrucciones determinado. La CPU ejecutaría todas las instrucciones de un proceso hasta finalizar y solo en ese momento continuaría la ejecución de otro proceso (o del propio sistema operativo)".

Así, queda claro que los subprocesos **no son** responsabilidad de la CPU, sino del programador de procesos (o Scheduler) del Sistema operativo. Ahora bien, en la página Web MSDN DevCenter de Microsoft (2017), se encuentra una importantísima definición de procesos y subprocesos:

> Una aplicación consiste de uno o varios procesos. Un **proceso**, en términos simples, es un programa en ejecución. En el contexto del proceso se ejecutan uno o varios subprocesos o threads. Un **subproceso** es la <u>unidad básica en la que el sistema operativo asigna tiempo del procesador.</u> Un subproceso puede ejecutar cualquier parte del código del proceso, incluso aquellas partes que ya se están ejecutando por otro subproceso.

Ello confluye con lo indicado por la Universidad de Stanford a través de John Ousterhout (2010) que establece:

> Subprocesos
> La mayor parte de los modernos sistemas operativos también admiten subprocesos (threads): múltiples flujos de ejecución de un único proceso.

En referencias de Linux, Himanshu Arora (2013) nos ofrece una definición equivalente:

> Los subprocesos en Linux no son más que un flujo de ejecución del proceso. Un proceso que contiene múltiples flujos de ejecución se le conoce como proceso con múltiples subprocesos (multi-threaded).

Cabe destacar que sistemas operativos de celular, también manejan subprocesos. Ello es posible verlo en, por ejemplo, la descripción ofrecida por el propio Apple Computer (2014) del sistema operativo iOS de los iPhone o iPad:

> Cada proceso (aplicación) en OS X o iOS está compuesto por uno o varios subprocesos, cada uno de los cuales representa una única ruta de ejecución propia del código de la aplicación. Cada aplicación comienza con un único subproceso, mismo que ejecuta la función main de la aplicación. Las aplicaciones pueden generar subprocesos adicionales, y cada uno de ellos ejecuta el código de una función específica.

Y cabe mencionar a Android, donde Google (s.f.) nos indica también:

> Cuando una aplicación se inicia, el sistema crea un subproceso de ejecución para la aplicación, que se denomina "principal". Este subproceso es muy importante porque está a cargo de distribuir eventos a los widgets correspondientes de la interfaz de usuario, incluidos los eventos de dibujo. También es el subproceso en el cual tu aplicación interactúa con los componentes del kit de herramientas de la IU de Android (componentes de los paquetes android.widget y android.view). Por esto, al subproceso principal también se lo suele denominar el subproceso de IU.

Es de destacar que los procesadores de los teléfonos celulares carecen de SMT y, aun así, son capaces de ejecutar "multithreading". Ello es porque, reiteramos, los subprocesos **no dependen** del procesador o de las funcionalidades del procesador, sino del Sistema Operativo. Así, cualquier referencia a que el procesador **debe** incluir multithreading es una falsedad y evidencia desconocimiento de la tecnología de cómputo.

Ahora bien, ¿cómo se ejecutan los procesos con múltiples procesos (multithreading)? La respuesta nos la dan Abraham Silberschatz, Greg Gagne y Peter Baer Galvin (2013) del Colegio de Ingeniería de la Universidad de Illinois en Chicago, a través de su área de *Ciencia de la Computadora*:

- Una tendencia en la arquitectura de computadoras es la de producir chips con múltiples núcleos, o CPU, en un solo chip.
- Una aplicación de múltiples subprocesos (multi-threaded) que se ejecute en un chip tradicional de un solo núcleo tendrá que intercalar los subprocesos, como se muestra en la [siguiente figura]. Pero en un chip multinúcleo, los subprocesos se distribuyen en los núcleos disponibles, con lo que se realiza un verdadero procesamiento paralelo.

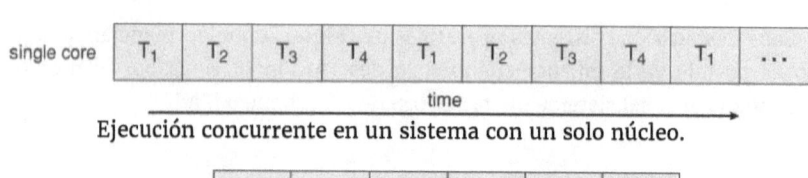

Ejecución concurrente en un sistema con un solo núcleo.

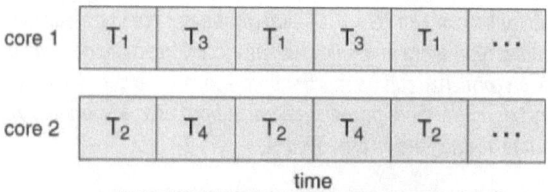

Ejecución paralela en un sistema multinúcleo.
Fuente: elaboración propia.

Como bien se lee en la cita, el encargado de distribuir los subprocesos por los núcleos del procesador es el sistema operativo. Refirámonos al siguiente texto parafraseado de Microsoft, donde Juan Carlos Ruiz Pacheco (2017) nos explica:

> "[Si se cuenta con varios thread y una sola CPU (o core),] la impresión del usuario es que se estarán ejecutando varias cosas al [mismo] tiempo, aunque, claro, esto no es así dado que en un core o núcleo de CPU solo puede ejecutarse una cosa a la vez. Lo que está pasando realmente es que los subprocesos o threads están alternando tiempo de ejecución de una manera tan rápida que el usuario percibe que se están ejecutando simultáneamente.
> [...]Si nuestra aplicación tiene dos hilos y nuestra máquina tiene dos CPU (o core), en efecto cada thread se podría ejecutar en una CPU diferente. En este caso, sí se puede hablar de ejecución en paralelo—aunque no necesariamente, pues puede darse el caso en que, debido a la necesidad del sistema de calendarizar threads de otros procesos, ambos thread se ejecuten en la misma CPU en un momento dado. En ese momento, no habría paralelismo.
> [Si la máquina tiene 2 cores y la aplicación usa más de 2 thread,] Lo que sucederá es que solo dos de esos subprocesos se estarán ejecutando en paralelo en un momento dado (aunque ya vimos que esto no es necesariamente lo que sucede), y el sistema operativo alternará la ejecución de dichos subprocesos de tal forma que todos tengan quantums[82] asignados, pero solo podrá haber máximo 2 en paralelo."

Así, lo anterior pone de manifiesto que los múltiples subprocesos pueden beneficiarse de contar con más procesadores o núcleos. La cantidad de núcleos físicos determinará la cantidad de subprocesos que se ejecutarán en paralelo. La moderna

---

[82] Thread quantum o Quantum de subproceso. Quantum per se es una palabra latina que indica "cantidad" y, en la actualidad, se comprende como la menor medida posible de cualquier propiedad física, como energía, materia o tiempo. En este caso, es la cantidad de tiempo que el programador de tareas del sistema operativo permite a un subproceso que se ejecute antes de programar la ejecución de otro subproceso.

tecnología multitareas y multiprocesos se puede aprovechar mediante Multiprocesamiento Simétrico (SMP) (ver Capítulo 2), que se explota con procesadores o núcleos reales.

Ahora bien, la Ley de Amdahl[83] nos muestra que el aumento de desempeño real en términos de procesamiento a través de los múltiples subprocesos depende de qué tanto puede paralelizarse un programa y la cantidad de procesadores (o cores) utilizados. Sin embargo, aun cuando un programa pueda no paralelizarse, siempre existe la ejecución de tareas, que es otra forma de ejecución de múltiples subprocesos (es decir, no necesariamente se trata de un programa que se distribuye entre las CPU o cores disponibles, sino varios programas distintos que se ejecuten en los distintos núcleos disponibles). A esto se le conoce como multitarea o multitasking. Aunque la multitarea no depende de contar con varios núcleos, lo cierto es que su ejecución es más eficaz cuando se cuenta con ello (y más cuanto más núcleos se tienen y más aplicaciones se abran) y un sistema operativo capaz de reconocer los múltiples núcleos.

En cuanto a la tecnología de Multihilos Simultáneos (SMT), se trata de una alternativa a SMP que pretende aprovechar los llamados "tiempos muertos" del procesador. Eso se explica con el siguiente texto de Abraham Silberschatz, Greg Gagne y Peter Baer Galvin (2013) de la Universidad de Illinois en Chicago:

> *"Una estrategia alternativa a SMP es SMT, Múltiples Subprocesos Simétricos (Symmetric Multi-Threading), en la que se utilizan varias CPU virtuales (o lógicas) en lugar de (o en combinación con) varias CPU [o cores] físicas. SMT debe ser soportado en el hardware, dado que cada CPU lógica tiene sus propios registros y maneja sus propias interrupciones (Intel se refiere a SMT como Hyper-Threading Technology). Hasta cierto punto, el Sistema Operativo no necesita saber si el procesador que está administrando es real o virtual. Por otro lado, algunas decisiones de planificación (o scheduling) pueden optimizarse si el planificador (o scheduler) conoce la asignación de procesadores virtuales a núcleos reales (analice la planificación de dos procesos intensivos en la CPU con la arquitectura que se muestra a continuación):"*

---

[83] Jenkov, Jakob (2015), Amdahl's Law, obtenido de http://tutorials.jenkov.com/java-concurrency/amdahls-law.html

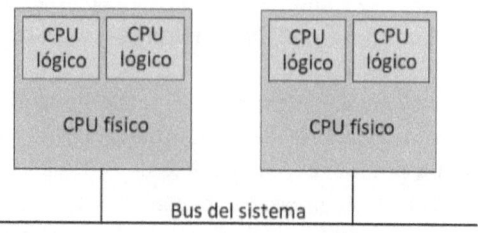

Una arquitectura típica SMT (fuente: elaboración propia)

Esta alternativa de subprocesos basados en SMT, en particular en la implementación de Hyper-Threading, está orientada a un puñado de aplicaciones compiladas con tal finalidad, por lo que es muy probable que sean muy pocos los beneficios que se deriven de este tipo de tecnología, donde Hyper-Threading ofrece, en promedio, un 6% de mejora en rendimiento[84] y SMT de AMD puede ofrecer más de 38% de mejora en rendimiento[85] de acuerdo con la aplicación que se utilice. Hoffmanlabs (2006) nos indica que la moderna tecnología multitareas y multiprocesos se aprovecha mucho mejor mediante multiprocesamiento simétrico (SMP), que se explota con procesadores o núcleos reales. Ello nos lo establece Chris Cunningham (2017) de manera explícita y contundente en la siguiente referencia:

> *"Hyper-Threading y SMT son buenos. Sí, pero el software necesita ser adecuadamente optimizado para aprovechar HT/SMT. En un nivel fundamental, HT/SMT no es tan potente como tener más núcleos físicos, pues solo se da la ilusión que se duplica un núcleo. Por esta razón, SMT es más económico que agregar la cantidad equivalente de núcleos de CPU, con lo que se reducen los precios. Por ejemplo, si se asume que la rapidez por núcleo es la misma, una CPU de 4 núcleos con SMT (8 subprocesos) podría tener el mismo rendimiento que una CPU de 4 núcleos sin SMT, pero nunca la rapidez de una CPU de 8 núcleos sin SMT. [...]*
> *HT/SMT es grandioso, pero contar con más núcleos físicos es mejor que tener HT/SMT. Así, si se elige entre dos CPU de precio similar, elija el que tenga más núcleos. Si resulta que tiene HT/SMT, pues es una buena adición."*

Así, ciertamente podría haber beneficios con SMT, pero ello depende de la forma en que haya sido programada la aplicación o el sistema operativo. Sin embargo, los beneficios con SMP son palpables y son la mejor forma de ejecutar múltiples

---

[84] Bert Toepelt, "Analysis - - Hyper-Threading Yields 6% Speed-Up", TomsHardware, http://www.tomshardware.com/reviews/Intel-Core-i7-Nehalem,2057-12.html [visitado el 3 de Junio de 2016]

[85] Coelho, Rafael, Hardware Secrets, "Does Disabling SMT on a Ryzen 7 CPU Improves its Performance?", Hardware Secrets, https://www.hardwaresecrets.com/does-disabling-smt-on-a-ryzen-7-cpu-improves-performance/ [visitado el 29 de diciembre de 2018]

subprocesos de manera paralela o multithreading paralelo. Cualquier mención respecto a que un procesador sin algún tipo de SMT es incapaz de ejecutar subprocesos múltiples es solo una muestra de ignorancia del ámbito técnico relacionado con el cómputo. Cabe hacer notar que, si en licitación o RFP, es requerido que un procesador cuente con tecnología SMT, en cualquier implementación, es importante poner explícitamente ese requerimiento, pues, como ya se dijo, la ejecución de subprocesos múltiples en sí puede llevarse a cabo incluso con un solo núcleo de procesador (aunque no de manera simultánea).

MITO 2: EL TAMAÑO DE LA CACHÉ TIENE QUE SER EL MAYOR POSIBLE

Hechos: El tamaño de la caché del procesador depende más de lo que se haga en la computadora que de la caché en sí. Si se tienen tecnologías diferentes, el tamaño de la caché no establece una forma adecuada de equiparar características y, en ciertos casos, se puede utilizar para sesgar una licitación o RFP en favor de algún fabricante en particular.

Lenguaje Técnico
Funcionamiento de la caché
La caché se utiliza para agilizar el acceso a datos e instrucciones repetitivos. También es bien aprovechada cuando el procesador cuenta con una lógica de redes neuronales. Cuando una aplicación arranca o se requiere de leer o grabar datos o cualquier operación que involucre el manejo de datos, esa operación específica se mueve de un dispositivo de almacenamiento lento (disco duro, SSD, CD, etcétera) a uno más rápido que es la memoria RAM. Allí se coloca toda la información, programas, sistema operativo, etcétera, que será procesada en ese momento. Sin embargo, la memoria RAM no tiene la capacidad de alimentar al procesador con la rapidez que éste lo necesita. Digamos que un procesador de 3GHz tiene una rapidez de respuesta de 0.3ns, mientras que una memoria RAM DDR4-2666 la tiene de 14.25ns. Como puede verse, la diferencia es enorme (la RAM es ~47 veces menos eficiente). Ante ello se integró un tipo de memoria SRAM dentro del procesador que permitió mejorar la rapidez de alimentación de datos iterativos. Esta memoria se conoce como caché y tiene 2 niveles: L1 y L2 (aunque hay quienes integran L3 y hasta L4 por económicas,

pero son bastante menos eficientes que las otras dos). Así, cuando un procesador requiere ejecutar una instrucción u obtener un dato, primero busca en sus registros (la memoria más cercana al procesador). Si lo que busca no está allí, entonces lo rastrea en la caché L1. Este proceso puede demorar de 1 a 3 ciclos de reloj, mientras tanto el procesador se quedará a la espera, sin hacer nada (tiempo muerto). Si lo que busca no está en L1, entonces procede a buscar en L2, lo cual puede tomarle de 6 a 12 ciclos, más tiempo muerto. Si lo que busca no está en L2, entonces tiene que salir a buscar en otras memorias, que pueden ser caché L3, L4, RAM, el Disco Duro o SSD, o la red, etcétera. Solo salir de L2 le tomará al procesador docenas, cientos, miles o hasta millones de ciclos. Por ende, las memorias SRAM más importantes son L1 y L2.

La memoria SRAM de nivel 1 (Caché L1) podría tener una rapidez de respuesta de ~0.9ns. ¡Es la más rápida! Pero, también, la más costosa y la que más consume energía eléctrica. Por ende, siempre se encontrará en cantidades limitadas. La memoria SRAM de nivel 2 (Caché L2) podría tener una rapidez de respuesta de ~2.8ns. Si bien no es tan rápida como la memoria SRAM nivel 1 (es tres veces menos rápida); ciertamente ofrece una buena capacidad de respuesta. Esta memoria SRAM es menos costosa que la L1, pero su rapidez hace que el consumo eléctrico pueda subir de manera importante. Por ende, lo recomendable es usar 512KB por cada núcleo del procesador. La caché L3 podría tener un tiempo de respuesta entre ~12.9 y ~13.75ns, lo cual es, al menos, 43 veces más lenta que el procesador, y casi al nivel de la memoria RAM que podría ser de 14.25ns.

Cabe aclarar que cuando un procesador encuentra los datos en alguna de sus cachés, a eso se le conoce como "cache hit"; si no lo encuentra, entonces es un "cache miss". Cada "miss" produce un retraso (o latencia) conforme el procesador navega entre los niveles cada vez más lentos. Ahora bien, las cachés grandes requieren de más hardware para ser implementados, así como bloques de control más amplios. Para ponerlo en perspectiva, en una celda con la estructura SRAM se requiere de 6 MOS para almacenar y acceder a 1 bit, mientras que en la DRAM (lo que conocemos como RAM o memoria estándar) se requiere de un capacitor y MOS para almacenar y acceder a 1 bit.

Es por lo que las cachés más grandes generan un costo mucho mayor, mayor área en el dado, mayor consumo de energía y mayor generación de calor. Por añadidura, mayor tamaño requiere de más bloques de control, mayor complejidad en el manejo y, por ende, la necesidad de reducir su rapidez para mejorar sus posibilidades de funcionamiento.

La eficiencia de una caché se pondrá en evidencia en los siguientes casos:

1. Almacenar temporalmente información repetitiva (como en un servidor o en máquinas virtuales).

2. Procesar largos conjuntos de datos (Cubos OLAP y otros).

3. Paliar los problemas de bus existentes en los equipos de cómputo mediante la generación de índices.

4. Manejo de información requerida por una red neuronal integrada al procesador.

Importancia de la cantidad de memoria caché en los procesadores

En un equipo de cómputo personal (PC o Laptop), el tamaño de la caché podría no ser tan relevante como la cantidad de memoria RAM instalada en el sistema. Gary H. Anthes (2000) nos explica de manera tajante en el artículo "Cache Memory" de la revista Computerworld, que:

> *"La caché es más importante en los servidores que en las PC de escritorio, pues los servidores tienen mucho más tráfico entre el procesador y la memoria provocado por las transacciones de los clientes."*

Es importante saber que un tamaño de caché amplio es necesario, como ya se dijo, cuando los buses no son tan eficientes para la transmisión de datos. Conforme la tecnología de la memoria mejora (como es ahora el uso de la memoria DDR4), la necesidad de cachés grandes se disminuye y permite mejorar la experiencia de cómputo con un menor consumo de energía.

M.S. Smith y Lamar Stonecypher (2011) de Bright Hub nos explican en siguiente texto:

> *"Como muchos usuarios saben por experiencia, es frustrante—si no imposible—tratar de utilizar un programa que exige [2GB] de RAM en un equipo que solo tiene [1GB]. [...] Es totalmente posible utilizar un procesador que tiene una caché extremadamente pequeña y estar satisfecho por su rendimiento. Tal procesador no lentificará su PC de la forma en que lo hará tener poca cantidad de memoria RAM. Esto significa que, de hecho, no existe una cantidad 'mínima' de caché necesaria".*

Y los mismos autores añaden:

> *"[...]La caché ofrece un impulso general a la rapidez del procesador que es útil en casi todas las situaciones. [De acuerdo con pruebas elaboradas en el sitio de Toms Hardware, se concluyó] que un megabyte de caché tendía a ofrecer una mejora equivalente a 100MHz en un procesador. De esta forma, un procesador con una frecuencia de reloj de 2.4GHz y 4MB de caché L2 teóricamente funcionaría igual que un procesador de 2.6GHz y 2MB de caché.*

> *Obviamente, se trata de una estimación y es probable que sea imposible determinar el posible aumento de rendimiento que realmente resulta de una caché mayor."*

Ahora bien, la fuerte integración de componentes en un System-On-A-Chip (SoC) puede traer, también, una menor necesidad de integrar cachés grandes. Las diferencias arquitectónicas son importantes, por lo que, si un procesador tiene gran cantidad de caché y otro no, ello no convierte al que tiene menos caché en menos eficiente que el que tiene más. La arquitectura, así, juega un importantísimo papel en la cantidad y tipo de recursos asignados a determinada solución de cómputo: mientras mayor sea el denominado "ancho de banda" del procesador, menor será la necesidad de memoria caché.

MITO 3: ENTRE MÁS HERCIOS, LA COMPUTADORA ES MÁS RÁPIDA

Hechos: Si bien los hercios tienen su importancia en un procesador, han sido secuestrados más como una treta mercadológica que como una unidad de medida confiable de la rapidez de la computadora. Un hercio jamás ofrecerá una información o idea clara de la potencia de una computadora.

Lenguaje técnico

Al procesador por lo general se le mide por millones de instrucciones por segundo (MIPS) o por millones de operaciones matemáticas de punto flotante por segundo (MFLOPS), aunque de forma comercial y burda se ha dado en ser medido en hercios. Sin embargo, Wolfgang W. Osterhage (2013) nos dice que esto solo sirve en el papel, dado que no se toman en cuenta otros puntos como E/S, administración de tareas, sobrecargas, interferencias y cosas por el estilo. Como ya se vio en el Capítulo 2 en la sección de Procesador, los procesadores han aumentado su rendimiento muy por encima de lo que el resto de los componentes del equipo ofrecen y lo hacen con ayuda de diversas tecnologías. Tomar tan solo el elemento de "hercios" como punto de partida para seleccionar un procesador, podría traducirse en comprar más tiempo muerto y ya. Hay una serie de puntos que pueden tomarse en cuenta para obtener un equipo que sea lo suficientemente rápido para satisfacer las expectativas del usuario (más del tema en el Capítulo 8). Una adecuada mezcla de procesador, memoria, disco, gráficos, componentes y software puede arrojar resultados mucho mejores que una máquina cuyo único aspecto destacado se haya concentrado en el procesador. Lo importante es hacer el mejor uso de los recursos para obtener los mejores resultados y concentrarse en un equipo de cómputo como una entidad holística[86] (hardware y software, y su interacción) y sistémica[87] (la totalidad del equipo), y no como un solo componente (como la CPU).

MITO 4: UNA LAPTOP ES TAN POTENTE COMO UNA PC DE ESCRITORIO

Hechos: No. Como se había visto, no todo se puede en esta vida, y en el ámbito del cómputo esto es especialmente cierto. El Quid pro quo[88] tiene una aplicación directa en este ámbito: Si se requiere movilidad, se sacrifica rendimiento; si se requiere rendimiento, se sacrifica movilidad.

Es cierto, los modernos equipos portátiles pueden ofrecer mayor potencia que una computadora de escritorio de hace unos, digamos, 10 años, pero si se compara a dos equipos contemporáneos, un equipo portátil jamás alcanzará la potencia y rendimiento que ofrece un equipo de escritorio. Así, es sano tener en cuenta que un equipo portátil jamás será una buena opción si lo que se requiere es alto desempeño, así como un equipo de escritorio tampoco será una buena opción si lo que se requiere es de movilidad.

Una forma de darse cuenta, insisto, en procesadores contemporáneos, de la diferencia de rapidez de un equipo y otro es fijarse en la cantidad de W (vatios) que consume el procesador o el equipo completo, en su caso. Un procesador de 65W ofrecerá un desempeño superior a uno de 15W. Sin embargo, un procesador de 15W ofrecerá la oportunidad de tener un desempeño competitivo en un equipo que ofrezca portabilidad. Si se comparan tecnologías de diferentes arquitecturas o períodos, es posible que un procesador de 15W ofrezca una rapidez similar a la de uno de 65W de

---

[86] El holismo es una teoría de J. C. Smuts que establece que las partes de un todo están en interconexión íntima, de manera que no podrían existir o ser comprendidas con independencia del o sin una referencia al todo. Esto, entonces, es algo muy superior a la suma de las partes, que por sí solas podrían existir sin pertenecer a un todo en particular. La integración de esta teoría en el ámbito del cómputo se ha explorado desde hace algunos años (en especial, a partir de la década de los años 2000) para remover conceptos relacionados con solo un componente en particular y tratar a la computadora como un todo. Esto se ha extendido hasta la TI y a diversas cuestiones relacionadas con la tecnología en particular. El holismo es lo contrario a reduccionismo.
[87] Lo sistémico está relacionado a un sistema; es decir, a una estructura que consta de elementos interrelacionados e interdependientes a la cual, de manera organizada, se le confiere un propósito. En un sistema, sus elementos influyen entre sí (de manera directa o indirecta) para mantener su actividad y la propia existencia del sistema con la finalidad de lograr su objetivo.
[88] Quid pro quo = Unas por otras. No debe usarse erróneamente como un sinónimo de reciprocidad.

hace algunos años[89]. Pero ello dependerá del tipo de programas, aplicaciones o sistemas operativos que se estén utilizando. Es importante, entonces, hacer pruebas para determinar qué formato es el que mejor le conviene. Y recuerde: Quid pro quo tiene un fuerte peso en el ámbito de la computación.

MITO 5: WINDOWS XP (O WINDOWS 7) ES EL MEJOR SISTEMA OPERATIVO QUE SE PUEDE USAR EN UNA PC

Hechos: No. En la actualidad el uso de Windows XP (y de cualquier versión de Windows anterior a Windows 10 1909) puede ser un factor de riesgo importante para las organizaciones.

Abundo. Si para cuando se esté leyendo este texto, el lector se encuentra entre 2001 (para Windows XP) y 2009 (para Windows 7), es seguro que este mito sea cierto, porque Windows XP y Windows 7 estaban en boga en esos tiempos. Sin embargo, si como me lo imagino, el lector no cuenta con una máquina del tiempo (y, bueno, este libro ni siquiera habría sido escrito en esos entonces), lo más seguro es que esa aseveración sea totalmente equivocada.

Como ya se indicó en el Capítulo 3, el sistema operativo es, ni más ni menos, que el administrador del hardware de la computadora y, por ende, más vale que éste se encuentre familiarizado con toda la tecnología (o, al menos, la mayor parte) que ésta integra en el hardware; de lo contrario, los resultados podrían no ser del todo halagüeños. Windows XP nació en octubre de 2001 y Windows 7 en octubre de 2009, y estuvieron orientados a administrar hardware del 2001 y 2009 (y, cuando mucho, hasta de tres años después) de manera eficiente. Un sistema operativo y el software que en él funciona no mejora con el tiempo, sino que envejece, a menos que esté en proceso de actualización constante. El envejecimiento no será muy evidente si no le cambia el hardware, es decir, que utilice la misma computadora todo el tiempo. Sin embargo, es posible que empiece a encontrarse con que la modernidad ya no le permite tener la productividad que se busca en esa anacrónica computadora.

Algunas de las señales del envejecimiento de un sistema operativo son: 1) hay que instalar una miríada de actualizaciones o correcciones, 2) se hace difícil o imposible encontrar controladores o drivers para nuevo hardware, 3) no reconoce, de facto,

---

[89] AMD Phenom II X4 B99 95W (2011) vs AMD Ryzen 3 PRO 2300U 15W (2018): https://www.cpubenchmark.net/compare/AMD-Phenom-II-X4-B99-vs-AMD-Ryzen-3-PRO-2300U/387vs3263

componentes clave del sistema (como tecnologías del procesador, capacidades de RAM, tipos de unidades o capacidades de almacenamiento, tipos de buses o componentes de conectividad, etcétera. 4) ya no se pueden instalar nuevos programas en él, 5) ya no se puede encontrar un medio de almacenamiento para poder instalarlo, 6) ya no cuenta con actualizaciones, particularmente de seguridad, 7) ya no se puede instalar en hardware moderno.

Por lo general es recomendable actualizar la versión del sistema operativo en lapsos de 3 o 4 años, donde el hardware ha avanzado lo suficiente para justificar un cambio de kernel. Es aconsejable que se tenga una idea muy clara de la fecha de lanzamiento del kernel del sistema operativo que le interese instalar. Si ese kernel ya tiene tres o más años de haber sido lanzado, lo más seguro es que ya no será una buena opción en la actualidad. Será mejor decantarse por un sistema operativo cuya fecha de lanzamiento no sea mayor a un año respecto a la fecha actual.

Es importante saber que la tecnología avanza a una tasa muy rápida y que lo que fue vanguardista hace algunos años hoy posiblemente ya no sea útil. El hardware evoluciona de manera constante para mejorar las prestaciones, el rendimiento y ofrecer nuevas características de productividad, y el kernel (o núcleo) del sistema operativo debe poder administrar esas mejoras en el hardware.

Cabe indicar que, en la actualidad, mucho de lo que se integra tanto al hardware como al software está relacionado con la seguridad: entre más viejo el hardware o el software, más susceptible será a ser vulnerado. Cabe destacar que la seguridad en el entorno productivo de una organización es clave, fundamental, irrenunciable.

Utilizar Windows XP o Windows 7 en la actualidad es un enorme riesgo de seguridad, y lo mismo concierne a cualquier versión de Windows anterior a Windows 10 2004 (la versión disponible cuando este libro fue escrito). Si se cuenta con hardware actualizado que, quizá, integre características de seguridad en los procesadores o dispositivos, será casi un hecho que tales características de seguridad serán inútiles con, no digamos Windows XP, Windows 8.1 o anteriores.

Windows XP o Windows 7 pudieron haber sido los mejores sistemas operativos de Microsoft en su momento, hasta el año que aparecieron las siguientes versiones de Windows. Pero hoy, si se me permite la expresión, es hasta irresponsable utilizarlos. Las áreas de TI de las organizaciones deberían procurar que la seguridad sea afianzada con el uso de nuevas tecnologías de cómputo y seguridad que permitan a la organización trabajar fluidamente y con el menor riesgo.

Así que no. Windows XP y Windows 7 **no son** los mejores sistemas operativos que se pueden usar en una PC en la actualidad.

Quizá se han llegado a instalar en la organización donde el lector se encuentra, y cuenta con programas que aún requieren el acceso a 16 bits, y eso no es posible con sistemas operativos de 64 bits. La recomendación es que el usuario instale Windows 10 1809 de 32 bits y haga las pruebas en él o, mejor aún, utilizar máquinas virtuales para instalar una versión antigua del sistema operativo. Esa opción podría evitar muchos dolores de cabeza y mejorar el soporte al hardware moderno.

MITO 6: 4GB DE RAM SON SUFICIENTES PARA TODO

Hechos: No, definitivamente no. 4GB tienen un fuerte impacto en la capacidad de la PC para realizar su trabajo y puede generar una cadena de sucesos que tiendan a refrenar su rendimiento. Con los modernos equipos y sistemas operativos de 64 bits se hace imprescindible pensar que el mínimo de memoria debe ser 16GB. Pensar en 8GB de memoria RAM puede ya estar en serias dudas conforme las aplicaciones y requerimientos de los usuarios van creciendo. A su vez, hay que evitar caer en la trampa mercadológica de algunos fabricantes que sugieren usar menos de 16GB de RAM y agregar una caché de disco para paliar los problemas de velocidad inherentes a contar con tan poca cantidad de memoria RAM.

MITO 7: LA SEGURIDAD DE LA COMPUTADORA ES INVULNERABLE

Hechos: Ésta es una muestra más de los efectos de la mercadotecnia antiética. Simplemente, no existen medidas inviolables e invulnerables de seguridad. Es muy posible que ciertas medidas de seguridad cueste más trabajo vulnerarlas, pero, al final, siempre, de una u otra forma, podrán vulnerarse. La recomendación es que el lector se quite de la cabeza que porque un anuncio diga "La computadora más segura del mundo" crea que ello es cierto. Más bien, invito al lector a desconfiar de una máquina en cuya publicidad se haga semejante aseveración. Es importante que siempre se mantenga vigilancia y con actualizaciones al día respecto a los temas de seguridad informática para reducir los riesgos—sin llegar a la paranoia, misma que podría afectar a la productividad.

Ahora bien, cabe hacer notar que toda la seguridad es "invasiva", lo cual no solo se refiere a la computadora en sí, sino a cualquier medida de seguridad que se haya tomado. Es decir, si en la puerta una casa el dueño ha colocado varias cerraduras, no solo al posible malhechor le costará más trabajo abrirlas, sino también al propietario de la casa. Lo mismo en su computadora: si se agregan contraseñas o cifrado de datos, con certeza el posible malhechor tendrá más trabajo en trasponer las contraseñas o descifrar los datos, sino que el usuario también tendrá que escribir las contraseñas cada que entre en su computadora, así como que los datos tendrán que ser cifrados y descifrados cada vez. Esta "invasión" traerá consigo diferentes grados de reducción de rapidez. Como ya se había mencionado en el Mito 4, también el Quid pro quo actúa aquí: o se tienen máquinas seguras, o se tienen máquinas rápidas. Lo mejor será encontrar un equilibrio al respecto para evitar entorpecer la productividad.

MITO 8: LOS PROCESADORES SE CALIENTAN

Hechos: ¡Definitivamente sí! Son componentes electrónicos y, por ende, tienden a liberar energía en la forma de calor. Sin embargo, este mito se ha cargado, en particular, hacia los procesadores de la empresa AMD. Es de mencionar que el consumo de energía se liga de manera casi directa a la generación de calorías: cada vatio (o Watt) equivale a unos 3.41BTU y cada BTU es, en promedio, .252kcal. Así, un procesador de 65W, sin importar la marca podría tender a generar un máximo de ~55.89kcal que deben ser disipados del interior del equipo de cómputo. Si la solución térmica utilizada no es la adecuada, entonces sí, podría generarse una cantidad de calor que es posible que sea percibida al tacto. Sin embargo, los procesadores pueden tener una temperatura de operación máxima que podría llegar a los ~90°C o más. Si bien ésta es una temperatura que, definitivamente, no sería agradable al tacto, para el procesador sería el tope de calor que aguantaría en su funcionamiento y, por ende, se apagaría en automático para evitar cualquier daño al sistema.

El anterior comportamiento se tiene sin importar la marca de procesadores que se trate. Es raro que los procesadores lleguen al tope de su operación térmica (por lo general, eso sucede cuando la solución térmica ha fallado), pero si llegan, se apagan. Ahora bien, si un procesador, cuya temperatura de operación máxima esté en los 90°C, está funcionando a, digamos, 75°C, eso no quiere decir que esté sobrecalentado, ¡está dentro de su rango de seguridad! La electrónica tiende a generar calor cuando está en funcionamiento. La única forma en que un equipo electrónico esté frío es que esté apagado, y desconectado.

El mito del sobrecalentamiento es, por lo general, una práctica mercadológica indecorosa utilizada para infundir miedo, incertidumbre y duda[90] y es utilizada para

---

[90] A esta práctica se le conoce como FUD: "Fear, Uncertainty, Doubt". Ver:
https://whatis.techtarget.com/definition/FUD-Fear-Uncertainty-and-Doubt o
https://es.wikipedia.org/wiki/Fear,_uncertainty_and_doubt

desinformar en perjuicio de algún producto o servicio y en beneficio de otro, ambos generalmente competidores.

Cabe hacer notar que no es lo mismo la temperatura del semiconductor (o del dispositivo) que la temperatura al tacto. Por lo general, se dice que un equipo está sobrecalentado cuando al tacto se percibe una temperatura alta o que pueda llegar a quemar. Ello es cierto en equipos de cómputo portátiles, donde el espacio de los componentes es muy reducido. La mayor parte de las veces, el calor puede percibirse en el área donde se apoyan las palmas de las manos, o en el área del teclado. Si es en el área donde se apoyan las palmas de las manos, lo más seguro es que sea el calor generado por la unidad de Disco Duro, el cual puede alcanzar los 60°C, y que puede producirse por diversas causas: excesivo uso del disco debido a la hiperpaginación o thrashing, un virus, lectura persistente de datos o programas, fallas en el firmware del disco, etcétera. Si es en el teclado, es posible que sea generado por el procesador, mismo que, como dijimos, puede llegar a 90°C o más. Si es el caso, asegúrese que no estén tapadas las ranuras de flujo de aire, que el turbosoplador no se haya congestionado de polvo, que las ranuras de salida del turbosoplador no estén tapadas, que no haya un virus que esté sobreexplotando al procesador, que el modo de uso de la energía esté en Equilibrado o en Bajo consumo, que no haya algún programa que esté haciendo un uso incesante del procesador, que la imagen de referencia esté adecuadamente realizada (ver los Apéndices E y F al final de este libro), etcétera. Las causas pueden ser muchas, y lo mejor es encontrar la razón de la temperatura alta.

MITO 9: LAS CACHÉS DE DISCO PUEDEN SUSTITUIR A LA MEMORIA RAM

Hechos: ¡Por supuesto que no! A partir del 2018 se empezaron a hacer fuertes campañas para convencer a los usuarios que instalar cachés, como Intel Optane, AMD StoreMI, Enmotus FuzeDrive, Romex PrimoCaché, SanDisk ReadyCache y otros, aduciendo que eran la solución a los problemas de rapidez que enfrentaban las computadoras. Nada más alejado de los hechos.

La idea de cada una de estas soluciones, donde se incluye Microsoft ReadyBoost, lanzado en 2007, y AMD Radeon RAMDisk, lanzado en 2015, es la de diversificar los buses para acelerar la carga de aplicaciones o datos, pero no para sustituir a la memoria RAM. Por desgracia, mucha información incorrecta se ha dado al respecto y se ha llegado, incluso, a vender alguna de estas soluciones como si fueran sustituto de la memoria RAM[91]. Estas cachés funcionan así:

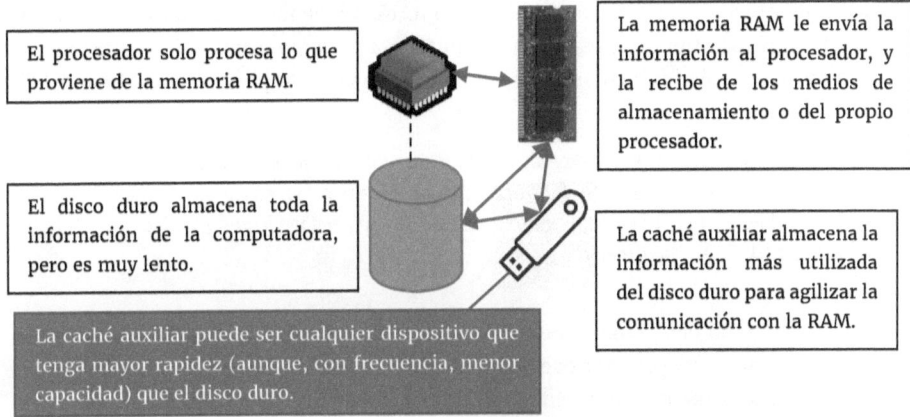

El procesador solo procesa lo que proviene de la memoria RAM.

La memoria RAM le envía la información al procesador, y la recibe de los medios de almacenamiento o del propio procesador.

El disco duro almacena toda la información de la computadora, pero es muy lento.

La caché auxiliar almacena la información más utilizada del disco duro para agilizar la comunicación con la RAM.

La caché auxiliar puede ser cualquier dispositivo que tenga mayor rapidez (aunque, con frecuencia, menor capacidad) que el disco duro.

Fuente: elaboración propia.

Así, el funcionamiento de estas propuestas tecnológicas es más o menos como sigue:

- El procesador solicita un programa o datos del disco duro.
- El disco duro provee el programa o datos y se colocan en la memoria RAM.
- Los programas administradores de las cachés de disco toman en cuenta cuántas veces se utiliza determinado programa o dato, y lo colocan en el dispositivo de caché (que, en general, tiene una mayor rapidez, aunque un espacio de almacenamiento muy limitado).
- La próxima vez que el procesador solicite el programa o dato que ha sido colocado en la caché, ésta lo proveerá en lugar de hacerlo desde el disco duro.
- Si son muchos los programas o datos que se utilizan con frecuencia, por lo regular los menos utilizados son removidos del dispositivo de caché si es que éste se ha quedado sin espacio.

De acuerdo con el diagrama y explicación anterior, fuertemente basados en la arquitectura de la Máquina de von Neumann[92], es imposible que una caché conectada como apoyo para el disco duro sustituya a la memoria RAM. Todas las instrucciones y datos leídos desde un disco duro (o algún dispositivo de E/S alternativo como la Red,

---

[91] Raevenlord, "Wishful Thinking, Disingenious Marketing: Intel's Optane Being Marketed as DRAM Memory", https://www.techpowerup.com/245256/wishful-thinking-disingenious-marketing-intels-optane-being-marketed-as-dram-memory, TechPowerUp, [visitado el 29 de diciembre de 2018]
[92] "Von Neumann Architecture", Computer Science, https://www.computerscience.gcse.guru/theory/von-neumann-architecture [visitado el 29 de diciembre de 2018]

SSD, unidades ópticas, teclado, ratón, etcétera) se colocan en la memoria RAM y desde allí son enviados para su procesamiento en el procesador. Los resultados del procesamiento son, también, recibidos por la RAM. Así, la memoria RAM es uno de los componentes más importantes de la computadora y, como Andy Betts (2018) nos lo indica en su artículo "Which upgrades will improve your PC performance the most?":

> *"Agregar memoria es la forma más rápida y accesible que se puede llevar a cabo para actualizar una computadora [...] Una mejora de memoria ofrece una aceleración instantánea de rendimiento en casi todas las PC que se perciben lentas. [...] Entre mayor cantidad de RAM tenga, mejor".*

A su vez, como nos lo indica Beits Livneh (2014), "Entre más 'jugo' le quiera sacar a su computadora, mayor cantidad [y rapidez] de RAM debe tener".

Como ya se había explicado en el Capítulo 2, tener una baja cantidad de memoria RAM puede traer consigo lentificación debido a la paginación excesiva, hiperpaginación o thrashing. Y tiene sentido. Para reiterar: la memoria RAM puede ofrecer tasas de transferencia que superan los 20GB/s, mientras que una unidad SSD conectada a un puerto M.2 PCIe 3.0 apenas puede ofrecer, a lo sumo, 4GB/s. Es por lo que está totalmente fuera de lugar (al punto de ser irresponsable) promover el uso de cachés de disco como sustituto a la memoria RAM.

CAPÍTULO 4

Estado del arte

*Y como bien se dice: "el pasado es prólogo"; sin
embargo, difícilmente se aplica a la ciencia de las
computadoras, pues esta "ciencia moderna" no
tiene mucho pasado en comparación con otras
ciencias como la física o la química.*
—Edward Blum, Alfred Aho

¿Qué existe ya escrito respecto a la configuración de las computadoras? Como bien se indica en el epígrafe introductorio a este apartado, de hecho no hay mucho pasado en el ámbito del cómputo y hay muy pocos que se atreven a referirse a los documentos ya escritos debido a lo vertiginoso de los cambios en esta materia. Sin embargo, hay estudiosos que se han orientado a sugerir cuestiones relacionadas con la configuración de los equipos (particularmente, en el ámbito productivo), por lo que ésta sería una excelente oportunidad de citarlos y recordarlos.

LEYES Y PRINCIPIOS

Existen muchas leyes y principios que se han establecido en el ámbito del cómputo. Entre ellas existen algunas muy interesantes que podríamos destacar para comprender mejor el porqué de las recomendaciones vertidas en este libro.

Ley de Amdahl (1967): "La mejora obtenida en el rendimiento de un sistema debido a la alteración de uno de sus componentes, está limitada por la fracción de tiempo en que se utiliza dicho componente". Esta ley nos permite, entre otras cosas, darnos cuenta de qué es lo que deberíamos mejorar cuando se trata de obtener ventajas de rendimiento en un equipo. Si estamos empleando un programa que utiliza mucho la unidad de disco y lo que mejoramos es el procesador, los beneficios obtenidos no serán muchos. Si lo que se utiliza es la memoria, hacer una mejora en los gráficos no dará los resultados esperados. Aunque esta ley es bastante más amplia que lo que aquí se explica, lo cierto es que puede dar una idea del holismo y capacidad sistémica ya mencionados en una computadora.

Ley Sun-Ni (1990): "El poder de una computadora incrementa, de manera directa, la proporción del problema generado por las limitaciones en las capacidades de la memoria". Aquí nos deja claro un aspecto que muy pocas veces se toma en cuenta en la computación: Entre mayor es la potencia del procesador, también se enfrentarán superiores limitaciones con la memoria RAM, aunado a esto, en el resto de los componentes donde el efecto es aún más desolador. En más de una ocasión, las configuraciones de los equipos se concentran, de acuerdo con la mercadotecnia, en la potencia del procesador de manera unívoca; sin embargo, si no se toman en cuenta los demás aspectos relacionados con el resto de los componentes, la experiencia del usuario será cada vez más amarga.

Ley Weber-Fechner (2010): "El cambio mínimo en el estímulo necesario para producir, como respuesta, un cambio perceptible, es proporcional al estímulo existente (jnd)". Si bien ésta es, más bien, una ley sicológica, también permite establecer una parte importantísima del cómputo y que es la percepción del propio usuario. Curiosamente, cuando se trata de cómputo, el usuario muchas veces es muy poco tomado en cuenta. Con esta ley nos podemos dar una idea de cuánto cambio mínimo en rendimiento requiere una computadora para que el usuario perciba tal variación. Para ello, Luis Vieira (2014) nos establece un punto importantísimo:

> *"El principal concepto de la ley Weber-Fechner y jnd (diferencia perceptible) tiene una aplicación directa en la interacción humano-computadora y el rendimiento. De acuerdo con datos de investigaciones de tiempo de los humanos, una buena regla de oro es basarse en una tasa de 20% de la variación en cuestión. Para ponerlo en términos simples: para generar una mejora perceptible para los usuarios, tal mejora debería ser mínimo del 20%."*

Así, si la inversión que se hará no trae consigo una mejora mínima del 20%, quizá no tenga sentido hacerla; a menos que se requiera hacer la inversión debido al mal estado del equipo actual.

Ley del servicio de Maister (1985): "La satisfacción es la diferencia entre lo que fue percibido y lo que se esperaba: Satisfacción = Percepción – Expectativa". De nuevo, ésta no es una ley de cómputo, pero sí una para explicarnos el por qué los usuarios se quejan con la experiencia de un equipo de cómputo. Si por pensar como computólogos se hace una configuración basada en el conocimiento de los componentes (o, digamos, del procesador) sin hacer un análisis completo de qué necesita el usuario, su satisfacción podría quedar muy por debajo de sus expectativas. Cabe destacar lo dicho por Steven Seow (2008): "Mientras que el hardware y el software se mejoran continuamente, las capacidades humanas de percepción se mantienen inamovibles". En efecto, si el valor que se obtiene en Satisfacción en la fórmula de Maister es 0 (cero) o superior, el usuario estará satisfecho o más que ello. Pero si el valor es negativo será cuando el usuario muestre desencanto, disgusto e insatisfacción por lo obtenido. Jakob Anderson (2014) nos comparte que existe una fórmula alternativa ofrecida por Ilya Grigorik, más orientada al cómputo en sí. La ecuación es la siguiente: *Rendimiento percibido = f(Rendimiento esperado, EU, Rendimiento real).* La parte EU (Experiencia de Usuario) es el pegamento entre las expectativas y el silicio. El autor establece que "el rendimiento no se trata solo de milisegundos, cuadros y megabytes. También se trata de la forma en que esos milisegundos, cuadros y megabytes son traducidos **a la percepción del usuario.** Así, es importante tener en cuenta la percepción del usuario pues, como Wolfgang Osterhage (2013) nos lo indica: "La percepción negativa en tiempos de respuesta no solo juega un papel sicológico, sino que también afecta la productividad diaria."

Ley de Wirth (1995): "El software se hace cada vez más lento de lo que el hardware se hace más rápido". Esta ley se explica por sí sola.

RENDIMIENTO

El rendimiento, como nos lo define The Business Dictionary (2017), es el logro de una tarea dada que se mide respecto a un conjunto prestablecido de estándares de exactitud, precisión, costo y velocidad. Este tema tan llevado y traído del rendimiento ha sido tratado en una buena cantidad de casos de manera irresponsable. Con todo, hay autores serios que analizaremos en esta sección para conocer más en este respecto.

Wolfgang Osterhage (2013) nos dice: "Al final, la actualización del hardware existente con frecuencia no es la panacea cuando se tienen problemas de rendimiento".

Brendan Gregg (2014) también nos comparte: "La frecuencia de reloj es comúnmente comercializada como la principal característica del procesador, pero ello es engañoso".

Ilya Grigorik (2014) nos señala: "La rapidez es una característica".

David Maister (1985) nos provee la "Primera ley de Maister: Satisfacción es la diferencia entre lo que se percibe y lo que se esperaba."

Niklaus Wirth (1995) pone en perspectiva el por qué es probable que el software no contribuya para obtener el mejor rendimiento del equipo y que lleva a pensar que el hardware lo es todo:

> *"Las presiones de tiempo son, probablemente, la mayor razón detrás del surgimiento del software voluminoso o bloatware. Las presiones del tiempo que padecen los diseñadores [de software] desalientan una planeación cuidadosa. También desalienta la mejora de soluciones aceptables; en su lugar, alienta las adiciones y correcciones rápidamente concebidas para el software. La presión del tiempo gradualmente corrompe los estándares de calidad y perfección de un ingeniero. Tiene un efecto de detrimento en las personas, así como en los productos.*
>
> *El hecho de que el fabricante cuyo producto sale primero al mercado generalmente es más exitoso que el competidor que llega después, aunque con un mejor diseño, es otra contribución al detrimento de la industria del cómputo. La tendencia de adoptar lo 'primero' como el estándar de facto es un fenómeno deplorable, basado en la misma presión de tiempo.*
>
> *La buena ingeniería se caracteriza por un refinamiento gradual y pausado de los productos que traen consigo mejores rendimientos bajo ciertas circunstancias y con recursos dados. Sin embargo, las limitaciones de los recursos del software se ignoran supinamente: Frecuentemente se cree que los rápidos aumentos en la rapidez de los procesadores y el tamaño de la memoria compensarán el descuidado diseño de software. Los hábitos meticulosos de ingeniería no son rentables en el corto plazo, lo cual es una razón por la cual el software juega un dudoso papel en las disciplinas establecidas de ingeniería."*

En este mismo tenor, Steven Seow (2008) indica cuál será la impresión de un usuario ante el rendimiento de un equipo, y ello se centra en expectativas generadas por la propia experiencia:

> *"Sin alguna referencia, como experiencias vividas o similares, la percepción no tendría sentido. De hecho, modelos cuantitativos de medidas de tiempo contienen un componente que representa una memoria referencial. [...] En el contexto del cómputo, cuando un usuario establece que algo es lento o rápido, siempre podrá contarse con que la percepción actual confluya con algo que esté en la memoria, como experiencias vividas, expectativas, y cosas así. Estas pruebas de rendimiento perceptuales permiten al usuario decidir cómo caracterizar la duración percibida. Por ejemplo, si un usuario recuerda que una aplicación de software*

> *típicamente carga por completo en unos cinco segundos, y en una ocasión la aplicación se tarda el doble para arrancar, el usuario detectará la diferencia y sospechará que algo malo. Lo que se establece en la memoria como expectativa se establecerá como el umbral de tolerancia, fuera de la cual las duraciones serán juzgadas como lentas."*

Por su parte, Wolfgang W. Osterhage (2013) nos hace una interesante observación:

> *"Cuando se habla de rendimiento, la gente usualmente se refiere al sistema solo—y para simplificarlo nuevamente: a la potencia del hardware, esto es, el procesador y la memoria principal. Ésta es la razón por la que no se le ha dado la importancia adecuada al rendimiento durante las últimas décadas. En algún momento, el hardware se hizo tan accesible que, por ejemplo, la optimación mediante técnicas de programación no parece tener sentido, dado que el trabajo humano se ha vuelto cada vez más costoso. Aparecieron el hardware y sus extensiones y, como resultado, los sistemas fueron rápidos nuevamente, incluso se configura de tal forma que los problemas de rendimiento simplemente no se evidencian".*

PRUEBAS DE RENDIMIENTO (BENCHMARKS)

Para terminar, hay muchas cosas que se han publicado alrededor de las pruebas de rendimiento o benchmarks. Veamos lo que se ha publicado al respecto:

Traeger, Zadok, Joukov y Wright (2008) nos dicen: "[...]Las pruebas de rendimiento pueden distinguirse por cuán orientadas están a la CPU o a la E/S.", agregan asimismo que: "La mayor parte de las pruebas de rendimiento [...] se ejecutan en un sistema vacío, lo que puede hacer que los resultados difieran de una configuración real", y concluyen: "En este artículo estudiamos 415 pruebas de rendimiento de sistemas de archivos y almacenamiento de 106 documentos recientes. Descubrimos que la mayor parte de las pruebas de rendimiento populares tienen errores y muchos de los documentos de investigación no proveen una clara indicación del rendimiento real".

Por otro lado, también se ha escrito respecto a las posibles "modificaciones" para obtener resultados benéficos para ellos. XBT Labs (2010) nos compartió:

> *"Muchos desarrolladores de software consideran a los compiladores de Intel los mejores en muchos aspectos, incluso por la optimización del código, y los utilizan para programas que son críticos para el rendimiento. Intel también provee un montón de bibliotecas de función optimizadas para diversas aplicaciones profesionales. Con frecuencia, simplemente no hay alternativas similares. Pero los mismos desarrolladores de software se dieron cuenta que los*

> *compiladores y bibliotecas de Intel suelen trabajar sospechosamente lento en procesadores fabricados por otras empresas. [...]Agner Fog, el experimentado desarrollador de software e investigador, conocido por sus manuales de optimización y microarquitecturas, [...] informó a Intel los resultados de su investigación del compilador que produjeron las citadas conclusiones. A ello le siguió un enorme intercambio de mensajes, donde la compañía negó que el problema existiera, aun cuando Fog continuó probando que sí existía. Otros expertos también se quejaron del mismo problema y recibieron una respuesta similar. La situación no cambió aun cuando apareció la versión 11.1.054 misma que se liberó después del acuerdo[93] firmado con AMD"[94].*

En IMD (2007) se nos explica el anterior comportamiento podría suceder por lo siguiente: **una prueba sintética es un programa artificial que está construido para confluir con las características de una gran cantidad de programas.** La idea es la de generar un programa simple donde la frecuencia de ejecución de instrucciones en la prueba de rendimiento confluya con la frecuencia de ejecución en una gran cantidad de pruebas de rendimiento. Uno de sus principales problemas es que **estos programas no realizan algún tipo de cómputo que le sea útil al usuario.** Por ende, no reflejan el comportamiento normal de la computadora o los programas que en ella funcionan. Las optimaciones de hardware y compilación que se realizan en este tipo de programas pueden inflar los resultados con la única finalidad de obtener un mayor puntaje aparente y ser usado como herramienta de comercialización o marketing.

Y, a pesar de ello, se siguen usando las Pruebas de rendimiento o Benchmark. Investopedia (2015) nos ofrece una explicación: "Dependencia de ruta. Éste es un término, originalmente acuñado en el ámbito económico, que trata de explicar el por qué es mejor continuar con una práctica que históricamente se ha realizado, aun cuando existan nuevas formas de realizar las cosas. Lo anterior es porque existe tanta costumbre por hacer o usar algo, que cambiar esa costumbre costaría mucho dinero y tiempo".

Brueckner y Olds (2011) concluyen con lo siguiente: "A pesar de lo que se pretenda establecer, NINGÚN benchmark expone el rendimiento de un sistema como tal. Lo único que hace es exhibir qué tan rápido funciona el programa de prueba de rendimiento (benchmark) utilizado en esa computadora y, en muchas ocasiones, muestra marcas que, se garantiza, no se pueden exceder con ese programa (pero nunca mostrará las capacidades reales del equipo)". Anon Et Al (1985) resume esto de la siguiente forma: "Para finalizar, reiteramos nuestra actitud arrogante respecto a esto: 'El rendimiento real podría variar de acuerdo con los hábitos de conducción,

---

[93] USA; Securities And Exchange Commission, "FORMK 8-K AMD Intel Settlement Agreement – Full", http://www.amd.com/Documents/AMD_Intel_Settlement_Agreement_-_Full.pdf
[94] Para profundizar en lo publicado por Agner Fog, se puede consultar: "Software optimization resources" http://www.agner.org/optimize/ y "Agner's CPU blog", http://www.agner.org/optimize/blog/read.php?i=49

condiciones del camino y longitudes de las colas – Utilice estos números solo con propósitos de referencia vaga'. Sin más rodeos, existen las mentiras, las malditas mentiras y, luego, están las puntuaciones de rendimiento".

CAPÍTULO 5

Casos de uso genéricos

La nueva tecnología no es buena o mala por sí misma. Todo se concentra en la forma en que la gente la utiliza.
—David Wong

Por alguna razón que no alcanzo a comprender, cuando se piensa en adquirir computadoras se tiende a preguntar: "¿cuál es la mejor?". Esta pregunta es muy confusa, porque la respuesta, que es igual de confusa, siempre es: "¿para qué la necesitas?" o "¿la mejor para qué?". Preguntar "¿cuál es la mejor computadora?", así como así, equivaldría a decir "Voy a comprar un auto, ¿cuál es el mejor?", o "busco un empleado, ¿cuál es el mejor?", o hasta "quisiera tener una relación de pareja, ¿cuál es la mejor pareja?". Es imposible contestar una pregunta así, pues, aunque existe un velado contexto (una computadora, un auto, un empleado o una relación de pareja), en los hechos es importante hacer un profundo análisis de las necesidades para formularse de una mejor idea.

Si bien en este capítulo procuraré dar una idea de algunos casos de uso, el hecho es que los detalles dependerán de los requerimientos propios, mismos que llevarán a hacer una u otra configuración. En este capítulo solo se algunos casos de uso genéricos, pero las verdaderas necesidades deberán determinarse con un estudio de las necesidades propias en la empresa (las configuraciones sugeridas para los casos de uso que aquí se describirán, se encontrarán en el Capítulo 6).

CASOS DE USO

Es probable que algunos de estos casos de uso puedan servir como generalización en ámbitos productivos. Sin embargo, en ciertas circunstancias, será mejor hacer una definición más detallada y apropiada para el entorno productivo de la Organización. Si el equipo por evaluar deberá satisfacer distintas necesidades de usuario, será mejor definir cuáles serán sus requerimientos generales para tener una mejor idea del comportamiento esperado del equipo en determinadas circunstancias. Esto trae consigo un concienzudo análisis de las necesidades de la organización respecto a las tareas que realizará la computadora. Para ello, deberá determinarse claramente si la computadora será utilizada en uno o varios de los siguientes contextos productivos:

- Se utilizará con los actuales Sistemas Operativos (Windows 10 o las distribuciones de GNU/Linux)
- Se utilizará con Sistemas Operativos anteriores, como Windows 7, Windows 8.1, o alguna distribución o versión anterior de GNU/Linux, o con Windows en modo de 32 bits[95].

Productividad básica

Este tipo de productividad supone no más de cinco aplicaciones básicas abiertas al mismo tiempo, entre ellas:

- Antivirus
- Procesamiento/edición de textos
- Correo electrónico
- Uso convencional de hojas de cálculo
- Aplicaciones basadas en Web[96]
- Navegación Web[97]

Productividad estándar

Este tipo de productividad supone hasta diez aplicaciones abiertas al mismo tiempo, entre ellas:

- Las mismas ya indicadas en "Productividad básica"
- Aplicaciones ofimáticas
  o procesamiento de textos avanzado con manejo de imágenes
  o hojas de cálculo con fórmulas medianamente complejas y algunas secuencias de comandos (scripts)
  o presentaciones
  o manejo básico de bases de datos

---

[95] Hay que tener en cuenta que estas versiones anteriores de sistemas operativos podrían ya estar fuera del período de soporte de su empresa fabricante.
[96] Habrá que tomar en cuenta la cantidad de fichas/pestañas que se tengan abiertas en el navegador Web elegido. Cada ficha abierta requiere de recursos del sistema y el navegador podría requerir de mucha RAM. Para este caso, no se recomiendan más de seis fichas abiertas.
[97] Ídem

- Navegación o aplicaciones Web con hasta 15 fichas/pestañas abiertas
- Conferencias Web (Web conferencing)
- Visualización y edición simple de imágenes y videos
- Educación
    - se asume en este último rubro un profuso uso de vídeos, imágenes, animaciones, accesos Web y aplicaciones.
- Conexión optativa de más de un monitor al equipo

Productividad avanzada

En este tipo de productividad puede esperarse tener más de diez aplicaciones abiertas o algunas aplicaciones especializadas, como:

- Las mismas que la productividad estándar
- Fuerte uso especializado de hojas de cálculo
    - uso profundo de scripts o macros
    - intercomunicación de hojas de cálculo
    - análisis y procesamiento de información
    - profusos cálculos y actualizaciones de datos
- Fuerte navegación o uso de aplicaciones Web
    - más de 15 fichas abiertas en el navegador
    - automatización en el navegador
    - uso de backoffice
- Conexión obligatoria de más de un monitor al equipo

Productividad especializada

En este tipo de productividad el equipo de cómputo debe permitir al usuario el fluido desarrollo de sus actividades, como:

- Desarrollo de aplicaciones
    - uso de lenguajes y entornos de programación
    - aprovechamiento de virtualización para hacer pruebas de concepto o funcionalidad
    - entornos de prueba controlados
    - manejo de bases de datos
    - acceso a herramientas, dispositivos y recursos propios para el desarrollo de aplicaciones.
- Aplicaciones certificadas
    - CAD
    - diseño
    - manejo de imágenes
    - animaciones
- Aplicaciones de ingeniería y científicas
    - aplicaciones de exploración petrolera como Schlumberger
    - cómputo científico
    - investigación
    - realidad virtual

Otros criterios

Es probable que se tengan que evaluar algunos otros criterios para determinar el equipo de cómputo ideal, a saber:

- ¿Cuántas computadoras se piensan adquirir? En respuesta a esto, habrá que calcular el consumo de energía de todos esos equipos. En la actualidad[98], los consumos son como sigue:
    o PC de escritorio: 200W/hora en promedio
    o PC de escritorio de bajo consumo: 100W/hora en promedio
    o equipo portátil: entre 50 y 100W/hora en promedio
    o equipos apagados: entre 1 y 15% del consumo total del equipo (éste es el efecto de "vampiro"[99]).
- ¿Se requerirá de bajo consumo de energía?
- ¿El espacio que ocupará el equipo debe ser tomado en cuenta?
- ¿Se requiere de movilidad o portabilidad?
- ¿Es importante el tiempo de duración de la batería?
- ¿Se debe considerar el peso del equipo?
- ¿Es importante la resistencia a ambientes polvosos, ruidosos o de condiciones extremas?
- ¿Habrá que contemplarse medidas de seguridad físicas y lógicas?
- ¿Es importante que tenga características ergonómicas?
- ¿Debe tomase en cuenta que el servicio del fabricante sea lo más ágil posible?
- ¿Debería cumplirse con ciertos lineamientos de diseño y apariencia en nombre de la imagen corporativa?
- ¿Qué tan técnico es el personal que manejará el equipo?
- ¿En qué medida se espera homogeneidad de acuerdo con los criterios de gobernanza?
- ¿Cuál es la conectividad que se espera con los dispositivos ya existentes en la empresa o los que estén por ser agregados?

Todos estos criterios, y algunos más, serán de ayuda para darse una mejor idea del tipo de configuración que podría esperar de un equipo de cómputo para tener mejores probabilidades de satisfacer las necesidades de los usuarios.

Precauciones

Llega a ocurrir que los usuarios de una organización solicitan configuraciones de equipos que claramente exceden por mucho sus necesidades. Se ha descubierto que lo hacen porque quieren tener lo último de lo último, sin tomar en cuenta sus verdaderas necesidades. Es importante evaluar las necesidades puntuales de los usuarios y procurar que la configuración quede ligeramente sobrada, de manera que se aumente

---

[98] Energuide.be. "How much power does a computer use? And how much CO2 does that represent?", Obtenido de: https://www.energuide.be/en/questions-answers/how-much-power-does-a-computer-use-and-how-much-co2-does-that-represent/54/
[99] Ver: https://paylesspower.com/blog/vampire-energy/

la probabilidad de que el equipo provisto dure, al menos, tres años con un buen grado de productividad.

CAPÍTULO 6

Configuraciones generales de hardware para los requerimientos de cómputo 2019

"La rapidez del procesador es solo una de las cosas que determinan el rendimiento percibido del sistema. También la rapidez de la memoria, la de los buses, la del disco duro y la del vídeo juegan un papel en esto. [...] El más rápido procesador no servirá de mucha ayuda en un sistema con problemas de E/S o que tiene un adaptador de vídeo lento."
—Ron Morse

Eso de que un solo tamaño se ajusta a todo es una idea que no tiene mucho sentido en el ámbito de la computación. Antaño, cuando una necesidad de cómputo surgía, se construía una computadora específica para satisfacer semejante propósito. En la actualidad, con la proliferación de equipos de cómputo, ya no es necesario lanzarse a construir todo un equipo de cómputo nuevo. Sin embargo, lo que sí es importante es saber cómo configurar los equipos de acuerdo con las necesidades expuestas en el Capítulo 5, "Casos de uso genéricos", así como las descripciones plasmadas en el Capítulo 2, "Componentes de una PC".

La industria de los juegos y el entretenimiento, así como los equipos de cómputo construidos para estos fines, han enrarecido seriamente el mercado de los equipos de cómputo para la productividad: La mayor parte de las evaluaciones que existen respecto a tecnologías de cómputo se concentran en ejecutarles pruebas de rendimiento o benchmarks que miden el rendimiento de juegos, pero que distan de ser significativos en la productividad. He sido testigo en diversas ocasiones de pruebas y evaluaciones que se hacen a procesadores de productividad o para servidores, mismas que devuelven puntuaciones obtenidas de pruebas orientadas a juegos. Cabe subrayar que las necesidades de cómputo que se tienen en los juegos son muy distintas a las que se manejan en la productividad. En los juegos, las pruebas se concentran en la potencia del procesador[100], así como la potencia del procesador gráfico. En esto queda de lado, por ejemplo, la potencia de comunicación a la memoria RAM, lo cual se demuestra con diversas pruebas donde se ha desestimado el beneficio del doble canal y otras características. ¿La diferencia? La mayor parte de las veces, los jugadores solo ejecutan una o dos aplicaciones (el juego y algún programa de comunicación), lo cual pasa por alto los beneficios en una capacidad multitarea.

En cambio, en el ámbito de la productividad la historia puede ser muy diferente. Aquí la comunicación con la memoria RAM, así como con las unidades de almacenamiento masivo puede jugar un papel muy importante. Incluso, no es poco común que se ejecuten varias aplicaciones al mismo tiempo, lo cual agrega la necesidad de monitores o pantallas que permitan agilizar la productividad[101]. En este capítulo veremos las configuraciones mínimas recomendadas de acuerdo con la disponibilidad existente en 2020 de hardware y software, así, como ya se dijo, los casos de uso expuestos en el capítulo anterior. Estas configuraciones mínimas cumplirán con lo indicado en los casos de uso expuestos en el Capítulo 5, pero siempre será bueno observar que el usuario puede tender a aumentar sus requerimientos conforme pase el tiempo.

Todas las configuraciones son mínimas y con ellas se puede dar respuesta a las necesidades delineadas con anterioridad. Han sido pensadas con una cierta holgura para procurar que la productividad esperada decaiga poco durante, al menos, unos tres años de trabajo. Sin embargo, las condiciones del software o los requerimientos del usuario podrían cambiar, por lo que siempre existirá la probabilidad de que el hardware recomendado requiera de alguna actualización. En el Capítulo 15,

---

[100] Los juegos suelen usar no más de 4 núcleos en un procesador y, por su naturaleza, explorar los beneficios del tamaño de la memoria caché.
[101] Existen distintos cálculos, pero, en general, un segundo monitor puede acelerar la productividad de una persona entre 45 y 65%, y eso poco o nada tiene que ver con elementos de hardware como procesador, memoria, gráficos o disco duro.

"Adecuación o actualización de los equipos existentes", se encontrarán sugerencias para mejorar los equipos y evaluar si es adecuada una inversión para su actualización.

PRODUCTIVIDAD BÁSICA

Para este tipo de productividad, lo mínimo recomendable en equipos estándar de escritorio es lo siguiente:

- **Procesador**: hasta Quad Core x86-64 de hasta 65W con tecnologías de seguridad, virtualización y soporte y certificaciones propias para la productividad
- **RAM:** 8GB DDR4-2666MT/s Dual Channel (2x4GB)
- **Gráficos:** integrados o independientes con tecnología DirectX 12 y, al menos, dos salidas gráficas (HDMI 2.x o DisplayPort 1.3)[102]
- **Southbridge:** especialmente diseñado para productividad. Se sugiere que tenga soporte a Administración Fuera de Banda (OOBM)
- **Unidad de almacenamiento**: disco duro estándar de 7200RPM de la menor capacidad disponible, o SSD de ~250GB.
- **Unidad óptica**: optativa CD/DVD RW
- **Formato del gabinete**: USFF (1 Litro) o SFF[103]
- **Pantalla**: plana (FPD) de 21.5 pulgadas (LED) con resolución mínima de 1600 x 900.
- **Puertos USB**: 3.x (4) y 2.0 (4)
- **NIC**: integrada 10/100/1000
- **WiFi**: opcional 802.11 b/g/n/ac
- **Administración**: Se sugiere que cumpla con OOBM (DMTF DASH o Intel vPro)
- **Seguridad**: integrada por hardware en el procesador, TPM 2.0, AES-NI, Secure Boot.
- **Fuente de energía**: certificada 80Plus Silver, que soporte la configuración completa del equipo.
- **Garantía**: un año en sitio

En equipos portátiles, lo que se recomienda es lo siguiente:

- **Procesador**: quad Core x86-64 de hasta 15W con tecnologías de seguridad, virtualización y soporte y certificaciones propias para la productividad.

---

[102] A partir de 2015 fue descontinuada la conexión VGA. Ahora es cada vez más difícil encontrar computadoras con ese tipo de conexiones y, de encontrarse, cabe saber que son emuladas a través de convertidores. Ello puede traer incompatibilidades con multiplexores.
[103] USFF = Ultra Small Form Factor. SFF = Small Form Factor

- **RAM:** 8GB DDR4-2666MT/s Dual Channel (2x4GB)
- **Gráficos:** integrados DirectX 12 con dos salidas gráficas (HDMI 2.x o DisplayPort 1.3)
- **Unidad de almacenamiento:** disco duro estándar de 7200RPM de la menor capacidad disponible, o SSD de ~250GB.
- **Unidad óptica:** optativa Interna o Externa CD/DVD RW
- **Estándares:** de acuerdo con el MIL-STD-810G: caídas, golpes, vibraciones (CATs 4 y 24), polvo, humedad, altitud, alta temperatura, baja temperatura y golpe de temperatura.
- **Pantalla:** plana (FPD) de 14 o 15.6 pulgadas (LED) con resolución mínima de 1366 x 768, antirreflejante con protección de emisiones.
- **Puertos USB:** 3.x (2) y 2.0 (2)
- **NIC:** integrada o externa 10/100/1000
- **WiFi:** IEEE 802.11 b/g/n/ac
- **Administración:** que cumpla con Administración en Banda
- **Seguridad:** integrada al procesador, TPM 2.0, AES-NI, Secure Boot.
- **Adicional:** opcional: estación de acoplamiento (Docking) o expansión mediante USB 3.2 (USB-C o Thunderbolt).
- **Garantía:** un año en sitio

PRODUCTIVIDAD ESTÁNDAR

Para este tipo de productividad, lo que se recomienda en equipos estándar de escritorio es lo siguiente:

- **Procesador:** exacore o más, x86-64 de hasta 65W con tecnologías de seguridad, virtualización y soporte y certificaciones propias para la productividad
- **RAM:** 16GB DDR4-2666MT/s Dual Channel (2x8GB)
- **Gráficos:** integrados o independientes con tecnología DirectX 12.1 y, al menos, tres salidas gráficas (HDMI 2.x o DisplayPort 1.3)
- **Southbridge:** especialmente diseñado para productividad con soporte a Administración fuera de Banda (OOBM)
- **Unidad de almacenamiento:** disco duro estándar de 7200RPM o SSHD de 500+GB, o SSD de ~250GB, o una combinación de ellos.
- **Unidad óptica:** optativa CD/DVD RW
- **Formato del gabinete:** USFF (1 Litro) o SFF
- **Pantalla:** plana (FPD) de 21.5 pulgadas (LED) con resolución mínima de 1920 x 1080.
- **Puertos USB:** 3.x (6) y 2.0 (4)
- **NIC:** integrada 10/100/1000
- **WiFi:** opcional 802.11 b/g/n/ac
- **Administración:** que cumpla con OOBM (DMTF DASH o Intel vPro)

- **Seguridad**: integrada al procesador, TPM 2.0, AES-NI, Secure Boot.
- **Fuente de energía**: certificada 80Plus Silver, que soporte la configuración completa del equipo.
- **Garantía**: tres años en sitio

En equipos portátiles, lo que se recomienda es lo siguiente:
- **Procesador**: exacore o más, x86-64 de hasta 15W, con tecnologías de seguridad, virtualización y soporte y certificaciones propias para la productividad
- **RAM:** 16GB DDR4-2666MT/s Dual Channel (2x8GB)
- **Gráficos:** Integrados DirectX 12.1 con dos salidas gráficas (HDMI 2.x o DisplayPort 1.3)
- **Unidad de almacenamiento**: Disco duro estándar de 7200RPM o SSHD de 500GB, o SSD de ~250GB.
- **Unidad óptica**: optativa Interna o Externa CD/DVD RW
- **Estándares**: de acuerdo con el MIL-STD-810G: caídas, golpes, vibraciones (CATs 4 y 24), polvo, humedad, altitud, alta temperatura, baja temperatura, golpe de temperatura, arena, atmósfera explosiva y congelamiento/descongelamiento.
- **Pantalla**: plana (FPD) de 14 o 15.6 pulgadas (LED) con resolución mínima de 1600 x 900, antirreflejante con protección de emisiones.
- **Puertos USB:** 3.x (2) y 2.0 (2)
- **NIC:** integrada o externa 10/100/1000
- **WiFi:** IEEE 802.11 b/g/n/ac
- **Administración**: que cumpla con Administración Fuera de Banda (OOBM: DMTF DASH o Intel vPro)
- **Seguridad**: integrada al procesador, TPM 2.0, AES-NI, Secure Boot. Optativamente, que integre seguridad en la pantalla contra miradas indiscretas.
- **Adicional**: opcional: estación de acoplamiento (Docking) o expansión mediante USB-C o Thunderbolt.
- **Garantía**: tres años en sitio

PRODUCTIVIDAD AVANZADA

Para este tipo de productividad, lo que se recomienda en equipos de escritorio es lo siguiente:
- **Procesador**: octacore o más, x86-64 de hasta 65W, con tecnologías de seguridad, virtualización y soporte y certificaciones propias para la productividad
- **RAM:** 16GB o más, DDR4-2933MT/s Dual Channel (2x8GB)

- **Gráficos:** integrados o independientes con tecnología DirectX 12.1 y, al menos, capacidad de tres salidas gráficas (HDMI 2.x o DisplayPort 1.3)
- **Southbridge:** especialmente diseñado para productividad con soporte a Administración Fuera de Banda (OOBM)
- **Unidad de almacenamiento**: SSD M.2 PCIe de 500GB + Disco duro estándar de 7200RPM de 1TB.
- **Unidad óptica**: optativa interna o externa CD/DVD RW
- **Formato del gabinete:** SFF o MT[104]
- **Pantalla:** 2 x plana (FPD) de 23 pulgadas (LED) con resolución mínima de 1920 x 1080.
- **Puertos USB:** 3.x (6) y 2.0 (4)
- **NIC:** integrada 10/100/1000
- **WiFi:** recomendada 802.11 b/g/n/ac
- **Administración:** que cumpla con OOBM (DMTF DASH o Intel vPro)
- **Seguridad**: integrada por un procesador de seguridad, TPM 2.0, AES-NI, Secure Boot.
- **Fuente de energía**: certificada 80Plus Gold o Platinum, que soporte la configuración completa del equipo.
- **Garantía:** tres+ años en sitio

En equipos portátiles, lo que se recomienda es lo siguiente:
- **Procesador**: octacore, x86-64, de hasta 15W con tecnologías de seguridad, virtualización, soporte y certificaciones propias para la productividad
- **RAM:** 16GB DDR4-2400MT/s Dual Channel (2x8GB)
- **Gráficos:** integrados DirectX 12.1 con dos salidas gráficas (HDMI 2.x o DisplayPort 1.3)
- **Unidad de almacenamiento**: SSD M.2 PCIe de 500GB. Deseable + Disco duro estándar interno o externo de 7200RPM 1TB.
- **Unidad óptica**: optativa interna o externa CD/DVD RW
- **Estándares**: de acuerdo con el MIL-STD-810G: caídas, golpes, vibraciones (CATs 4 y 24), polvo, humedad, altitud, alta temperatura, baja temperatura, golpe de temperatura, arena, atmósfera explosiva y congelamiento/descongelamiento.
- **Pantalla**: plana (FPD) de 14 o 15.6 pulgadas (LED) con resolución mínima de 1920 x 1080, antirreflejante con protección de emisiones radiactivas. Se recomienda que incluya protección contra visual hacking.
- **Puertos USB:** 3.x (2) y 2.0 (2)
- **NIC:** integrada 10/100/1000
- **WiFi:** IEEE 802.11 b/g/n/ac
- **Administración**: que cumpla con Administración Fuera de Banda (OOBM: DMTF DASH o Intel vPro)

---

[104] SFF = Small Form Factor. MT = Mini Torre.

- **Seguridad**: integrada al procesador, TPM 2.0, AES-NI, Secure Boot. Se recomienda que se solicite protección contra miradas indiscretas en la pantalla.
- **Adicional**: opcional: estación de acoplamiento (docking) o expansión mediante USB-C o Thunderbolt.
- **Garantía**: tres+ años en sitio

PRODUCTIVIDAD ESPECIALIZADA

Para este tipo de productividad es muy difícil establecer qué tipo de configuración se requiera, dado que depende del tipo de aplicaciones que se utilizarán. Sin embargo, a continuación, se destacan las características que deberían tomarse en cuenta para este tipo de configuraciones:

- **Procesador**: octacore o más con SMT, x86-64, de hasta 95W con tecnologías de seguridad, virtualización y soporte y certificaciones propias para la productividad
- **RAM:** 32 o más GB DDR4-2933MT/s Dual Channel (2x16GB). ECC deseable.
- **Gráficos:** integrados o independientes con tecnología DirectX 12.1 y, al menos, tres salidas gráficas (HDMI 2.x o DisplayPort 1.3). Cabe verificar si el software por utilizar requiere de certificaciones, ante lo cual deberán utilizarse gráficos independientes con este tipo de certificaciones, ya sea AMD Radeon PRO o nVidia Quadro.
- **Southbridge:** especialmente diseñado para productividad con soporte a Administración Fuera de Banda (OOBM)
- **Unidad de almacenamiento:** SSD M.2 PCIe de 500GB + Discos duros estándar de 7200RPM con capacidades de 1TB o más.
- **Unidad óptica:** optativa interna o externa CD/DVD RW
- **Formato del gabinete:** SFF o MT[105]
- **Pantalla:** 2 o más Plana (FPD) de 23 o más pulgadas (LED) con resolución mínima de 1920 x 1080 o superior.
- **Puertos USB:** 3.x (6) y 2.0 (4)
- **NIC:** integrada 10/100/1000
- **WiFi:** recomendada 802.11 b/g/n/ac
- **Administración:** que cumpla con OOBM (DMTF DASH o Intel vPro)
- **Seguridad:** integrada en el procesador, TPM 2.0, AES-NI, Secure Boot.
- **Fuente de energía:** cabe verificar si se requieren fuentes de energía redundantes.
- **Garantía:** Tres+ años en sitio

---

[105] SFF = Small Form Factor. MT = Mini Torre.

En equipos portátiles, lo que se recomienda es lo siguiente:

- **Procesador**: octacore o más con SMT, x86-64, de hasta 45W con tecnologías de seguridad, virtualización y soporte y certificaciones propias para la productividad
- **RAM:** 16 o 32 GB DDR4-2666MT/s Dual Channel (2x8GB o 2x16GB)
- **Gráficos:** integrados DirectX 12.1 con dos salidas gráficas (HDMI 2.x o DisplayPort 1.3). Cabe verificar si el software por utilizar requiere de gráficos certificados, ante lo cual se deberán utilizar gráficos AMD Radeon PRO Mobile o nVidia Quadro Mobile.
- **Unidad de almacenamiento**: SSD M.2 PCIe de 500GB + Disco duro estándar de 7200RPM 1TB o más.
- **Unidad óptica**: optativa interna o externa CD/DVD RW
- **Estándares**: de acuerdo con el MIL-STD-810G: caídas, golpes, vibraciones (CATs 4 y 24), polvo, humedad, altitud, alta temperatura, baja temperatura, golpe de temperatura, arena, atmósfera explosiva y congelamiento/descongelamiento.
- **Pantalla**: plana (FPD) de 14 o 15.6 pulgadas (LED) con resolución mínima de 1920 x 1080, antirreflejante con protección de emisiones.
- **Puertos USB**: 3.x (2) y 2.0 (2)
- **NIC**: integrada 10/100/1000
- **WiFi**: IEEE 802.11 b/g/n/ac
- **Administración**: que cumpla con Administración Fuera de Banda (OOBM: DMTF DASH o Intel vPro)
- **Seguridad**: integrada al procesador, TPM 2.0, AES-NI, Secure Boot. Se recomienda que la pantalla tenga protección contra miradas indiscretas.
- **Adicional**: opcional: estación de acoplamiento (docking) o expansión mediante USB-C o Thunderbolt.
- **Garantía:** Tres+ años en sitio

NOTAS FINALES

Particularmente, en estas configuraciones para requerimientos especializados, será importante consultar tanto al usuario, sus requerimientos y los del software que utilizará para determinar el tipo de computadora por solicitar. Solo hay que tomar en cuenta:

- Entre más núcleos (cores) tenga el procesador, mayor cantidad y rapidez de memoria RAM se necesitará. Es posible que el procesador también tenga mayor número de canales de memoria y lo recomendable es poblarlos todos; es decir, si un procesador indica que tiene 4 canales de memoria, lo mínimo que hay que poner son 4 pastillas de memoria. Así, si se instalarán 32GB, en lugar de 2x16GB serían 4x8GB.

- Entre más núcleos (cores) tenga el procesador, mayor será el consumo de energía. Hay procesadores de 64 núcleos cuyo consumo de energía llega a (o supera los) 220W. Ante ello, la fuente de energía debe crecer a 750W o más.

- Entre mayor potencia de tarjeta gráfica requiera, mayor potencia demandará de la fuente de energía. Hay tarjetas gráficas que demandan de más de 300W, por lo que las fuentes de energía requeridas deben ser de 750W o más. Si al consumo de energía de la tarjeta gráfica se le agrega un procesador con consumos de 220W o más, la fuente de energía podría necesitar crecer hasta más de 1000W[106].

- En una computadora con una fuente de energía que carezca de conexiones adicionales para una tarjeta gráfica potente, es importante saber que la tarjeta gráfica no deberá consumir más de 75W para que pueda funcionar en la computadora sin una conexión adicional. Será importante, además, verificar en el manual o área de soporte de su fabricante si se permite la conexión de tarjetas gráficas de 75W en las ranuras PCIe 3.0.

- Por lo general, las Estaciones de Trabajo portátiles suelen ser voluminosas y pesadas, y con fuentes de energía externas que suelen ser de 120W o más. Además, la batería de este tipo de computadoras no logra durar mucho sin conexión (cuando mucho, un par de horas). Con todo, no son capaces de igualar el rendimiento de una Estación de Trabajo de escritorio.

---

[106] Es posible darse una idea de la potencia que requerirá la fuente de energía con un sencillo calculador de fuentes de energía ofrecido por OuterVision: https://outervision.com/power-supply-calculator

CAPÍTULO 7

Aspectos de seguridad

*"Uno de los principales riesgos en la computación
es pensar que los riesgos no existen. El otro es
tratar de resolver todos los riesgos."*
—Stephane Nappo

L as computadoras no son mágicas. En definitiva, jamás podrán resolver cosas que el usuario no haya resuelto de antemano. Una computadora no es segura por sí sola, lo que la hace segura es el tipo de manejo y configuración que se le da. En este capítulo veremos algunos útiles conceptos y sugerencias de seguridad.

CON TODA SEGURIDAD

La seguridad es un aspecto importante dentro de los equipos de cómputo productivos. Más que la computadora, lo más valioso es la información que contiene. Así, es vital cuidar la información contenida en la computadora y, para ello, hay varias configuraciones que se pueden realizar.

Como ya se indicó en el Capítulo 3, Mito 7, no existe seguridad inviolable, invulnerable o infranqueable. Cualquier medida de seguridad que se adopta tiene la finalidad de disuadir (no de inhibir) al atacante de llevar a cabo su invasión en nuestros sistemas. Hay medidas de seguridad más efectivas que otras, pero absolutamente ninguna es inviolable, invulnerable o infranqueable[107]. Lo que sí es que todas las medidas de seguridad son invasivas (lo cual también se explicó en el Capítulo 3), y eso significa que no solo tenderán a entorpecer las acciones de un atacante, sino que también obstaculizarán la productividad del usuario. Cada que se tiene que escribir una contraseña para realizar determinada tarea, se está entorpeciendo la productividad. Si se cifra una unidad de almacenamiento de datos, se reduce la rapidez con la que los datos y programas se leen y se graban. Si se establecen medidas de seguridad para encender y apagar la computadora, a veces se tienen que escribir diversas contraseñas, o utilizar dispositivos o emplear biométricos, o una combinación de ellos en algo que se conoce como "autenticación multifactor", para poder utilizar la máquina o realizar determinadas tareas.

El establecimiento de medidas de seguridad coadyuva a reducir de manera sensible los riesgos, y su estudio debe ser sujeto de mucha seriedad para lograr el mejor equilibrio posible entre protección y rendimiento. Aunque es muy probable que ya se sepa, la seguridad se establece por algo que se sabe, algo que se tiene, o algo que se es (o una combinación de ellos). En el primer caso, lo más común son las contraseñas.

Contraseñas

Las contraseñas entran en el rubro de "algo que se sabe". Mucho se ha escrito alrededor de la generación de contraseñas en las computadoras y los dispositivos. Se ha hablado de establecer contraseñas que mezclen letras (mayúsculas y minúsculas), guarismos y símbolos y que tengan determinadas longitudes. Hay tratados enormes que nos hablan al respecto e, incluso, hay programas y aplicaciones que se hacen cargo de la administración de contraseñas.

Chris Hoffman (2018) nos lleva por todo un tratado relacionado con las contraseñas y el uso de programas administradores de contraseñas (que también se incluyen en algunos equipos para la productividad). De acuerdo con las sugerencias tradicionales, para que una contraseña se considere fuerte, debe:

- **Constar de, mínimo, 12 caracteres**: escribir una contraseña que tenga una longitud adecuada para ser considerada segura es algo que está siempre en debate. No hay, expresamente, una longitud mínima en la que todos estén de acuerdo, pero pocos argumentarán que escribir 12 a 14 caracteres no podría considerarse como "contraseña fuerte". Entre mayor cantidad de caracteres, será mejor para la seguridad, pero peor para la productividad (sobre todo si se tiene que escribir varias veces).

---

[107] Existen especialistas en el ámbito de la seguridad que pueden refutar lo dicho, particularmente porque hay medidas de seguridad que requerirían de enormes potencias de cómputo, mismas que provocarían que la búsqueda de claves no fuera computable. Sin embargo, existen otras formas de violar la seguridad, como la ingeniería social que es más eficaz de lo que se cree.

- **Incluir guarismos, símbolos, letras en mayúscula y minúscula**: con una mezcla de caracteres se dificulta que una contraseña pueda ser rota mediante fuerza bruta computacional.
- **No usar una palabra de diccionario o una combinación de ellas**: hay palabras que son obvias, así como sus combinaciones. Cualquier palabra por sí sola es incorrecta para una contraseña. Por ejemplo: "casa" es una terrible contraseña. "Casa roja" también lo es.
- **No hay que confiarse de sustituciones obvias**: es común utilizar sustitutos para las letras. "c454" tampoco es una contraseña fuerte porque se reemplazaron las aes con 4 y la s con 5. Eso es muy obvio.

Para el caso, lo mejor es utilizar una mezcla como "LaCasaEnorme$1234" cumple con todos los requerimientos: tiene más de 12 caracteres, incluye mayúsculas y minúsculas, un símbolo y algunos guarismos. Sin embargo, es bastante obvia y muy de diccionario. Solo hay un símbolo, todos los números están al final y están en un orden fácil de adivinar.

Hay sugerencias de generar contraseñas como 3o(t&gSp&3hZ4#t9 que son bastante buenas, pero, ¡para recordarlas es un suplicio! Quizá una fórmula más simple para generar una contraseña sería recordar una frase como "La primera casa en la que viví estaba en la Calle 3. Pagaba $5 mil pesos de renta al mes". Esa oración podría convertirse en una contraseña si se utilizan los primeros caracteres de cada palabra, por lo que la contraseña podría ser **LpcelqveelC3.P$5mpdram**. Ésta es, en definitiva, una contraseña fuerte: tiene 22 caracteres y combina mayúsculas, minúsculas, guarismos y símbolos. Quizá una contraseña aún más fuerte podría combinar más las mayúsculas y minúsculas y tener más símbolos y guarismos, pero ésta es bastante buena.

Existen otras sugerencias que proponen una técnica conocida como "tirar el dado[108]" en la que la entropía juega un papel importante. La idea es la de escribir al menos seis palabras inconexas pero fáciles de recordar (sin tener que mezclar caracteres ni nada) de manera que la entropía hará que el tiempo para descifrar semejantes contraseñas sea lo suficientemente largo (hasta varios años) como para provocar el desinterés del atacante.

La llave

En el rubro de "algo que se tiene" se encuentran aquellos que se usan como "llaves" de acceso, como administradores de contraseñas, tarjetas, dispositivos y otros elementos de los que se hace uso para poder tener acceso. Ejemplos de estas llaves son: la credencial (o badge) que se utiliza para acceder al trabajo, la NetKey que se usa en bancos y algunos otros sitios, el SecurID para conectarse a una VPN u otros lugares, una tarjeta de crédito para poder hacer compras o pagos, una identificación o permiso

---

[108] Ver: http://world.std.com/~reinhold/diceware.html

escrito que autoriza a ingresar a algún lugar o llevar a cabo alguna actividad (como poder votar con la credencial para votar o el ID en ciertos países), o una llave como tal para abrir una puerta. Todos son ejemplos de seguridad mediante "algo que se tiene". En algunos equipos de cómputo esto también funciona. Pueden generarse unidades de memoria USB o tarjetas de acceso (u otros medios) que se introducen en o acercan a la computadora con el objeto de reforzar las medidas de seguridad. Si se pierde "lo que se tiene" se necesita reponer (pero dar de baja el anterior para evitar el mal uso). A veces, los procesos para la reposición de algo que se tiene son largos y tediosos, y tienen la finalidad de reducir al mínimo la posibilidad de hacer un mal uso de ello. Algunos dispositivos son realmente costosos, pero integran medidas de seguridad bastante eficientes para reducir al mínimo los riesgos.

En este rubro están incluidos los administradores de contraseñas porque fungen como "algo que se tiene". Ese tipo de programas, como cualquier otro dispositivo que se tenga, utiliza claves para tener acceso a determinados sitios, programas o características. Si se tiene ese programa configurado con las contraseñas, entonces se convierte en "algo que se tiene". "Algo que se sabe" siempre estará en la mente de las personas.

Biométricos

En el rubro de "algo que se es" entran los biométricos de diferentes tipos: los lectores de huella digital, los lectores del ojo, los reconocimientos faciales, y hasta el reconocimiento de la voz, entre otros. Todos ellos son elementos que entran en este rubro. Cada vez son más populares los biométricos permiten la identificación con sensores que reconocen y autorizan a la persona. Se integran en algunas de las computadoras de uso profesional, algunas de las computadoras de consumo, tabletas, teléfonos celulares, etcétera. Incluso, el propio Windows 10 ya integra una funcionalidad conocida como Windows Hello que permite el uso de este tipo de recursos para iniciar sesión en el equipo.

Con todo lo anterior en mente, quizá la mejor solución en seguridad sea la combinación de, al menos, dos tipos de validación, como contraseña y biométrico, o contraseña y llave, o llave y biométrico. Así será más complejo que alguien pueda acceder al equipo sin autorización del usuario.

BIOS/UEFI, CIFRADO Y VIRTUALIZACIÓN

Mantener actualizado el BIOS/UEFI es clave para la seguridad del equipo. Es importante preservarlo actualizado a la última versión disponible. Casi siempre estas actualizaciones mejoran esquemas de rendimiento o de seguridad y, en algunos casos, resuelven ciertos problemas.

Otro aspecto importante es establecer una contraseña de administrador en el BIOS/UEFI. Esto dificultará que terceros puedan entrar a hacer modificaciones o actualizaciones al BIOS sin la autorización de las áreas a cargo. Algunos BIOS/UEFI también agregan la posibilidad de una contraseña de arranque. Esto sería recomendado para reducir, a su vez, la posibilidad de que el equipo sea accedido sin permiso y antes que cargue el sistema operativo (Pueden ubicarse más detalles de la actualización y configuración del BIOS/UEFI en los Apéndices E y F).

Arranque

Por desgracia, contar con un Antivirus en la computadora no es suficiente. Existen programas malignos o malware que pueden alojarse de manera inadvertida en el BIOS/UEFI de la computadora y, por lo tanto, mantener un control de ésta desde el arranque. Ni el Sistema Operativo ni el Antivirus percibirán que el BIOS/UEFI ha sido invadido, dado que su arranque es posterior al arranque del BIOS/UEFI. Es importante asegurarse que la computadora cuente con algún mecanismo de validación de la integridad del BIOS/UEFI. Los fabricantes ofrecen este tipo de mecanismos en equipos de productividad de gamas media y alta y permiten validar, desde que se oprima el botón de arranque, que la máquina esté libre de amenazas. Hay fabricantes que ofrecen la posibilidad de restaurar el BIOS/UEFI en automático, de manera que no se tendría que hacer una actualización manual de BIOS/UEFI en caso de que éste haya sido maliciosamente alterado por algún programa dañino sin autorización del administrador.

Cifrado

De acuerdo con las características propias de la máquina, lo anterior no mantendrá a salvo a los datos del equipo si la unidad de almacenamiento masivo no está cifrada. Con o sin contraseña de BIOS/UEFI, siempre podrá abrirse la computadora, sacar la unidad de almacenamiento masivo y conectarla en una segunda computadora. Ninguna contraseña evitará que se pueda acceder a toda la información si esta unidad no está cifrada. Lo recomendable es que se cifre la unidad de almacenamiento masivo con Bitlocker, una funcionalidad integrada en Windows 10 Pro, y superiores para cifrar (por hardware) la información de la unidad de almacenamiento masivo (y hasta unidades extraíbles). Bitlocker en Windows 10 requiere de TPM 2.0, por lo que hace necesario asegurar que el equipo cuente con ese tipo de módulo de seguridad. Dado que el cifrado es por hardware, la pérdida de rendimiento es marginal (hasta un 10 o 15%), lo cual no afecta la productividad de manera perceptible.

Ahora bien, hay que comprender un detalle importante en el funcionamiento de la computadora: aunque la información esté cifrada en la unidad de almacenamiento masivo, cuando es traída a la memoria RAM estará descifrada; es decir, cualquier información o código en la memoria RAM es de acceso libre y directo. Si bien se podría pensar que esto no es un problema, dado que esta información solo es accesible por el procesador, la verdad es que un malware podría procurar tener acceso a ese tipo de información descifrada en la RAM.

Existe otro riesgo, que se deriva de la sustracción de la computadora. Si Usted acostumbra a dejar su computadora "dormida", con la finalidad de que se active de manera rápida, el riesgo es que todos los datos y programas permanecen en la memoria RAM. Usted podría pensar que, si ya cuenta con contraseñas y protecciones prácticamente imposibles de romper, no habría mayor riesgo, pero pudiera estar equivocado. Partimos de que la memoria RAM es volátil y que, si el malhechor pretende reiniciar la máquina, pues no podrá tener acceso a la información descifrada. Los hechos son otros, dado que sí habría algunos riesgos. Existe un tipo de ataque llamado "arranque frío" o "cold boot". Éste es un embate colateral en el que un atacante que haya sustraído el equipo y que esté funcionando o haya sido "dormido" (sleep), podría tener acceso a los datos que estén en la memoria RAM. Abundo: los semiconductores tienen una propiedad en la que no pierden de inmediato la información que almacenan, y si se enfrían lo suficiente, pueden tardar aún más en perder la información que contienen. Así, si se enfrían los chips de la memoria RAM (con algún medio simple, que podría ser una lata de aire comprimido) y se traslada esta memoria RAM a otra máquina o dispositivo que no tenga medidas de seguridad, podrían obtenerse los datos que se encuentran en ella, lo cual es viable que incluya contraseñas, códigos de acceso o datos sensibles de la organización.

Ante lo anterior, lo ideal sería, también, establecer un mecanismo de cifrado de memoria RAM, de manera que se redujera la posibilidad de ser víctima de este tipo de ataques. Existen herramientas como Cryptkeeper, el mecanismo Swap Encryption de OpenBSD, TRESOR, Intel Software Guard eXtensions (SGX), Intel Memory Protection Extensions (MPX) o AMD Memory Guard o Transparent Secure Memory Encryption (TSME).

Las soluciones por software siempre impactarán más el rendimiento que las soluciones por hardware (una solución por software podría afectar el rendimiento de un equipo hasta en un 20%, mientras que una por hardware entre 1 y 5%). Es preferible contar con algún equipo que permita la activación del cifrado de memoria por hardware en el BIOS/UEFI, de manera que el equipo esté protegido de inicio.

Activación de la virtualización por hardware

Se deberá buscar la opción de Virtualización por Hardware (que puede aparecer como AMD-V, Intel-VT, SVM, Virtualization, Virtualization Technology, o algo similar) en el configurador del BIOS/UEFI y activarla en caso de que no lo esté de facto. Windows 10 requiere de esta característica activada para poder utilizar sus tecnologías de seguridad como Secure Boot, Device Guard y otras. En caso de que no se instale Windows 10, activar la virtualización coadyuvará a que otros servicios del sistema operativo puedan funcionar con mayor agilidad, como la emulación de 32 bits en caso de instalar una versión de 64 bits del sistema operativo. La única razón por la que no debería activarse esta opción es si se instalará Windows XP. En sistemas operativos como Windows 7 o superiores, si no se activa la virtualización por hardware, se emulará parcialmente por software (con lo que el rendimiento se podría afectar).

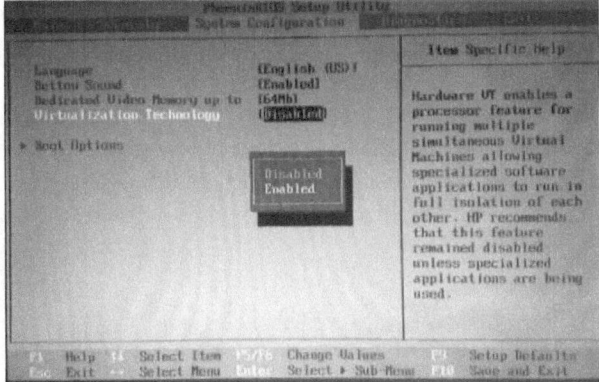

Fuente: captura fotográfica del BIOS de una PC.

UEFI Y SECURE BOOT

Es importante configurar el modo de arranque del sistema. Por lo general, este tipo de configuración se encuentra en alguna opción de arranque (Boot) del BIOS/UEFI. Allí se encontrará una configuración como la que se muestra a continuación:

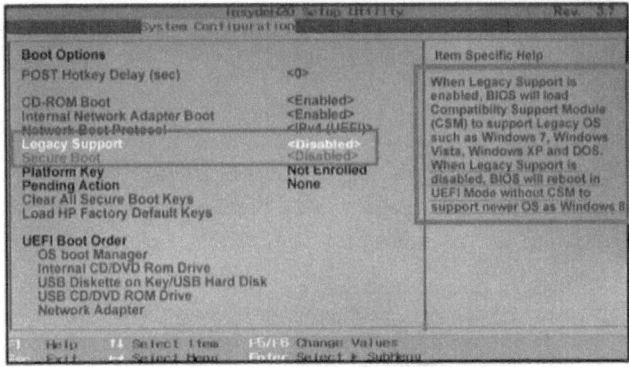

Fuente: captura fotográfica del BIOS de una PC.

Soporte Legacy o CSM

El soporte "Legacy" o "Heredado" solo debe dejarse activado si 1) Se instalará Windows 7 o anteriores. 2) Se instalará GNU/Linux que en su documentación no integra soporte a UEFI, o 3) Si se instalará cualquier versión de Windows en modo de 32 bits. El soporte "Legacy" puede ser que aparezca como Módulo de Soporte a Compatibilidad (CSM por sus siglas en inglés) o, simplemente, Legacy. Al dejar activado el modo "Legacy", es muy probable que el formato de la unidad de almacenamiento se establezca en Registro de Arranque Maestro (MBR por sus siglas en inglés).

MBR es un esquema que se presentó desde 1983, donde una tabla de partición se graba en el sector de arranque del disco, al inicio de la unidad de almacenamiento. La capacidad máxima de una unidad de almacenamiento con MBR es de 2TB. Además, su esquema de organización de archivos es muy limitado y puede lentificar seriamente el acceso a la información.

Soporte UEFI: MBR vs GPT

Si instalará Windows 10[109] de 64 bits, no hay razón para dejar el soporte de legado. El modo UEFI permite, entre otras cosas, que las unidades de almacenamiento aprovechen los beneficios de la Tabla de Partición GUID (GPT por sus siglas en inglés). Esta tecnología permite un acceso más ágil a la información, así como permitir el uso de unidades de almacenamiento mayores a 2TB (por el momento, su límite son 18EB). GPT, además, agrega redundancia por lo que es más difícil que se pierda información en la unidad de almacenamiento masivo.

Soporte UEFI: Secure Boot

Ahora bien, hay dos opciones para configurar UEFI: UEFI sin Secure Boot y UEFI con Secure Boot. Secure Boot es un estándar desarrollado por miembros de la industria de las PC para coadyuvar a asegurarse que la computadora arranque a través del software en el que confía el fabricante de la PC. Cuando la PC arranca, el firmware verifica la "firma[110]" de cada pieza de software de arranque, entre los que se incluyen los controladores de firmware (ROM), aplicaciones EFI, y el sistema operativo. Si las firmas están correctas, la PC arrancará y el firmware le otorgará el control al sistema operativo. Secure Boot evita que algún tipo de malware sofisticado y peligroso— conocido como rootkit—pueda cargar cuando arranca el sistema. Los rootkit utilizan los mismos privilegios que el sistema operativo y arrancan antes que él, lo que

---

[109] De hecho, UEFI está nativamente soportado desde Windows 8.0, aunque las recientes versiones de Secure Boot requieren, al menos, Windows 8.1.
[110] En general, las "firmas" son códigos hash o SHA que fungen como huella digital única del software o del hardware. Aunque pueden existir otros tipos de firmas.

significa que pueden permanecer ocultos. Los rootkit con frecuencia son parte de todo un paquete de malware que puede grabar y pasar por alto las claves de acceso locales, guardar contraseñas y teclazos, transferir archivos privados y capturar datos criptográficos.

Secure Boot requiere una PC con un chip de firmware UEFI que cumpla con las especificaciones de UEFI versión 2.3.1, Errata C o superior, y que tenga instalado Windows 8.1 o Windows 10, o alguna versión de GNU/Linux compatible con UEFI.

Hay pocas razones por las que se quiera desactivar Secure Boot en UEFI, pero es posible que se requiera desactivar cuando se utilicen tarjetas gráficas antiguas, hardware incompatible o sistemas operativos incompatibles, o versiones de Windows de 32 bits o anteriores a 8.1. Antes de decidirse a deshabilitar UEFI, es importante tomar en consideración si ello es necesario. Es posible que el fabricante de la computadora actualice de vez en vez la lista de hardware confiable, los controladores y el sistema operativo de la máquina (Brink, 2018). La recomendación es que se deje activado Secure Boot.

Administración Fuera de Banda

Si se ha requerido que el equipo tenga soporte para Administración Fuera de Banda (OOBM), como DMTF DASH[111] o Intel vPro, será importante decidir si se activará o no. En algunos casos, activar OOBM traerá consigo que la IP asignada a la máquina ya no sea liberada, con el objetivo de que el equipo esté siempre accesible en la red (esté apagado o no). Si utilizará OOBM, active la opción[112]. Si no la utilizará, déjela desactivada.

SMT (Hyper-Threading)

Existen reportes de una vulnerabilidad, PortSmash[113], que afecta el SMT en los procesadores (particularmente la implementación de Hyper-Threading). A pesar de que ha pasado algún tiempo desde que se hizo este reporte, no se han encontrado evidencias de que también ataque al SMT de otras marcas de procesadores. La recomendación es de deshabilitar Hyper-Threading en el BIOS en los procesadores de hasta 9ª generación y anteriores, en caso de que se tengan procesadores con tecnología Hyper-Threading, y mantenerse muy atento a las noticias para saber si lo mismo se requeriría hacer con otros procesadores que integren otras implementaciones de SMT.

---

[111] Algunos fabricantes tienen esta opción nombrada como AMD DASH, lo cual es incorrecto. DASH es un estándar de la DMTF, consorcio al que pertenecen AMD, Intel, Dell, HP, Lenovo, y muchos otros fabricantes.

[112] Habilitar DMTF DASH o Intel vPro requiere de procesos específicos, más allá de activar o desactivar la opción en el BIOS/UEFI. Cada uno tiene sus procedimientos. Es importante consultar con el fabricante para conocer los pasos para habilitar DMTF DASH o Intel vPro, sus beneficios y sus desventajas.

[113] Ver: https://bit-tech.net/news/tech/cpus/cpus-hit-by-portsmash-side-channel-vulnerability/1/

Otras medidas

Por lo general, los fabricantes agregan otras medidas de seguridad a sus equipos orientados a la productividad. Es muy recomendable informarse detenidamente de qué medidas de seguridad se integran en los equipos para comprenderlos, evaluarlos y, en su caso, aprovecharlos en beneficio de la organización.

UBICACIÓN Y CERCADO

Entre las medidas de seguridad que se ofrecen en algunos de estos equipos se encuentra la posibilidad de ubicarlos y cercarlos. Existen servicios con tecnología de persistencia que, al ser activados en la computadora, permiten saber dónde se encuentran los equipos e, incluso, desactivarlos si se salen de cierta zona virtual demarcada lógicamente, y reactivarlos cuando vuelven a la cerca virtual. Esta capacidad de localización de equipos puede llegar al punto de no importar si se formatea la computadora, el equipo de todas formas sería localizado con el objetivo de ubicarlo y, quizá, hasta recuperarlo mediante servicios especializados para ese fin.

En este tipo de servicios lo que también puede ofrecerse la capacidad de recuperar la información y bloquear el equipo e inutilizarlo. Existen diversos proveedores que ofrecen este tipo de servicios, pero los dos más representativos serían Absolute Software e Intel vPro. La tecnología de persistencia hace que prácticamente sea imposible inhibir la localización de la computadora; a menos, claro está, que sea destruida. Sin embargo, aunque esta tecnología prácticamente se halle en la computadora de productividad desde que se adquiere, en general no viene activada. Tal activación se hace a petición expresa de los usuarios y suele ofrecerse el servicio por una renta mensual que, de acuerdo con el plan contratado, podría ofrecerse el acceso a una consola de administración en la Nube donde, incluso, se puedan hacer inventarios y reportes de los equipos supervisados. Hay que consultar al fabricante para saber si se tiene disponibilidad de servicios como éstos en caso de que sean de interés para la seguridad de la información de la Organización.

BUENAS PRÁCTICAS

Si no se va a usar, hay que dejarlo inactivado

Con cada compuerta, componente o funcionalidad de hardware que se deja activada advertida o inadvertidamente, pero que no se usará (puertos USB, OOBM, puertos seriales, puertos PCIe, etcétera), siempre enfrentará la posibilidad de ser aprovechado para ser explotado como hueco de seguridad. Por ende, lo mejor será desactivarlo desde BIOS/UEFI. Hay fabricantes que ofrecen interfaces para activar o desactivar componentes de la máquina sin tener que entrar al BIOS/UEFI.

Evitar dejar la computadora activa y con la sesión abierta

Jamás hay que levantarse del lugar y dejar la computadora con la sesión abierta. En Windows (y algunas distribuciones de GNU/Linux) tan solo hay que usar la combinación Windows+L para que se bloquee la computadora. Hay ocasiones que, aunque sean solo unos segundos, será suficiente para que alguien malintencionado lleve a cabo alguna acción fuera de lugar en la máquina desprotegida.

Jamás hay que colocar contraseñas en lugares visibles

Es una clara invitación a los ojos curiosos que podrían ser nocivos para la seguridad. Lo mismo se aplica para las notas "pegatinas" virtuales que se dejan en el escritorio y que suelen contener nombres y contraseñas a la vista de ojos curiosos.

Hay que evitar la inhabilitación de las características de seguridad del equipo

Se dice que "las personas tienden a sacrificar la calidad en nombre de la conveniencia" y, por desgracia, esto también se aplica a las características de seguridad. Si bien las configuraciones de seguridad podrían percibirse como invasivas (que lo son) y que reducen la rapidez del equipo, hay que evitar deshabilitarlas. Si se requiere de mayor eficiencia, entonces se deberá solicitar una mejora en el equipo (mayor cantidad de memoria RAM, unidades de estado sólido y, en su caso, procesadores más potentes). Es importante mantener un equilibrio entre "seguridad" y "rapidez".

Nunca hay que deshacerse del equipo, así como así.

Existen herramientas que permiten el borrado seguro de las unidades de almacenamiento masivo. Sin embargo, a pesar de este tipo de borrado, existe la vaga posibilidad de que personas malintencionadas y con ciertos instrumentos especializados puedan recuperar toda o una parte de la información. Hay quienes llegan al extremo de deshacerse del equipo, pero sin la unidad de almacenamiento masivo, misma que proceden a destruir físicamente. Si la información que se guarda es vital o en extremo delicada y es del interés de terceros, aún con una unidad destruida existe alguna posibilidad de recuperar algo de la información. Sin caer en la paranoia, lo mejor es hacer un borrado seguro de la unidad de almacenamiento y, en su caso, destruirla en pedazos muy, muy pequeños de modo que sea imposible, para todo efecto práctico, obtener la información de ese medio.

Proteger y alistarse

Lo mejor es concentrarse en lo básico: proteger, primero, lo que más importa para el negocio y alistarse para reaccionar de manera adecuada ante las amenazas que surjan. Hay que pensar en la integridad de los datos, pero también en la del negocio o las actividades de la organización, en el conocimiento, la experiencia de los clientes o usuarios, la obediencia de las medidas y manuales, y la reputación. (Cyber Startup Observatory, s.f.)

PARTE II

La medición del rendimiento de las computadoras

CAPÍTULO 8

La importancia del rendimiento en una computadora

"Cuando se habla de Rendimiento, la gente usualmente se refiere [...] al procesador. Se adquirió hardware y extensiones de éste con la esperanza de que el sistema fuera rápido nuevamente. Sin embargo, la experiencia del usuario final ha sido diferente."
—Wolfgang W. Osterhage

¿Qué tanto puede contribuir a la productividad el hecho de que el usuario se fije más en el equipo completo que el de integrar un determinado procesador? A final de cuentas, la computadora es mucho más que un procesador, es una entidad orientada a ofrecer eficaces servicios de información (cualesquiera que éstos sean: textos, hojas de cálculo, administración de datos, imágenes, vídeos, juegos, sonidos o música, etcétera), donde el grado de satisfacción depende de mucho más que del procesador que contiene el equipo de cómputo. De hecho, aun cuando los actuales procesadores tienen una enorme potencia de cómputo, la experiencia de los usuarios ante los denominados "equipos PC" suele no ser la mejor. Lo anterior se debe a que, aparte de requerirse de cierta potencia en el procesador, lo que se busca es que el resto de los componentes esté acorde con esa potencia. Cuando la atención se fija tan solo en el procesador, sin tomar en cuenta que el resto del equipo realmente esté acondicionado para responder a la potencia que ofrece, los resultados, por lo general, son desastrosos: memorias mal configuradas, discos duros de baja rapidez, sistemas operativos y aplicaciones que desperdician la potencia y prestaciones del equipo, etcétera.

En un estudio de posgrado que elaboré en 2015[114] y cuyos resultados no son muy distintos de lo que hoy se vive, se puso en perspectiva cuál es el concepto que más importa a los compradores de equipo de cómputo en general. La mayor parte de las respuestas recibidas se orientan a aspectos técnicos como procesador y memoria. No obstante, los aspectos relacionados con rendimiento y precio ponen en perspectiva que se busca el mejor equilibrio entre estos dos conceptos, mismos que tienen una igual participación de respuestas. Si se agrega que la marca de la computadora acapara un 30% de las respuestas, podemos concluir que los primeros cinco aspectos engloban el 66% de la atención total.

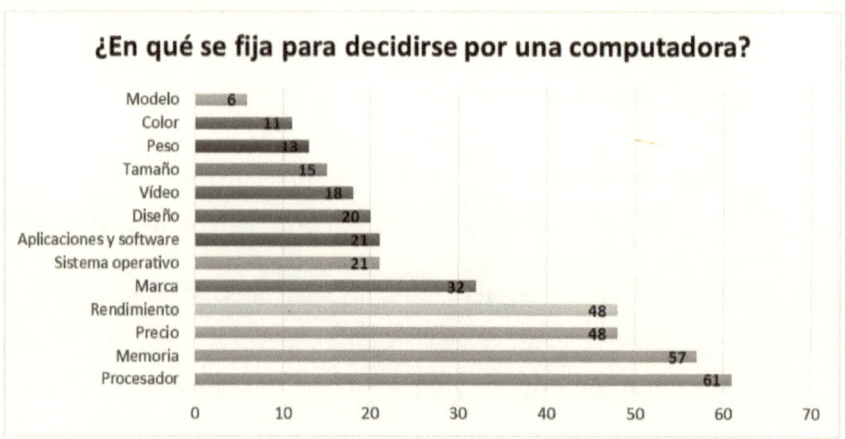

Fuente: Estudio de rendimiento de las computadoras y la percepción humana.

Si bien los procesadores, la memoria, el precio, el rendimiento y la marca son los elementos más mencionados, ello no significa que sean los más importantes. Así, es interesante analizar el peso de importancia que tiene cada aspecto en las respuestas de los participantes:

[114] Garza, David. (2015) "Rendimiento de las computadoras y la percepción humana.", Universidad de Negocios. ResearchGate:
https://www.researchgate.net/publication/303838253_Rendimiento_de_las_computadoras_y_percepcion_humana

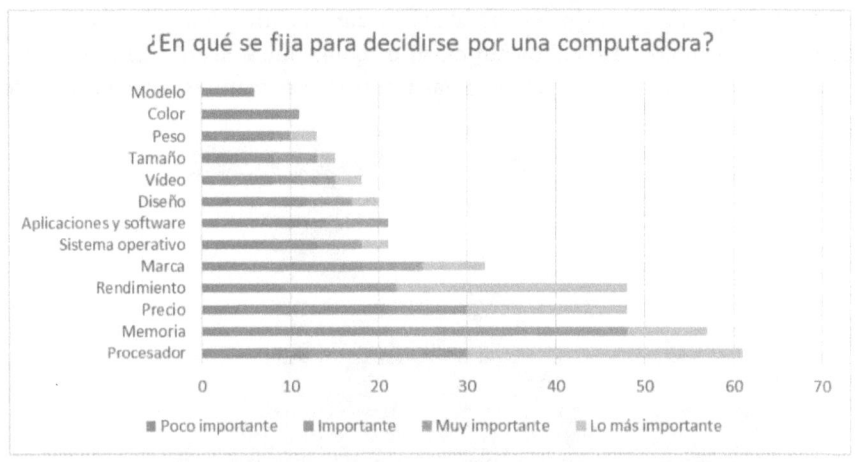

Fuente: Estudio de rendimiento de las computadoras y la percepción humana.

Con lo anterior, aunque la memoria ocupa el segundo lugar de menciones, tiene menos importancia que el rendimiento en sí del equipo. Así, el rendimiento general del equipo es el segundo aspecto en orden de importancia en el que se fijan los participantes a la hora de adquirir equipos de cómputo. No obstante, en estos términos, es evidente que la consideración correspondiente al procesador es significativamente mayor que el rendimiento en general del equipo, lo cual parece, a todas luces, fuera de lugar. Al hacer el análisis con métodos de minería de datos se arroja que el procesador sigue teniendo un peso importante en la decisión de compra de un equipo de cómputo. Es increíble ver que el software de aplicación no reviste, nunca, lo más importante para el usuario, aun cuando es lo que le dará la productividad.

En ese mismo estudio saltó algo a la vista: aunque los usuarios estén a gusto con el rendimiento de sus computadoras, en una nueva computadora buscaría algo más rápido y, con ello, se concentran en el procesador[115]. A continuación, se muestran las respuestas dadas por los usuarios respecto a su equipo actual:

	No me gusta para nada	Ni modo, es lo que hay	Me hace el trabajo	Sí, me gusta bastante	Es lo máximo	Total	Weighted Average
(no label)	0.00%	6.90%	22.41%	56.90%	13.79%		
	0	4	13	33	8	58	3.78

Fuente: Estudio de rendimiento de las computadoras y la percepción humana.

---

[115] ¿Una vertiente del Síndrome de Madame Bovary o Síndrome de Insatisfacción Crónica?

Como se puede ver, más del 70% de los usuarios entrevistados indicaron que les gustaba o encantaba el rendimiento de su máquina. Sin embargo, al preguntar qué buscarían en una nueva computadora, las respuestas se manifestaron de la siguiente manera:

	Nada importante	Menos importante	Importante	Muy importante	Lo más importante	Total	Weighted Average
Un procesador más potente	0.00% 0	16.13% 5	25.81% 8	12.90% 4	45.16% 14	31	3.87
Mayor velocidad del equipo	0.00% 0	7.41% 2	14.81% 4	44.44% 12	33.33% 9	27	4.04
Una mayor cantidad de memoria RAM	0.00% 0	12.50% 3	25.00% 6	50.00% 12	12.50% 3	24	3.63
Una mayor duración de batería	5.56% 1	0.00% 0	61.11% 11	33.33% 6	0.00% 0	18	3.22
Una unidad de estado sólido	0.00% 0	14.29% 2	28.57% 4	28.57% 4	28.57% 4	14	3.71
Una mejor versión de sistema operativo	15.38% 2	23.08% 3	23.08% 3	23.08% 3	15.38% 2	13	3.00
Una pantalla más grande	58.33% 7	8.33% 1	16.67% 2	16.67% 2	0.00% 0	12	1.92
Un tamaño más compacto	9.09% 1	45.45% 5	36.36% 4	9.09% 1	0.00% 0	11	2.45
Una mayor capacidad/rendimiento para jugar	18.18% 2	18.18% 2	9.09% 1	9.09% 1	45.45% 5	11	3.45
Un mayor espacio de disco duro	10.00% 1	10.00% 1	30.00% 3	10.00% 1	40.00% 4	10	3.60
Una mayor cantidad de puertos USB	10.00% 1	40.00% 4	20.00% 2	10.00% 1	20.00% 2	10	2.90
Un equipo más ligero	10.00% 1	50.00% 5	10.00% 1	10.00% 1	20.00% 2	10	2.80
Un modelo más bonito	75.00% 6	25.00% 2	0.00% 0	0.00% 0	0.00% 0	8	1.25
Nada, mi equipo está bien	12.50% 1	12.50% 1	0.00% 0	12.50% 1	62.50% 5	8	4.00
Un menor consumo de electricidad	0.00% 0	14.29% 1	42.86% 3	14.29% 1	28.57% 2	7	3.57
Un equipo que emita menos calor	0.00% 0	14.29% 1	28.57% 2	42.86% 3	14.29% 1	7	3.57
Una mejor calidad de imagen y sonido	16.67% 1	16.67% 1	16.67% 1	0.00% 0	50.00% 3	6	3.50
Mejores utilerías de administración o productividad	33.33% 1	0.00% 0	66.67% 2	0.00% 0	0.00% 0	3	2.33
Un color más adecuado a mi gusto	100.00% 2	0.00% 0	0.00% 0	0.00% 0	0.00% 0	2	1.00

Fuente: Estudio de rendimiento de las computadoras y la percepción humana.

¡Vaya! Resulta que la mayoría se concentró en mayor rapidez del equipo y un procesador más potente. Es decir, aunque ya 70% estaba a gusto con el rendimiento de su equipo existente, en un equipo nuevo buscarían mayor rendimiento. ¿Qué se puede inferir de esto? Lo que me viene a la mente es una cualidad del razonamiento conocida como "Pensamiento mágico" (2013) que, al contrario del *pensamiento objetivo*, tiende a hacer que la persona espere algo diferente, aunque tenga ante sí sea no lo sea. En otra vertiente, podría hablarse del "Síndrome de Insatisfacción Crónica" (2020), donde una persona quiere más, aunque ya esté saciada. Interesantes razonamientos que ponen en evidencia el impacto mercadológico del que somos víctimas.

En este estudio se incluyeron personas que decían tener o que carecían de conocimientos en el área de cómputo, y en ambos casos, aunque decían tener el equipo que satisfacía sus necesidades, buscaban en un nuevo equipo mayor rendimiento. Si bien se hubiera esperado que quienes cuentan con conocimientos de cómputo no tuvieran ese pensamiento mágico, pues se esperaría que hicieran un análisis más detenido que el proveniente de la publicidad. La verdad es que las presiones de tiempo y el estrés laboral dejan poco espacio para hacer análisis y, por ende, parece que muchas veces se toman decisiones sólo por mirar "¿qué es lo nuevo que presentaron en cómputo?".

En este rubro, Henry Newman (2015) escribió: "Muchas organizaciones parecen comprar hardware basados en pruebas de rendimiento en lugar de comprender sus cargas de trabajo y hacer la adquisición de acuerdo con sus requerimientos y, claro está, su presupuesto".

RENDIMIENTO

Una de las mejores formas de deshacerse del "pensamiento mágico" es comprender las cosas lo más cabalmente posible. Un buen punto de partida puede ser definir la palabra "Rendimiento". Si bien existe una plétora de definiciones, la que mejor refleja esta palabra es el Diccionario de negocios:[116] rendimiento: "realización de una tarea dada que se mide de acuerdo con estándares preestablecidos de exactitud, [precisión,] integridad, costo y rapidez".

Exactitud (Accuracy): se refiere a cuán cerca del valor esperado o real se encuentra el resultado obtenido (es el sesgo de una estimación). Cuanto menor es el sesgo, más exacto es el resultado. Es decir, si se ha hecho una licitación o un RFQ de equipo, la exactitud permitirá determinar qué tanto el equipo se ha acercado a lo que se ha

---

[116] http://www.businessdictionary.com/definition/performance.html

requerido tanto en términos de hardware como en términos de rapidez. Pueden verse mayores detalles en la norma ISO 5725-1[117].

Precisión (Precision): se refiere a la dispersión de los valores obtenidos luego de repetidas mediciones de una magnitud: Entre menos dispersión, mayor precisión o menor la desviación estándar. La precisión no es lo mismo que exactitud. Se puede ser muy preciso, pero nada exacto: obtener resultados similares, consistentes, pero que esos resultados no sean los que se esperan. Aquí se puede analizar si el equipo, en distintas mediciones, obtiene resultados de resistencia, rapidez y otros aspectos consistentes. Un equipo exacto y preciso siempre tendrá una mejor ponderación que uno que no cumpla con estos esquemas.

Integridad (Completeness): cuando se habla de integridad, se trata del estado o condición de tener todas las partes necesarias o apropiadas. Como se puede inferir, aquí se trata de algo más que "rapidez"; se trata de verificar que se cuente con todo lo que se ha requerido y ello solo se sabrá si realmente se tiene un registro de requerimientos tanto de hardware como de software del equipo.

Rapidez[118] (Speed): para el caso que nos ocupa, **siempre** es la relación entre el tiempo empleado para la tarea dada que, en términos de física, es una distancia; pero en términos de cómputo, es algún proceso. La rapidez nunca se representa con puntuaciones o calificaciones, a menos que los criterios para obtener semejantes puntuaciones sean claros, explícitos y repetibles. No obstante, nada de eso sustituirá al hecho de que, si una tarea se termina en menos tiempo, será más rápida.

Costo (Cost): en general, se trata de lo que debe pagarse por algo. Para determinar si el costo es adecuado se toman consideraciones como: calidad de los materiales y componentes, satisfacción de requerimientos, riesgos, oportunidad y viabilidad. Por lo general, un costo se considerará alto si el bien por adquirir no cumple con la calidad esperada de materiales y componentes, no satisface los requerimientos, se perciben altos riesgos si el bien se adquiere, no se tiene el momento oportuno o no se cuenta con la viabilidad o los fondos suficientes para su adquisición.

---

[117] Ver: https://www.iso.org/obp/ui/#iso:std:iso:5725:-1:ed-1:v1:en:sec:5
[118] En muchas ocasiones se utiliza el término "Velocidad" como sinónimo de Rapidez. En términos físicos, son cosas diferentes: Mientras que la rapidez es una magnitud escalar que relaciona distancia recorrida en un lapso, la velocidad es una magnitud vectorial que relaciona el desplazamiento con el tiempo. En términos de computación, hay varios componentes que pueden medirse para determinar su rapidez individual, pero, al final del día, lo que realmente le interesa al usuario es la cantidad de tiempo que se tardó determinado proceso en ser realizado, lo cual habla de rapidez y no de velocidad. Sin embargo, medir esto se ha convertido en un verdadero reto, porque hay ciertos programas que utilizan más determinados componentes que otros. Para el caso, lo ideal sería adquirir alguna solución de cómputo que tuviera los componentes más rápidos en todos los rubros. Sin embargo, su costo podría ser prohibitivo. Es por lo que se recomienda analizar, con detenimiento, cuál será el común denominador del tipo de tareas que se llevarán a cabo en el equipo para, entonces, adquirir aquél que tenga el mejor equilibrio posible entre rapidez, integridad, exactitud, precisión y costo.

Como es evidente, un programa de benchmark, simulación o "prueba de rendimiento" no cumple con absolutamente ninguna de las condiciones para determinar el rendimiento del equipo. En los hechos, el análisis debe ser bastante más profundo para poder determinar si un equipo tiene el rendimiento que de él se espera.

MEDIDAS DE RAPIDEZ

Como ya se indicó en la introducción del libro, inspirada en una acertada exposición contextual de David Lija, la mayor parte de los campos de la ciencia y la ingeniería cuentan con herramientas y técnicas bien definidas para medir y comparar fenómenos de interés y para comunicar los resultados con precisión. Sin embargo, en el campo de la ciencia e ingeniería de la computación hay, sorpresivamente, casi nulos acuerdos en cómo medir algo tan fundamental como el rendimiento de un sistema de cómputo.

El problema inicia con una carencia de acuerdos en este campo, incluso en las más simples ideas, como el uso de la métrica más apropiada para medir el rendimiento. Los problemas se agravan cuando muchas empresas, que persiguen sus propios intereses, obtienen y reportan resultados mediante el uso de cuestionables y, en muchos casos, incorrectas metodologías.

Parte de esta falta de rigor para medir y reportar los resultados de rendimiento se debe al hecho de que hay una total falta de control en este ámbito, y cada quién ofrece resultados como mejor le parece: algunos con puntajes, otros con corazonadas, otros con valores abstractos. Lo anterior se realiza mediante técnicas de "medición" hechas a la medida (muchas veces, del propio fabricante o de los patrocinadores) basadas en la intuición, experiencia y corazonadas—sin la ayuda de instrumentos de medición precisos (Lilja, 2004).

Otro de los problemas que se tienen en el ámbito de cómputo es que existen tantas diferentes medidas de "velocidad" que es difícil determinar qué es lo que se quiere medir: ¿IOPS? ¿hercios? ¿FLOPS? ¿MB/s? ¿RPM? ¿MT/s? Considérese la siguiente frase: "el tiempo de respuesta promedio de E/S de un disco es de 1ms". ¿Ello es bueno o es malo? Su interpretación es difícil, pues el que una métrica sea "buena" o "mala" dependerá de las expectativas de rendimiento que se tengan.

La subjetividad puede convertirse en objetividad cuando se tienen objetivos claros, como el tiempo de respuesta esperada, o que el resultado se encuentre dentro de determinado rango. Para los usuarios estándar, esto significa "tiempo": Es más rápido si se tarda menos. Punto. Pero ¿en qué medida "tardarse menos" es significativo para el usuario. ¿Qué pasa si un proceso se tarda un minuto en una computadora y 54 segundos en otra? ¿Y qué pasa si por esos seis segundos de diferencia el costo sube al doble? ¿Vale pagar por esa diferencia?

Ya Luis Vieira nos menciona al respecto (2014):

> Muchas de las mediciones que hacemos no se realizan con instrumentos físicos objetivos sino con una aproximación mental subjetiva.
>
> Comprender la capacidad de los usuarios para detectar diferencias en tiempo es de gran importancia cuando se definen objetivos de rendimiento. Es necesario saber si el objetivo al que se apunta será siquiera perceptible, o el retorno de inversión (ROI) de sus esfuerzos será muy cuestionado.
>
> Por otro lado, también es importante saber qué tanta degradación de rendimiento se puede permitir antes de que los usuarios la perciban. A esto se le conoce como permiso de regresión.
> Ley Weber-Fechner
> La Ley de Weber, que evolucionó a Ley Weber-Fechner[119], involucra un concepto clave que se llama diferencia apenas perceptible, típicamente referida como jnd[120] (por sus siglas en inglés).
>
> Jnd es la magnitud mínima de incremento o reducción de una propiedad de un estímulo (la brillantez de un foco, el volumen de un sonido, etcétera) que es detectable o, como su nombre lo indica, perceptible.
> La regla del 20%
> Los principales conceptos de la Ley Weber-Fechner tienen un uso directo en la interacción y rendimiento entre el humano y la computadora. De acuerdo con datos de una investigación de tiempos humanos, una buena regla de oro es utilizar una tasa del 20% de la duración en cuestión.
>
> Para poner las cosas en términos sencillos: para crear una mejora perceptible de rendimiento, que sea percibida como tal por sus usuarios, tal mejora debería ser, al menos, del 20%.

Como es evidente, la Ley Weber-Fechner[121] coadyuva enormemente para anticipar las reacciones del usuario ante un nuevo equipo de cómputo. Cabe destacar que si a un nuevo equipo de cómputo se le pone un sistema operativo antiguo (por ejemplo, Windows 7 en un equipo actual), la experiencia del usuario podría no ser buena, debido a que Windows 7 no aprovechará los beneficios tecnológicos ofrecidos con la nueva adquisición.

Con lo anterior, es claro que un usuario no notará diferencia si algo se hace en 54 segundos o si se hace en un minuto. El usuario sí empezará a notar diferencia si algo

---

[119] Psychofphysics and Just-Noticeable Difference:
http://www.cs.umd.edu/class/fall2012/cmsc828d/reportfiles/buntain4.pdf
[120] jnd = Just Noticeable Difference o Diferencia apenas perceptible.
[121] La ley Weber-Fechner es una ley de percepción basada en la magnitud. Se define como "La mínima modificación necesaria en el estímulo para producir, como respuesta, la percepción de cambio, es proporcional al estímulo existente".

se hace en 48 segundos en lugar de un minuto. Esta diferencia también permite establecer un ámbito de tolerancia, si es que se está pidiendo determinada rapidez en un equipo: si se pide que algo se tarde 60 segundos, la degradación de rendimiento permitida podría ser hasta de 12 segundos (es decir, 72 segundos). Si no se quiere llegar a ese extremo, podría establecerse una degradación de rendimiento permitida del 10%, es decir, seis segundos, y el usuario no percibirá diferencia alguna.

Así, ¿a qué le llama "rápido" el usuario? A que sea más rápido. ¿Qué es más rápido? Algo que se haga en, al menos, 20% menos de tiempo de lo que se tiene en la actualidad. Por ejemplo, si en la actualidad un usuario ejecuta una hoja de cálculo que se tarda hora y media en ser procesada, para que el usuario perciba mayor rapidez, la misma hoja de cálculo debería ser calculada en una nueva máquina en, máximo, una hora y doce minutos. Si el usuario espera que la hoja sea calculada en 1 hora, puede permitirse una degradación de rendimiento de seis minutos (al 10%) y el usuario no notará una diferencia.

LA LEY WEBER-FECHNER Y LA ADQUISICIÓN DE EQUIPO NUEVO

Hay dos razones primordiales por las que se requiere adquirir equipo nuevo: 1) por obsolescencia o fallas del equipo actual o 2) por agilizar los procesos actuales. Conocer la Ley Weber-Fechner nos permite conocer con qué frecuencia, mínimo, se requiere cambiar de computadoras. De acuerdo con distintas pruebas de rendimiento en el mercado, los microprocesadores, en cada nueva familia, mejoran su rendimiento un promedio de 7.5%[122]. Eso significa que cada tres años se verá una mejora de rendimiento de 22.5%, lo cual será perceptible por el usuario. Otra buena noticia es que al hacer los cambios cada tres años, basados en la misma línea de configuración (al menos, de procesadores), el precio no aumentará de manera significativa[123] y la nueva inversión podría ayudar a calcular el ROI con mayor facilidad. Por otro lado, luego de tres años es muy factible encontrar mejoras tecnológicas significativas en los campos de la seguridad, de los buses (tecnologías de memoria, de almacenamiento

---

[122] Se toma en cuenta exactamente la misma marca y modelo de procesador a lo largo de, al menos, cinco generaciones. Por ejemplo, los procesadores A8 PRO desde los modelos 3000 hasta los 9000, o los Core i5 desde los modelos 2000 hasta los 7000. Existen saltos enormes por cambio tecnológico que pueden dar diferencias de rendimiento de más de 40%, tal como ocurre con los procesadores A8 PRO serie 9000 y los Ryzen 3 PRO serie 1000, o los Core i5 serie 7000 y los Core i5 serie 8000.
[123] En términos de dólares estadounidenses.

masivo, de ahorro de energía, etcétera) que traerían mayores beneficios a la organización.

Es así como la Ley Weber-Fechner puede ayudarnos a tomar mejores decisiones a la hora de adquirir equipos de cómputo. El secreto, entonces, es tiempo.

TIEMPOS MUERTOS DE LOS USUARIOS

Para ejemplificar lo anterior, una simple medición de tiempos muertos[124] de los usuarios permitirá tener una idea de cuánto se podría estar perdiendo en productividad y, por ende, qué tanto se podrían beneficiar equipos nuevos. Si bien no se trata de que los colaboradores se la pasen todo el tiempo pegados a sus lugares de trabajo, ciertamente hay ocasiones en las que hay pérdidas por el tiempo en que las computadoras se tardan en realizar algún proceso.

Tan solo hay que medir cuánto tiempo el usuario se la pasa esperando a que la computadora haga algo. Tomar estos tiempos, que podría requerir de un estudio realizado in situ durante una semana, se podrían evidenciar tales tiempos muertos. En estos tiempos muertos no se incluyen los descansos recomendados durante la jornada laboral (Conlin & Barber, 2017) en los que, quizá, la técnica Pomodoro pueda ser de ayuda. (Cirillo, 2018) Solo se incluyen los tiempos de espera provocados por una computadora poco adecuada.

Para este caso, se utilizaría un cronómetro para medir cuánto tiempo:
- el usuario espera para que la máquina encienda.
- pasa desde que el usuario teclea su contraseña y la sesión se inicia.
- se tarda cada programa que utiliza el usuario en abrirse.
- se tarda en abrir los documentos o archivos que necesita para su trabajo.
- se tarda, en su caso, en conectarse a los sitios Web (Intranet, Extranet, Internet) que requiere para hacer su trabajo.
- se tarda cada programa en realizar los procesos necesarios para hacer su trabajo.
- se tarda el programa en responder a las peticiones del usuario ya que está en funcionamiento.
- se tarda la máquina en realizar sus procesos de mantenimiento (actualizaciones, correcciones, etcétera).

Una vez que se tienen los tiempos, se puede hacer una suma de todos ellos para darse cuenta cuánto tiempo muerto (achacable a la computadora) tiene el colaborador.

---

[124] Se denomina "tiempo muerto" al período en improductivo provocado por inactividad o falta de aprovechamiento. También se podría usar "tiempo de espera" como sinónimo, pero solo en este caso.

Si se es un poco más exquisito, ese tiempo muerto podría confrontarse con los emolumentos del colaborador para saber cuánto dinero se está invirtiendo por los tiempos muertos involuntarios provocados por una computadora inadecuada. A ello se le puede sumar la cantidad de energía eléctrica que consume la computadora y algunos otros aspectos. Quizá el resultado dé algo en qué pensar.

QUÉ COMPUTADORA PUEDE COADYUVAR

Aquí, reitero, entra en juego la Ley Weber-Fechner (Nutter, 2010), donde los nuevos equipos de cómputo que se elijan deberían reducir los tiempos muertos involuntarios de los colaboradores provocados por una computadora inadecuada en, al menos, 20%.

Por ejemplo, si se descubre que los tiempos muertos diarios suman alrededor de 30 minutos (es un número conservador), lo mínimo que debería esperarse que se reduzcan los tiempos muertos es en seis minutos, con lo que los tiempos muertos totales quedarían en 24 minutos. Por supuesto que, si la solución de cómputo elegida reduce los tiempos muertos en más de eso, será bastante mejor, pero, también, habrá que esperar que el costo será mayor (a veces, significativamente mayor).

En principio, la integración de nueva tecnología en la Organización deberá estar orientada a reducir los tiempos muertos, reducir costos y mejorar la productividad. Es por lo que es clave tomar en cuenta los tiempos muertos.

CAPÍTULO 9

Panorama de las "pruebas de rendimiento"

"Existen las mentiras, las malditas mentiras y, luego, hay pruebas de rendimiento."
—Anon Et. Al.

En un enfoque científico, holístico, sistémico, cualitativo y cuantitativo, un programa de benchmark, simulación o prueba de rendimiento se utilizaría para experimentar y obtener resultados exactos, medibles y comprobables. La ejecución de pruebas de rendimiento realizadas de manera seria y científica es, nada menos, que una rama específica de la ciencia de la computación, dado que puede producir resultados que podrían ser matemáticamente procesados y analizados. Con estos análisis se podría coadyuvar a tomar algunas decisiones relevantes respecto a las arquitecturas de procesadores, diseño de compiladores, uso de aplicaciones y cosas por el estilo.

De hecho, un experimento científico con el apoyo de las pruebas de rendimiento debe seguir las mismas reglas básicas de cualquier actividad científica: modestia (evitar ser muy ambicioso con lo que se quiere iniciar) y sentido común, carecer de prejuicios y tendencias, un objetivo bien fijado para obtener resultados exactos y precisos, capacidad de reproducción de los experimentos, relevancia, concisión, intercambio de información, y cita de fuentes o referencias. Una prueba de rendimiento, así, debería devolver resultados documentados y cuantitativos que permitan, científicamente, analizar la mejor forma de aprovechar los recursos para obtener los mejores resultados posibles. Además, la prueba de rendimiento comprende diversas evaluaciones entre las que se incluye el tipo de componentes, su capacidad de interacción, y varios otros factores que van más allá de encerrarlo en una supuesta prueba de "rapidez".

Todo lo indicado en el párrafo anterior es, ni más ni menos, el holismo.

El problema es que lo que se ha popularizado es el enfoque del "benchmarketing", mismo que sirve a intereses comerciales. El benchmarketing obtiene sus subsidios (subvenciones, patrocinios... Dinero) de las empresas que son las que pagan para que su producto salga mejor calificado que los demás. El benchmarketing tiene un solo objetivo: demostrar que el componente o software del fabricante A es "mejor" (más rápido, más poderoso, con mejor rendimiento, con una mejor tasa de precio/rendimiento, con mejor puntaje) que la del fabricante B. Esto provoca una total falta de credibilidad en los resultados.

Ya lo mencionaba Patrick Moorhead en su artículo publicado en Forbes (2019):

> *"Las frecuencias de reloj solían ser las más importantes debido al parecido de las arquitecturas en los procesadores. Pero cuando las arquitecturas fueron diferentes, así como el IPC por núcleo y las frecuencias de reloj, estas últimas dejaron de ser confiables [...] A partir de entonces, la industria se dio cuenta que la frecuencia de reloj no era una buena manera de comparar la eficiencia o rendimiento de un procesador, sino las pruebas de rendimiento estándares".*

Con lo anterior, es fácil desprender que cuando las frecuencias de reloj eran el estándar, se "prostituyeron"; es decir, la industria encontró la forma de poner mayores frecuencias de reloj sin que esto se entendiera como un mayor rendimiento. Ahora que "la industria" ha establecido que las medidas de rendimiento son los programas de pruebas de rendimiento, simulación o benchmark, son estos los que se han prostituido.

De acuerdo con los intereses del proveedor, pueden ofrecerse programas de pruebas de rendimiento que hagan mediciones artificiales de manera que los resultados solo sirvan para "pasar una prueba", pero que podrían no satisfacer las necesidades reales de los usuarios. Existen una gran variedad de ejemplos, no solo en el ámbito del cómputo[125], donde se alteran artificialmente los resultados para ofrecer una falsa sensación de "cumplimiento". Sin embargo, los hechos pueden ser muy diferentes (Martin, 2013), y más aún si solo se ejecutan tales pruebas porque algún proveedor insistió en que ésas, y solo ésas se ejecutaran (Gregg, 2013). De hecho, las famosas pruebas de rendimiento automatizadas propenden al siguiente error: "Se ejecuta la prueba de rendimiento en A, que en los hechos mide B, y se concluye que se midió C". (Gregg, 2014)

La inspiración básica de este enfoque es una corriente griega conocida como Sofismo. El Sofismo ha tenido sus adeptos en todas las eras, pero los griegos lo convirtieron en todo un arte. Quienes hacen benchmarketing continúan con esta

---

[125] EPA, "Volkswagen Light Duty Diesel Vehicle Violations from Model Years 2009-2016", http://www.epa.gov/vw

tradición con diversos grados de éxito. Eso, sin embargo, no tiene la finalidad de apoyar al usuario, sino a los intereses de los patrocinadores e impulsar las ventas de sus productos, a establecer posicionamientos de mercado y a tergiversar los hechos. Este tipo de herramientas, de hecho, se ejecutan en tiempos muy cortos, devuelven números sin mayor explicación y exactitud, y carecen de referencias y criterios respecto a lo que se pretende del uso de los equipos. La explicación a esto último es que, si el programa de pruebas de rendimiento ofreciera referencias, entonces actuaría a favor del usuario; pero como lo que se pretende es que opere a favor de la comercialización, el único "umbral" que se ofrece es: "Entre mayor el número, mejor", aunque ello no le diga al usuario si ese resultado es bueno o malo para sus necesidades.

Cabe hacer notar que la mayor parte de estos benchmarketings se orientan al reduccionismo, donde suele destacarse el poder de un componente, un dispositivo o una sección (normalmente, la CPU) en la computadora. Sin embargo, existe una enorme cantidad de documentos y referencias que ponen en evidencia que la potencia del procesador, de manera unívoca, ya está por encima de los requerimientos de los usuarios. Ya se vio la referencia del Dr. McCalpin en el Capítulo 2, en el subtema "Memoria".

Así, los programas de pruebas de rendimiento comerciales intentan "calificar" el rendimiento de una computadora de acuerdo con un conjunto fijo de pruebas que se ejecutan en automático y en secuencias que, con frecuencia, no reflejan la forma en que el equipo será utilizado de manera cotidiana.

Es sorprendente saber lo complejo que es el correcto proceso de realización de pruebas de rendimiento, pues existen diversas posibilidades de obtener resultados equivocados, así como caer en omisiones. En el documento "A Nine Year Study of File System and Storage Benchmarking", sus autores Traeger, Zadok, Joukov y Wright (2008) lo resumen bastante bien:

> En este artículo hicimos las pruebas con 415 programas de rendimiento de sistemas de archivos y almacenamiento a partir de 106 documentos recientes. Encontramos que las pruebas más populares tenían fallas y que muchos documentos de investigación no ofrecían una clara indicación del rendimiento real.

En este documento pueden verse anotaciones de que los programas de pruebas de rendimiento deberían explicar qué es lo que prueban y por qué, además de facilitar algún tipo de referencia del rendimiento esperado. Y es que ningún programa de pruebas de rendimiento (o su resultado) puede responder fehacientemente a las siguientes preguntas: ¿Qué significan esos números o métricas? ¿Qué ponderación se utiliza? ¿Qué código está inscrito? ¿Qué bibliotecas se usaron? ¿Qué beneficio me reviste el resultado? ¿Qué valor de referencia es el adecuado? ¿Qué provoca las diferencias entre resultados? ¿Por qué de una versión a otra cambian los resultados de manera tan significativa? ¿Qué es lo que se pretende experimentar en cada prueba y en qué se aplica en mi ámbito productivo? Las interrogantes podrían continuar *ad nauseam*, pero lo cierto es que ningún programa de estos puede responder a cabalidad a cada una de ellas. Normalmente, las respuestas se dan con falacias como "son pruebas del mundo real", "son pruebas estándar de la industria", "muchos las usan" y varias otras. Y otro problema es que "la mayor parte de las pruebas de rendimiento [...] se ejecutan en un sistema vacío, lo que puede hacer que los resultados difieran de una configuración real." (Traeger, Zadok, Joukov, & Wright, 2008)

Brendan Gregg nos ofrece en su libro "Systems Performance: Enterprise and the Cloud" (2014) una interesante tabla que nos permite ver la enorme diferencia que existe en tiempos de respuesta del microprocesador comparado con el resto de los componentes del equipo. La prueba se basa en un microprocesador cualquiera que funciona a una frecuencia de reloj de 3GHz. En la columna "Equivalente humano" se ha establecido una medida inicial de tiempo que permite hacer más comprensible para el lector lo que significarían para la computadora los valores que se encuentran en la columna "Tiempo de respuesta". La columna "Veces respecto a la CPU" indica qué tanto más tardado es el componente de la fila indicada respecto a la CPU. Cabe hacer notar que el "Tiempo de respuesta" del procesador solo se refiere a un núcleo, por lo que si se realizan tareas de paralelización los tiempos pueden diferir.

Componente	Tiempo de respuesta	Equivalente humano	Veces respecto a la CPU
1 ciclo de CPU (Hz)	0.3 ns	1 s	
Caché L1	0.9 ns	3 s	3x
Caché L2	2.8 ns	9 s	9x
Caché L3	12.9 ns	43 s	43x
RAM*	14.25 ns	48 s	48x
SSD	50-150 μs	2 – 6 días	166.6Kx-500Kx
HDD	1 – 10 ms	1 – 12 meses	3.33Mx-33.3Mx
Pantalla	9 – 68 ms	11 meses – 7 años	30Mx-227Mx
CD/DVD	30 ms	>3 años	100Mx
Red	48 ms	5.5 años	173Mx
Conexión (DSL)	100 ms	11.5 años	333.3Mx
Arranque del sistema	40 s	4.6 milenios	133Gx
Reinicio del sistema	2 min	13.7 milenios	400Gx

* Se tomó en cuenta memoria RAM DDR4-2666MT/s CL19

Análisis del cuadro:

- Para darse una idea de la rapidez del microprocesador en sí, hay estudios que indican que el ojo humano puede captar una imagen[126] cada ~66ms (es decir, unas 15 imágenes por segundo[127]). Si se toma en cuenta el tiempo sugerido por el MIT[128], durante ese período un microprocesador de 3GHz de un solo núcleo habría ejecutado 39 millones de ciclos y pretendido procesar 312 millones de operaciones.
- Otra referencia podría ser la velocidad de la luz: la luz viaja alrededor de 30cm en 1ns[129]. En ese período, un procesador de 3GHz de un solo núcleo habría ejecutado 3.3 ciclos y pretendido procesar 26.4 operaciones.
- Nótese que el acceso a la RAM es 47 veces menos eficiente que el procesador. Tan solo este aspecto pone en perspectiva que casi la mitad de tiempo, un procesador de 3GHz de un núcleo estaría inactivo si tiene que aguardar datos provenientes de la RAM.
- También, nótese que el acceso al disco duro estándar es, al menos, 3.3 millones de veces menos eficiente que el microprocesador. Éste es el verdadero problema de una computadora con poca memoria RAM, dado que el sistema tendería a utilizar (o sobreutilizar) el disco duro para emular memoria RAM adicional (en un concepto que se llama "paginación"). Así, cuando se abren aplicaciones de productividad, el mayor problema de lentitud se concentra en no haber instalado suficiente memoria RAM en el sistema y, por ende, obligar al sistema a paginar en el disco duro.
- Cabe subrayar que la pantalla tampoco se salva de la lentitud. Su tiempo de respuesta es, al menos, 30 millones de veces menos eficiente que la del procesador.

Con lo anterior se comprueba por qué la configuración debe ser holística y sistémica, y por qué los programas de pruebas de rendimiento no ofrecen una idea clara de la rapidez a la que se realizan determinadas tareas. En algunos casos, los resultados pueden alterarse seriamente por agregar cantidades enormes de memoria caché al procesador y, así, ejecutar los códigos de las pruebas de rendimiento en ese espacio de memoria.

---

[126] Si bien el ojo no ve en función de "cuadros por segundo", ciertamente esta referencia permite tener una idea de los valores que se encuentran en el cuadro.

[127] Esto, de acuerdo con el teorema Nyquist–Shannon, nos permite explicarnos por qué las películas muestran 24 cuadros por segundo.

[128] El MIT tiene un estudio que establece que podría tomarle al ojo humano tan solo 13ms para ver una imagen, lo cual indicaría que vemos unas 77 imágenes por segundo. MIT News; Trafton, Anne, "In the blink of an eye", http://newsoffice.mit.edu/2014/in-the-blink-of-an-eye-0116

[129] Speed Of Light, http://www.speed-light.info/speed_of_light_variable.htm

CAPÍTULO 10

La percepción humana

"Mientras que el hardware y el software se mejoran continuamente, las capacidades humanas de percepción se mantienen inamovibles."
—Steven Seow

Cada vez que se busca una computadora que ofrezca mayor rapidez, en general las pruebas que se hacen se concentran en la computadora y pocas o nulas veces se voltea a ver al usuario. Si volvemos la vista hacia los programas de pruebas de rendimiento, sus puntuaciones están orientadas a la computadora, nunca al usuario. Es decir, sus puntuaciones no ofrecen una idea clara al usuario del tipo de rendimiento que podría esperar de este equipo.

Ahora bien, es de destacar que, en muchas ocasiones, la percepción del usuario es que los modernos equipos de cómputo lejos de contribuir con la productividad la entorpecen. También es de notar que ello se debe, como ya se ha visto, a un inadecuado proceso de configuración y pruebas.

En este sentido la percepción del usuario juega un papel importantísimo. Es de destacar que la percepción del usuario es una mezcla de expectativas, facilidad de uso, capacidades y rapidez del equipo de cómputo entregado. Cuando una solución de cómputo está bien diseñada, puede traer una alta satisfacción del usuario (aunque pueda haber algunos pequeños problemas); por el contrario, cuando la solución está mal diseñada, la percepción será mala sin importar que el equipo de cómputo integre las más altas y vanguardistas tecnologías (Vieira, 2014).

Así, el usuario es primordial. Si percibe que el equipo que se le entregó no es mejor y más rápido que el que tenía[130], es muy probable que su productividad se deteriorará,

---

[130] Ver el capítulo 8, "La importancia del rendimiento en una computadora", en lo relacionado con la ley Weber-Fechner y la regla de oro del 20%.

no solo por la máquina en sí, sino por un sentido de valoración insuficiente a su trabajo. Ilya Grigorik (2014) nos lo expone en un interesante concepto:

> Rendimiento no es solo milisegundos, cuadros y megabytes. También se refiere a cómo esos milisegundos, cuadros y megabytes se traducen en la forma en que el usuario percibe la aplicación.

Es de subrayar que cada aplicación dicta su propio conjunto de requerimientos de acuerdo con los criterios de negocios, el contexto, la expectativa del usuario y las constantes perceptuales de tiempo de procesamiento totalmente orientadas al usuario[131]. Recordemos que la expectativa del usuario se relaciona con la Ley de Maister de la satisfacción: satisfacción es la diferencia entre lo que se percibe y lo que se esperaba (Maister, 1985). Sin importar qué tanto se acelere la vida, o al menos la percepción de su aceleración, nuestros tiempos de reacción permanecen constantes. Si tomamos en cuenta que un usuario promedio ve alrededor de 15 imágenes por segundo, la siguiente tabla[132] nos puede dar una idea clara del tiempo de respuesta que espera un usuario[133], sin importar el tipo de aplicación (instalada en el equipo u online) o el medio (laptop, desktop o dispositivo móvil).

Tiempo y percepción del usuario

Retardo	Percepción del usuario
0 – 100 ms	Instantáneo
100 – 500 ms	Inmediato
500 – 1000 ms	Rápido
1 – 10 segundos	Se percibe lentitud, pero no se pierde la atención del usuario.
+10 segundos	El proceso requiere de algún aviso que indique el avance del proceso y el tiempo esperado para finalizarlo. Si no se tiene ese aviso, lo más seguro es que el usuario se alterará o pensará que el equipo se ha trabado.

Análisis del cuadro:

- En el primer caso, el usuario habría visto apenas poco más de una imagen. Es por lo que percibirá que el resultado fue instantáneo.

---

[131] Existen distintos estudios estandarizados con tiempos de respuesta objetivos: MIL-STD 1472G, ESD/MITRE, TAFIM y R. B. Miller, entre otros.

[132] Basada en el Estandar Militar MIL-1472G

[133] Puede evaluar por sí mismo los tiempos de respuesta de un usuario y hacer sus propias mediciones con ayuda de la página Human Benchmark, que mide los períodos de reacción de los usuarios de una manera simple, pero convincente. Véalo en: http://www.humanbenchmark.com/tests/reactiontime

- En el segundo caso, el usuario habrá visto poco más de siete imágenes. Es por lo que percibirá el resultado como inmediato.
- En el tercer caso, el usuario habrá visto 15 imágenes. Eso le parecerá rápido.
- En el cuarto caso, el usuario podría percibir que la máquina no responde con mucha prontitud, pero no será un pretexto suficiente para abortar el trabajo.
- En el quinto caso, es indispensable agregar cuadros o mensajes donde se indique el avance del proceso e, idealmente, el tiempo restante aproximado para terminarlo. Si no hay un mensaje de este tipo, el usuario simplemente se irritará o pensará que el equipo o la aplicación se ha trabado, con lo que se pondrá en riesgo la integridad de la información al provocar un apagado forzado del equipo o de la aplicación. A este tipo de prácticas para reducir la irritación del usuario ante la espera se le conoce como "ingeniería del tiempo", y Steven Seow tiene un libro muy interesante al respecto (Seow, 2008).

Esta tabla sin duda ofrece una idea más clara de los tiempos de respuesta y medidas esperadas por los usuarios a la hora de realizar algún proceso, y su impacto perceptual. A esto, entonces, se le conoce como "benchmark perceptual".

CAPÍTULO 11

Acciones por tomar para probar el
rendimiento

"El rendimiento del sistema es el estudio del
sistema completo, donde se incluyen todos los
componentes físicos y toda la pila de software.
—Brendan Gregg

omo ya se ha indicado en capítulos anteriores, existe un terrible problema a la hora de ejecutar un programa automatizado de simulación o prueba de rendimiento: no sabemos qué mide. La idea de este capítulo es comprender a cabalidad qué es lo que queremos medir y cómo, si es posible, podríamos hacerlo. Pero, primero, pongámonos en sintonía.

TIPOS DE PRUEBAS

A grandes rasgos, existen dos tipos de pruebas de rendimiento[134]: sintéticas y de aplicación.

Las pruebas sintéticas son aquellas que están diseñadas para probar aspectos individuales de la máquina, como alguna parte del microprocesador, de la memoria, del disco, de los gráficos, etcétera. En estas pruebas se ejecutan códigos inexpugnables para emitir una supuesta puntuación de la parte "medida" del componente evaluado o de su conjunto. Como cada elemento suele puntuarse con diferentes escalas, es difícil determinar cuál es la rapidez conjunta. Una regla es que la rapidez general será igual

---

[134] En los hechos, ambas pruebas son sintéticas, pues su automatización jamás simulará el tiempo real en que un usuario maneja la computadora.

a la del componente menos rápido, aunque esta regla solo será cierta si conocemos con precisión cuáles componentes son los que más utilizan en un determinado momento y carga de trabajo y cuál de ellos es el menos eficiente.

El problema con las pruebas sintéticas es que siempre devuelven resultados sin sentido dado que no miden tareas, digamos, "reales". Por ejemplo, las puntuaciones que se obtienen del microprocesador representarían lo que para el programa en cuestión significaría la "máxima rapidez", pero ello no se traduce a que sea la rapidez que se obtenga en la práctica. Ello es cierto con los microprocesadores que constan de varios núcleos. Las pruebas sintéticas podrían estar elaboradas para hacer uso de todos los núcleos a la vez, y existen muchas aplicaciones no están diseñadas con ello en mente, en particular las que ya tienen cierto tiempo de haber sido elaboradas o lanzadas al mercado. Es posible que este tipo de microprocesadores pueda mostrar todo su potencial en versiones modernas de aplicaciones, como: bases de datos, hojas de cálculo, o al hacer uso de una fuerte multitarea. El usuario promedio podría no percibir una diferencia en rendimiento a pesar de que las puntuaciones sean muy altas[135].

Por otro lado, las pruebas de aplicación también se han dado en llamar "Pruebas naturales" o "Pruebas del mundo real", dado que se realizan con base en aplicaciones como Microsoft Word, Microsoft Excel, LibreOffice, Adobe Photoshop y algunas otras aplicaciones de uso común. Sin embargo, hay que tener mucho cuidado con estas definiciones engañosas: las pruebas de aplicación solo tendrán algún tipo de sentido si el usuario utilizará tales aplicaciones con las mismas versiones y los mismos procesos que se estén probando, tal como se están probando y con el mismo tipo de datos y archivos que se usaron en la prueba. Cualquier diferencia puede traer resultados distintos y, por ende, una experiencia diferente para el usuario. Hay que evitar caer en la trampa de las pruebas que se autodenominan "del mundo real".

Como ya se había mencionado, lo mejor es utilizar las aplicaciones locales con una carga de datos propia para poder probar el tiempo que se tarda en la ejecución. Si bien éste podría ser un proceso engorroso, la buena noticia es que estos procesos se podrían automatizar[136] para tener una idea más cercana a lo que de veras obtendrá la organización.

---

[135] Ver las notas de PassMark en el rubro de las CPU bajo el título "Real Life Performance Comparison": https://www.cpubenchmark.net/graph_notes.html
[136] Existen diversos programas de automatización, pero uno que se destaca es AutoIt. Su gran beneficio es que es freeware y utiliza un lenguaje parecido al BASIC para programarse. Sin embargo, existen herramientas que han sido creadas para facilitar el uso de este programa y en el mismo sitio de AutoIt se integra una referencia a manera de libro de texto para aprender sus generalidades. Ver mayores detalles en: https://www.autoitscript.com/site/autoit/

CONDICIONES

En el artículo "Performance Anti-Patterns", Bart Smaalders (2006) ofrece algunas condiciones que deberían cumplirse para determinar cómo y por qué serán realizadas las pruebas. Así, una buena prueba de rendimiento debería ser:

- **Repetible**, de manera que los experimentos de comparación puedan realizarse nuevamente con relativa facilidad y con un grado razonable de exactitud y precisión.
- **Observable**, de tal suerte que si se obtiene un resultado magro, quien realice la prueba tenga alguna pista para saber el por qué. Pocas cosas son tan frustrantes como una compleja prueba de rendimiento que da por resultado solo un puntaje sin informar al usuario de los detalles del por qué se obtuvo ese puntaje.
- **Transportable**, de modo que sea posible hacer comparaciones entre los competidores, incluso si los resultados provienen de versiones anteriores. Cuando se lleva un registro del rendimiento obtenido en versiones anteriores se puede tener una idea para comprender el propio desarrollo del rendimiento.
- **Fácilmente presentada**, de forma que sea fácil para la audiencia comprender las comparativas en una presentación breve.
- **Realista**, de modo que las medidas obtenidas reflejen lo más cercanamente posible a lo que el usuario obtendrá en los hechos.
- **Ejecutable**, de manera que se puedan inferir los efectos en caso de que se realice algún cambio. Si toma días obtener los resultados de la prueba, será difícil conseguir algo como esto.

No todos los programas de pruebas automatizadas de rendimiento elegidos cumplirán con todos los criterios. Es por lo que lo más recomendable es evitar llevar a cabo o utilizar una sola prueba automatizada de rendimiento. Habría que emplear varias, al menos unas cuatro pruebas de manera que, en su conjunto, puedan responder a todos los criterios. Smaalders nos invita a elegir programas de pruebas automatizadas de rendimiento que representen, lo más fielmente, las necesidades del usuario final pues, si no, podría favorecerse a una solución equivocada. También **nos insta a resistirnos a la tentación de hacer optimizaciones en favor de obtener mejores puntuaciones en los programas de pruebas automatizadas de rendimiento**. La tentación de hacerlo siempre es mucha, y está en especial fomentada por sitios de entusiastas que realizan forzados de reloj, configuraciones específicas, modificación de controladores, modificación de parámetros en el BIOS/UEFI y en otras cosas para obtener puntajes altos y dudosos. El problema es que el resultado obtenido evidenciará las mejoras realizadas, pero no representará al común denominador de las configuraciones que se obtendrán, por lo que la experiencia del usuario podría ser terrible y ello podría llegar a afectar la confianza de los usuarios en la marca, en el proveedor o en el área de TI. Por lo general, los programas de pruebas automatizadas de rendimiento destacarán algún aspecto en particular para lo que han sido programadas a expensas de otros aspectos que no se midan, y que podrían ser importantes para el usuario final.

Así, en una prueba efectiva se debería saber: cómo se realizará, qué se medirá y el análisis y conclusiones que de ello derivarán. En lo tocante al análisis, es importante saber o comprender:

- **Una referencia**, es decir, el mínimo resultado esperado[137].
- **Qué es lo que se probará**: uno o varios programas, o uno o varios componentes.
- **Cuáles son los factores limitantes**: no es el mismo programa que se usará o la misma versión, no es la configuración adecuada, no es la versión del sistema operativo, la unidad de almacenamiento no será la misma que la que se entregará, etcétera.
- **Cualquier perturbación que podría afectar los resultados**: variaciones en la tensión eléctrica, ambientes ruidosos, red lenta, tipo de memoria distinto, cualidad distinta de pantalla, etcétera.
- **Los detalles del sistema probado**: microprocesador, RAM (cantidad, rapidez, tipo, características, configuración), unidad de almacenamiento, sistema operativo, aplicaciones, modelo del equipo, tipo de pantalla y el mecanismo de conexión al que se ha acoplado...
- **El precio**: o, al menos, el promedio del sistema probado.
- **A qué conclusiones se busca llegar** al obtener los resultados.

La referencia puede obtenerse desde algún sitio público (como UL) o generarse localmente con alguna computadora en uso que tenga la configuración adecuada para las tareas que se realizan, de modo que los resultados obtenidos en ella funjan como referencia. Será importante, a su vez, tomar nota de los detalles de configuración de esta computadora que use como referencia (de nueva cuenta, microprocesador, RAM [cantidad, rapidez, tipo, características, configuración], unidad de almacenamiento, sistema operativo, aplicaciones, modelo del equipo, tipo de pantalla y el tipo de conexión al que se ha acoplado, etcétera) para tener una idea precisa al respecto.

---

[137] Como se indicó en el Capítulo 8, "La importancia del rendimiento en una computadora", es aquí donde puede considerarse una razón degradación de rendimiento, siempre y cuando sea benéfica para los intereses de la organización. Es decir, si la referencia mínima es de 100, pero una computadora da un resultado de 90 y su precio es significativamente menor, la relación de precio/rendimiento podría traer un equipo con un rendimiento esperado, pero con un costo mucho más asequible para la organización.

CAPÍTULO 12

Protocolo para las pruebas de rendimiento

*"La mayor parte de las pruebas de rendimiento
[...] se ejecutan en un sistema vacío, lo que puede
hacer que los resultados difieran de una
configuración real."*
—Traeger, Zadok, Joukov y Wright

A continuación, se encontrará un protocolo que le podría servir de modelo para llevar a cabo pruebas de rendimiento y asegurar, en lo posible, resultados equitativos, justos y lo más acercados a sus necesidades.

DEFINIR QUIÉN REALIZARÁ Y QUIÉN ATESTIGUARÁ EL PROCESO DE PRUEBAS DE RENDIMIENTO

Se recomienda que para los procesos de configuración y ejecución de las pruebas de rendimiento no se deje solo a quien realizará la prueba. Si quien realizará la prueba es algún tercero, se requiere nombrar a alguien que testifique y que anote lo movimientos que realice quien haga la prueba (incluso, sus procesos de configuración y puesta a punto). Como se mencionó en el Capítulo 11, "Acciones por tomar para probar el rendimiento", en muchas ocasiones se cede a la tentación de hacer "configuraciones especiales" con la finalidad de obtener un mejor resultado en la prueba o las pruebas. El proceso de configuración debería ser abierto, evidente, claro, reproducible. Si quien va a hacer la prueba se niega a compartir los detalles del proceso de configuración, será mejor que se haga una anotación al respecto pues algo dudoso podría estar ocurriendo allí. Una vez que se haga la configuración, el testigo también deberá anotar cualquier cambio o modificación que realice quien haga la prueba luego de ejecutar cada evaluación de rendimiento. Si se cuenta con un protocolo de pruebas detallado, quien realice la prueba no deberá violarlo para ganar la contienda. Quien ejecute la prueba y el testigo no deberán ser la misma persona, en especial si, como ya se dijo, quien ejecute la prueba es un externo.

DEFINIR CONFIGURACIONES COMUNES

No importa la marca del hardware ofrecido, todas las máquinas deberán cumplir con el criterio mínimo exigido en la configuración.

- Si fueron solicitados microprocesadores con cuatro núcleos físicos (y, en su caso, con SMT), todos los equipos deberán tener este tipo de procesadores.
- Si se pidió cierta cantidad, características y configuración de memoria RAM, se deberá verificar que todos los equipos tengan exactamente la misma configuración. En su caso, habrá que tomar nota de cualquier diferencia[138]:
  - Tamaño[139]
  - Tasa de transferencia (MT/s)
  - Sincronizaciones y latencias (CAS, RAS, tRAS, tRC, Frecuencia).
  - Canal simple o doble canal
- Si se solicitó cierto tipo de unidad de almacenamiento masivo, debe verificarse que todas las computadoras lo incluyan (habrá que tomar en cuenta cualquier diferencia de transferencia, tiempo de búsqueda y de escritura. Conocer la marca y el modelo de la unidad de almacenamiento puede arrojar algunos datos interesantes si se consulta su documentación en el sitio Web del fabricante)[140].
  - Discos duros estándar: 5400RPM, 7200RPM, 10000RPM, SSHD.
  - SSD: SATA-III, M.2 SATA, M.2 PCIe, o NVMe.

---

[138] Las diferencias en características, tiempos y configuración de canales podrían traer variaciones de rendimiento hasta del ~30%.
[139] Luego de 8GB, de acuerdo con el tipo de prueba de rendimiento, podría no haber mucha diferencia en los resultados de la prueba. Si la prueba que se ejecutará maneja una enorme cantidad de datos, entonces la cantidad de memoria también influirá en el resultado de la prueba.
[140] Durante las pruebas de rendimiento, el tamaño de la unidad de almacenamiento podría no ser importante luego de 500GB en el caso de los discos duros, y de 256GB en el caso de las SSD. Lo que en los hechos importa es la tasa de transferencia, los tiempos de búsqueda y los de escritura.

- El chip gráfico que cumpla con el Shader Model 6.1 (DirectX 12.1) para Windows 10.
  - Si se usará Windows 7, debe cumplir con Shader Model 5 (DirectX 11)
- La pantalla deberá tener exactamente las mismas características en cada computadora[141]:
  - Tiempos de refresco.
  - Tiempos de respuesta (ms).
  - Resolución (mayores resoluciones podrían dar resultados bajos en las pruebas de rendimiento).
  - Profundidad de color.
  - Tipo de conexión (VGA, HDMI, DVI o DisplayPort, y sus versiones).
- El sistema operativo deberá ser de la misma versión y compilación:
  - En Windows podrá ver la versión y compilación al teclear winver y oprimir "Enter" en el cuadro de Cortana, o al oprimir la combinación "Windows+R" para que aparezca la ventana Ejecutar y escribir winver y oprimir "Enter" allí.
- **Toda computadora deberá tener instalados solo los controladores o drivers actuales aprobados por el fabricante del equipo.** *No se debe permitir el uso de controladores especiales o modificados provistos exclusivamente por el fabricante de alguno de los componentes de la máquina pues se pueden alterar los resultados.* Hay que evitar el uso de controladores distintos a los que el fabricante del equipo tiene validados y disponibles en su sitio Web o en sus herramientas de configuración. Si bien un controlador alterado puede ofrecer un puntaje alto en una prueba automatizada de rendimiento, su estabilidad y su funcionalidad no estará certificada por el fabricante del equipo y, seguramente, no será el controlador que se proveerá con el equipo que será entregado.
- Toda computadora deberá estar configurada en el modo de energía *Equilibrado* de las *Opciones de energía*. Ésta sería la forma en que la máquina será utilizada en el entorno productivo y, por ende, la que arrojaría los resultados más acercados al uso que se dará al equipo.
- Se recomienda que se instalen las aplicaciones que el usuario final por lo regular integra en para su productividad. No importa que no sean utilizadas en las pruebas, de lo que se trata es de emular la forma en que el equipo será configurado y entregado al usuario final[142].
- Se recomienda instalar cualquier otro software que el usuario requiera, como antivirus o herramientas diversas propias de la imagen de referencia corporativa. Con ello se habrá emulado la imagen de referencia corporativa, casi tal como el usuario final recibirá y usará el equipo.

---

[141] Las diferencias en la pantalla, como tamaño, tasa de refresco, tipo de conexión, etcétera, también pueden afectar los resultados de las pruebas.
[142] La instalación de las aplicaciones asegura que el dispositivo de almacenamiento no esté vacío y, con ello, se tenga un tiempo de respuesta que el usuario experimentará. Una unidad de almacenamiento vacía usualmente es más rápida que una que cuenta con información grabada.

- Para terminar, se deben instalar los programas o datos que se usarán en las pruebas automatizadas de rendimiento.

EJECUCIÓN DE LAS PRUEBAS DE RENDIMIENTO

Una vez que se hayan instalado los equipos, se recomienda realizar pruebas "en caliente". Una prueba "en caliente" requiere que un ingeniero tome nota de lo que ocurra durante la prueba: fragmentos saltados de la prueba, partes inexistentes, comportamientos inesperados de la pantalla, imágenes o figuras que estén mal dibujadas, y cosas por el estilo. Tales anomalías deberán anotarse y reportarse. Se sugiere evitar la realización de las pruebas "en frío" (que es ejecutar el programa, irse y regresar solo para anotar la puntuación resultante), dado que no habrá evidencia de algún comportamiento extraño durante la prueba. Como ya se indicó, existen formas de manipular los resultados de las pruebas de rendimiento; y la mejor forma de que este tipo de cosas sucedan es hacer las pruebas "en frío".

Dado que los resultados de las pruebas de rendimiento pueden tener variaciones entre 5 a 20%, se recomienda ejecutar cada prueba al menos tres veces. En cada vez, deberá reiniciarse la computadora, esperar unos cinco minutos luego que aparezca el escritorio del sistema operativo y, entonces, ejecutar la prueba nuevamente. Luego de que se obtenga el resultado de cada prueba, se recomienda hacer una captura de pantalla del resultado a modo de evidencia. Esto debería hacerse con cada programa de prueba de rendimiento que se ejecute.

NORMALIZAR Y ANALIZAR LOS RESULTADOS

De acuerdo con los criterios que se tengan, los resultados obtenidos de cada batería de evaluaciones realizada con cada prueba de rendimiento pueden promediarse, o tomar en cuenta los valores más altos, o los más bajos. Sin importar lo que se elija, se recomienda que se siga ese criterio con todas las pruebas de rendimiento que se ejecuten. Es recomendable generar promedios de los resultados obtenidos en cada ejecución de la prueba de rendimiento que se trate.

Métricas

Ahora bien, debido a que, es común que los resultados se ofrezcan en diferentes escalas, por lo que no será posible promediarlos. Ha habido largos debates para determinar cuál es la mejor forma de obtener una figura de mérito de los resultados.

Existen especialistas que claman por la Media Geométrica, otros por la Media Geométrica Ponderada, otros por la Media Armónica, y otros por la Media Armónica Ponderada (Nambiar & Poess, 2016). Puede optarse por cada uno de esos criterios bajo las siguientes condiciones:

- **La media geométrica será útil si las computadoras harán un uso indistinto de lo medido en cada prueba de rendimiento**; es decir, cuando las compras serán de equipos que se usarán en propósitos generales. La media geométrica es de uso común en distintos programas de pruebas de rendimiento como los programas de SPEC.
- **La media geométrica ponderada tenderá a darle un peso a cada resultado obtenido.** Esto será útil con equipos donde se sabrá que el mayor uso se orientará a determinadas actividades, por lo que el peso del resultado será mayor en aquellas pruebas donde se amerite.
- **La media armónica tiende a obtener una figura de mérito que es igual al recíproco (o inverso) de la media aritmética.** Este tipo de media se recomienda para promediar rapidez dado que se ve poco influida por la existencia de determinados picos de valores respecto al conjunto de los otros, y el cambio es más sensible a valores menores que el conjunto. Sin embargo, dado que los valores otorgados en pruebas de rendimiento estándar no se refieren a rapidez, sino a puntuación, la media armónica puede devolver un resultado carente de sentido.
- **La media armónica ponderada**, como en el caso de la ponderación a la media geométrica, **tenderá a darle un peso a cada resultado obtenido de acuerdo con el uso previsto de cada prueba por los usuarios**.

Para el caso que nos ocupa, nos decantaremos por la media geométrica[143] pues se asume que cada prueba elegida refleja un uso general de la computadora. Véase el siguiente cuadro de ejemplo que parte del hecho de haber realizado cuatro distintas pruebas que arrojan distintas escalas de valores en tres diferentes computadoras:

Resultados directos (más es mejor)

Prueba	Referencia	Compu. 1	Compu. 2	Compu. 3
Prueba 1	200	202	198	230
Prueba 2	30	25	45	33
Prueba 3	1050	1200	1050	1000
Prueba 4	110	130	135	139
Media Geom.	162	168	189	180

---

[143] La media geométrica se utiliza cuando se comparan valores con diferentes escalas, con lo que se obtiene una "figura de mérito" de todos ellos. La media geométrica normaliza los rangos por promediar de modo que ninguno de ellos tenga un mayor peso. De esa forma, cualquier cambio en alguno de los valores tendrá el mismo peso en la media geométrica. Se calcula: $(\prod_{i=1}^{n} x_i)^{\frac{1}{n}}$ o utilice la función Media.Geom() de Excel.

Nótese del cuadro anterior cómo la media geométrica permite tener una rápida fotografía de la figura de mérito y, por ende, determinar, de un solo vistazo, cuál es el equipo más rápido en general. Lo que se esperaba, de acuerdo con la columna "Referencia", es obtener un equipo que tuviera una figura de mérito de todas las pruebas de 162 puntos. Todas las computadoras probadas ofrecen mayores puntuaciones que la mínima esperada y, de antemano, eso las convierte a todas en una buena compra.

Luego de obtener los resultados finales, pueden ser normalizados. Es decir, puede tomarse como pivote el valor base que se tiene como referencia de manera que los demás resultados reflejen en qué proporción son mayores o menores que la referencia dada. Al normalizar los valores, ahora obtendríamos uniformidad en la escala (todas se basarían en el 100%). Así, ahora podría calcularse el promedio y corroborar si la media geométrica ofreció figuras de mérito apropiadas. Si tomamos como base los valores anteriores, al ser normalizados el resultado quedaría como en la siguiente tabla:

Resultados normalizados (más es mejor)

Prueba	Referencia	Compu. 1	Compu. 2	Compu. 3
Prueba 1	100%	101%	99%	115%
Prueba 2	100%	83%	150%	110%
Prueba 3	100%	114%	100%	95%
Prueba 4	100%	118%	123%	126%
Promedio	100%	104%	118%	112%

Al normalizar los valores, queda claro en qué pruebas es más fuerte cada configuración de máquina. En ningún caso los valores promediados están por encima de 20%, por lo que el usuario no percibirá diferencias. Ahora bien, los resultados obtenidos no superan, entre sí, el 20%, por lo que sería indistinto adquirir cualquiera de las máquinas, dado que todas cumplen o superan el mínimo requerido.

Mediante simples cálculos, estos valores pueden ser también convertidos a tiempos para darse una idea todavía más clara. Como lo vimos en el Capítulo 8, lo que la gente percibe es el tiempo, no las puntuaciones. Si bien las magnitudes en las diferencias ofrecen una posible idea, la verdad es que tener tiempos puede facilitar mucho más la visión del plazo que se ahorrarían los usuarios al realizar cada prueba.

Supongamos que, en el equipo de referencia, cada prueba se tomaba 10 minutos en ser realizada. ¿Cuánto se tomaría cada prueba en las demás máquinas? Nuevamente, debido a que todos los resultados estarán basados en la misma escala (tiempo), podemos calcular promedio y hasta la suma de tiempos para darnos una idea del lapso total. De nuevo, nos basaremos en los datos previos para la siguiente tabla:

Tabla de conversión a tiempos (valores en minutos) (menos es mejor)

Prueba	Referencia	Compu. 1	Compu. 2	Compu. 3
Prueba 1	10:00	9:54	10:06	8:42
Prueba 2	10:00	12:00	6:40	9:05
Prueba 3	10:00	8:45	10:00	10:30
Prueba 4	10:00	8:28	8:09	7:55
Promedio	10:00	9:47	8:44	9:03
Suma de tiempo	40:00	39:07	34:55	36:12

Al ver la anterior tabla de conversión a tiempos, podemos darnos cuenta por qué se requiere, mínimo, de un 20% de diferencia para que el usuario pueda notar un cambio. Es prácticamente indistinto si un proceso se tarda, en promedio, 8:44 minutos o si se tarda 9:47 minutos. La diferencia de 1.03 minutos no se percibe cuando un proceso se tarda ese tiempo (igual, la máquina se va a dejar realizando el proceso a que se refiera). Si esto lo ponderamos a tiempos menores, por ejemplo, que el proceso se tarde, apenas, unos 10 segundos, la diferencia de tiempo entre la Computadora 1 (la menos rápida) y la Computadora 2 (la más rápida) sería de, apenas, un segundo. Véase la siguiente tabla:

Tabla de conversión a tiempos (valores en minutos) (menos es mejor)

Prueba	Referencia	Compu. 1	Compu. 2	Compu. 3
Prueba 1	00:10	0:10	0:10	0:09
Prueba 2	00:10	0:12	0:07	0:09
Prueba 3	00:10	0:09	0:10	0:11
Prueba 4	00:10	0:08	0:08	0:08
Promedio	00:10	0:10	0:09	0:09
Suma de tiempo	00:40	00:39	0:35	0:36

Así, es claro que entre menos tarden los procesos, menos será evidente alguna diferencia de tiempo. Y cuando los procesos tardan mucho tiempo, la computadora igual se deja realizando el proceso y es indistinto, para todo efecto práctico, si termina un minuto antes o no. Así, este cuadro deja bien en claro el por qué, con ayuda de la ley Weber-Fechner, se determinó que la magnitud mínima de **jnd** en el campo de rapidez de las computadoras, fuera de 20%: la magnitud que se requiere de variación para que un usuario la perciba.

Al final, con la ayuda del precio de las computadoras, también podrá calcularse cuál de los equipos evaluados tiene la mejor razón de precio/rendimiento. Esto puede calcularse de acuerdo con el cuadro de resultados homologados. Para que este cálculo sea exitoso, también debe tenerse una idea del precio del equipo utilizado como referencia. Si tenemos el precio del equipo de referencia, cada proceso de cada prueba nos costaría, con exactitud, el precio del equipo. Ahora bien, de acuerdo con los valores homologados en porcentaje, podríamos calcular, con base en el precio de cada equipo, cuánto en los hechos nos cuesta cada proceso y determinar, con ello, si el tiempo que nos ahorra es más asequible. Analícese el siguiente cuadro (precios figurados en US Dólares).

Tabla de precio/rendimiento (valores en US Dólares) (menos es mejor)

Prueba	Referencia	Compu. 1	Compu. 2	Compu. 3
Precio:	$835.00	$921.00	$1,250.00	$901.00
Prueba 1	$835.00	$911.88	$1,262.63	$783.48
Prueba 2	$835.00	$1,105.20	$833.33	$901.00
Prueba 3	$835.00	$805.88	$1,250.00	$946.05
Prueba 4	$835.00	$779.31	$1,018.52	$713.02
Promedio	$835.00	$904.65	$1,122.90	$832.53

El cuadro anterior merece un análisis detallado:

- Como ya vimos en el cuadro de homologación de resultados, los equipos ponen en evidencia qué tan rápidos son con respecto a la referencia establecida.
- Basado en esa diferencia de velocidad, y a sabiendas del precio del equipo, contrastamos el precio contra la mejora en velocidad para obtener cuánto, en los hechos, termina costando la mejora en el proceso. Si la relación precio/rendimiento es, al menos, la misma que el de nuestro equipo de referencia, entonces tenemos una mejora de rendimiento, pero no una reducción de precio. Si la relación precio/rendimiento es menor al precio de nuestro equipo de referencia, entonces no solo estamos obteniendo un equipo más rápido, sino que eso nos está ahorrando dinero (independientemente del precio real del equipo). Por último, si el precio/rendimiento es superior al de nuestro equipo de referencia, entonces estamos teniendo mayor rapidez, pero eso nos está costando más.
  - Por ejemplo, en la Computadora 1 en la Prueba 1 (que es 1% más rápida que el valor de referencia), vemos que esa mejora del 1% no corresponde con el precio del equipo, pues el precio/rendimiento es 9% superior. Es decir, la diferencia de precio no corresponde con la diferencia de rendimiento.
  - Otro caso es la Computadora 2 *en la Prueba 2*, donde a pesar de ser la computadora ostensiblemente más cara, en la Prueba 2 resulta que es más económica en su relación precio/rendimiento que el equipo de referencia.

- El promedio de las relaciones precio/rendimiento nos permite, al final, tener una idea más clara del costo real del equipo con base en la rapidez que está presentando. La idea es que, en promedio, el equipo tenga el mismo o menor precio que el equipo de referencia. Si esto no se cumple, entonces habrá que analizar por qué los equipos ofrecidos son más costosos en términos de precio/rendimiento.

Al homologar en una tabla los resultados anteriores de relación precio/rendimiento, quedará mucho más claro cuál es la mejor compra. Al final, en lugar de un promedio, se calcula el delta, es decir la diferencia de cada uno de los promedios de precio/rendimiento respecto al precio de referencia. El delta o variación también se calcula en los diferentes precios para tener una idea clara de la oscilación de precios respecto al de referencia:

Tabla de homologación de precio/rendimiento (menos es mejor)

Prueba	Referencia	Compu. 1	Compu. 2	Compu. 3
Delta precios	100%	110%	150%	108%
Prueba 1	100%	109%	151%	94%
Prueba 2	100%	132%	100%	98%
Prueba 3	100%	97%	150%	113%
Prueba 4	100%	93%	122%	85%
Delta P/R	100%	108%	134%	100%

Con lo anterior, el análisis de precio/rendimiento nos deja en claro cuál debería ser el equipo ganador: la computadora 3. Es decir, obtenemos 12% de mejora respecto al valor de referencia; y aunque el precio final por pagar es 8% superior al del equipo de referencia, el beneficio de precio/rendimiento es ligeramente mejor (99.7%, que en esta tabla se ha redondeado a 100%). Así, nuestra mejor inversión es adquirir la Computadora 3. En el caso de la computadora 1, una mejora marginal del 4% no justifica pagar 10% más por ella. En el caso de la computadora 2, si bien la mejora general de rendimiento se acerca al hito del 20%, pagar 50% más por ella no justifica la inversión.

Cabría analizar el resto de las características (cumplimiento de normas militares, de certificaciones, y varios otros aspectos) para tener un criterio claro y determinar, más allá de las pruebas de rapidez, si el precio del equipo corresponde a lo que se entrega.

CAPÍTULO 13

Descripción de algunos de los distintos programas de pruebas de rendimiento disponibles en el mercado

"El software y las cargas de trabajo utilizadas en las pruebas de rendimiento podrían haberse optimizado para el rendimiento solo en [determinadas plataformas]. Las pruebas de rendimiento [...] se miden utilizando sistemas de cómputo, componentes, software, operaciones y funciones específicos. Cualquier cambio en cualquiera de estos factores puede provocar que los resultados varíen. Usted debe consultar mayor información y otras pruebas de rendimiento para ayudarle a evaluar por completo su venidera compra, incluso el rendimiento de ese equipo cuando se combina con otros productos."
—Resolución FTC, expediente No. 9341

El mundo de las pruebas de rendimiento es un eterno misterio. Como está establecido por la Comisión Federal de Competencia de los Estados Unidos de América (2010), el software y las cargas de trabajo utilizados en las pruebas de rendimiento pueden haberse optimizado para el rendimiento solo en determinadas plataformas, y bajo ciertas condiciones. Lo cierto es que jamás las circunstancias de una prueba de rendimiento igualarán las del uso cotidiano. Dado que los sistemas operativos y las aplicaciones utilizan los recursos del sistema más allá de la CPU, el rendimiento debe medirse con más de una prueba unívoca. En los casos donde no se puedan analizar personalmente las aplicaciones y archivos en las maquinas ofertadas, se recomienda[144] utilizar varios programas de pruebas de rendimiento que se especialicen en las diferentes funcionalidades, y, así, obtener un resultado integral.

A continuación, se encontrará apenas un puñado de pruebas de rendimiento de acceso público o comercial con la descripción de lo que pretenden medir y la utilidad de lo que miden para la productividad de la organización. En los hechos, existen una multitud de programas de pruebas de rendimiento, pero la mayoría se orientan a los juegos o a cuestiones que no se relacionan, ni por asomo, a la productividad. También será muy importante investigar si tales pruebas tienen patrocinadores con la finalidad de hacerse de una idea del posible sesgo que tendrían los resultados obtenidos de ellas[145].

SYSMARK

Éste es un programa de pruebas de rendimiento con costo que es producido, desde 1991, por Business Application Performance Corporation (BAPCo). En su sitio Web declaran ser un consorcio sin fines de lucro de fabricantes de hardware y semiconductores cuya finalidad es la de desarrollar y distribuir un conjunto de programas de pruebas de rendimiento objetivas basado en aplicaciones populares de cómputo y sistemas operativos estándares en la industria.

Utilidad de las pruebas

Las pruebas de SYSmark, que al momento de este escrito estaban en la versión 2018, son del tipo "aplicación", donde se cargan determinados programas, como Microsoft Excel, Microsoft Word, Adobe Acrobat y Winzip, entre otros, y de manera automatizada se realizan tareas cuyo tiempo de finalización se puntúa. Las cargas de trabajo asignadas se establecen, de acuerdo con la documentación, con base en

---

[144] De acuerdo con la FTC

[145] En México el requerimiento de diversas pruebas de rendimiento fue instaurado por una instancia mexicana especializada en hidrocarburos para la compra de equipos cuyo uso se orientaría a diversos fines. Entre los requerimientos se encuentra que las pruebas ofrezcan una versión libre o de prueba que permita realizar las evaluaciones y que plasmen sus resultados de manera pública en alguna página Web.

patrones de uso de los usuarios de negocios[146]. Los resultados de las pruebas se ven reflejados en una puntuación[147] que se obtiene a partir del tiempo de respuesta para ejecutar cada prueba. SYSmark cuenta con cuatro escenarios (Office Productivity, Media Creation, Data/Financial Analysis y Responsiveness). Para obtener la puntuación final se calcula la media geométrica de cada uno de los escenarios.

Tentativamente, la utilidad de las pruebas se refleja en los escenarios que propone: productividad de oficina, creación de medios, análisis de datos o financiero, y capacidad de respuesta. La puntuación general pretende reflejar la figura de mérito[148] de la eficiencia de la computadora al tomar en cuenta todos los esquemas reflejados en cada escenario, o puede tomarse solo la puntuación correspondiente al escenario que interese. Así, la utilidad de su puntuación pretende reflejar el uso de "aplicaciones de uso común" en distintos escenarios y en un esquema global.

Controversia
SYSmark no ha dejado de estar en el ojo del huracán de la controversia, pues una y otra vez se ha puesto en perspectiva la absoluta influencia de un fabricante de semiconductores en particular, mismo que parece ser beneficiado de manera importante por los resultados de estas simulaciones[149] [150] [151] [152], al grado que la FTC le obligó a colocar una leyenda donde se especificara posible sesgo que este tipo de pruebas de rendimiento le significan[153]. De hecho, en la página donde se destaca a los miembros de BAPCo, se ve claramente que el único fabricante de semiconductores que allí se encuentra es Intel:

---

[146] Aunque no se aclara en ningún lugar de dónde se obtuvieron tales patrones o a qué se refieren esos patrones.
[147] Tampoco se aclara cuál es el criterio para obtener tal puntuación, aunque ponen una referencia de acuerdo con cierto equipo de cómputo que tiene una puntuación de 1000.
[148] El resultado de una media geométrica.
[149]
http://www.vanshardware.com/articles/2001/august/010814_Intel_SysMark/010814_Intel_Sys Mark.htm
[150]
http://www.vanshardware.com/reviews/2002/08/020822_AthlonXP2600/020822_AthlonXP260 0.htm
[151] http://www.theinquirer.net/en/inquirer/news/2002/09/16/is-bapco-damaged-goods
[152] https://www.pcworld.com/article/3023373/hardware/amd-accuses-bapco-and-intel-of-cheating-with-sysmark-benchmarks.html
[153] https://www.intel.com/content/www/us/en/benchmarks/benchmark.html

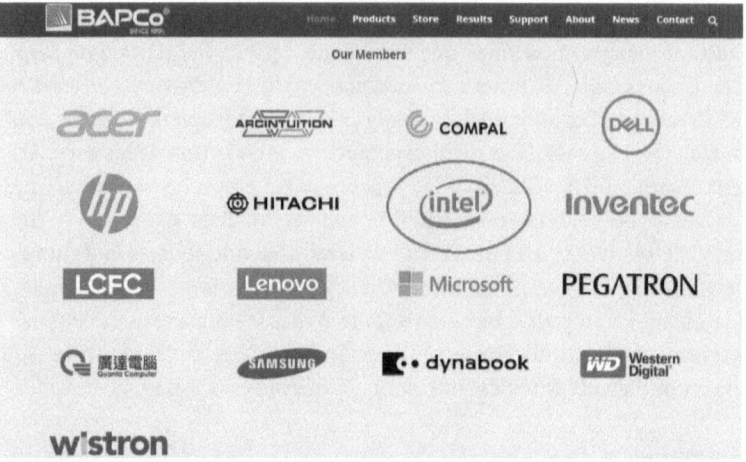

Fuente: Captura de pantalla de la página Web de BAPCo en www.bapco.com

Todas ellas son señales que nos indican que los resultados podrían no ser equitativos a la hora de evaluar equipos de cómputo con diferentes tecnologías internas. Queda a la consideración personal el uso de este programa, aunque ver involucrada a la FTC es una señal que debe tenerse en cuenta.

PERFORMANCE TEST

Este programa, desarrollado por Passmark, realiza pruebas de tipo sintético. En ellas se ejecutan códigos indeterminados en los diversos componentes de la computadora (procesador, RAM, gráficos 2D y 3D y unidad de almacenamiento) para obtener una puntuación por cada componente y en general. En su sitio Web declaran ser un desarrollador independiente de software establecido en 1998 y que se encuentra en Sydney, Australia, con oficinas en California, Estados Unidos.

Utilidad de las pruebas

En el sitio Web de Passmark se clama que las pruebas del PerformanceTest permiten obtener una evaluación de rendimiento objetiva de una PC de acuerdo con diferentes pruebas de rapidez, con la posibilidad de comparar los resultados con otras computadoras. Establecen que se realizan 32 pruebas estándar agrupadas en cinco juegos o grupos. Se apunta que las pruebas son las siguientes:

- Pruebas de CPU: operaciones matemáticas, compresión, cifrado y física.

- Pruebas de gráficos 2D: vectores, mapas de bits, tipos de letra, texto y elementos gráficos.
- Pruebas de gráficos 3D: tecnologías DirectX 9 a DirectX 12 en resolución 4K, DirectCompute y OpenCL.
- Pruebas de disco: lectura, escritura y búsqueda de archivos, IOPS.
- Pruebas de memoria: velocidad y latencia de acceso a la memoria.

La puntuación se obtiene de una serie de fórmulas que se ponderan en cada grupo[154] y que, a su vez, se ponderan[155] en la puntuación final. Si bien en el sitio Web de Passmark y en la ayuda de PerformanceTest vienen especificaciones de las fórmulas usadas para obtener las puntuaciones de cada grupo, lo cierto es que es un misterio el código subyacente y el detalle de las pruebas realizadas.

Con todo, por lo general se toman los resultados de las pruebas de rendimiento de la CPU[156] y de la GPU[157] a manera de comparativos con otros microprocesadores y procesadores gráficos.

Controversia

Al ser pruebas sintéticas, es sabido que no ejecutan un código estándar y que se usan para obtener una puntuación que pueda ser comparada con otras, pero que no reflejan la forma en que la productividad del usuario podría mejorarse. En el propio sitio Web de Passmark se encuentra el siguiente texto que hace algunas aclaraciones respecto a, por ejemplo, los resultados obtenidos en las pruebas de la CPU[158] :

> *La puntuación de la CPU que aquí se ofrece pretende representar su máximo desempeño y no necesariamente el desempeño obtenido en el mundo real con determinadas aplicaciones de software. Esto es especialmente cierto en el caso de las CPU con varios núcleos [...]. Aunque la prueba de Passmark fue diseñada para hacer uso de todos los núcleos a la vez, muchas aplicaciones no están diseñadas con esto en mente, en especial las más antiguas. A diferencia de los sistemas de un solo núcleo, estos solo mostrarán todo su potencial en situaciones de alto rendimiento como en Servidores Web o cuando se realiza una fuerte multitarea. El usuario promedio podría no percibir alguna diferencia de rendimiento.*

Así, aunque se obtenga una puntuación, los resultados no se pueden tomar como base para hacer una comparativa bien fundamentada.

---

[154] Ver: https://www.passmark.com/forum/performancetest/4599-formula-cpu-mark-memory-mark-and-disk-mark?p=25883#post25883
[155] Ver: https://www.passmark.com/forum/performancetest/4200-how-are-the-tests-results-averaged?p=24596#post24596 o la ayuda de PerformanceTest.
[156] Ver: https://www.cpubenchmark.net/cpu_list.php
[157] Ver: https://www.videocardbenchmark.net/gpu_list.php
[158] Ver: https://www.cpubenchmark.net/graph_notes.html

Otro de los aspectos es que, de acuerdo con la información acerca de la empresa, Passmark muestra ser asociado de Microsoft y de Intel Software:

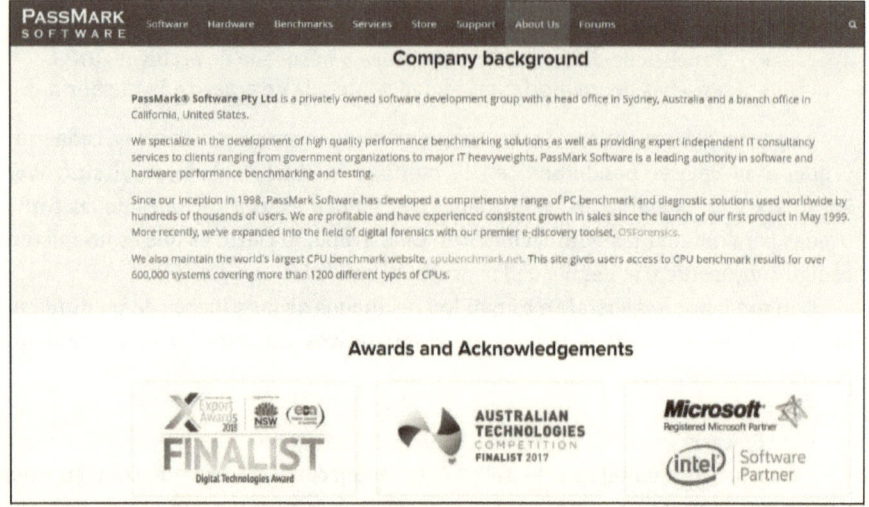

Fuente: captura de pantalla de la página de Passmark.

Ello también podría tener un cierto peso en el tipo de resultados, mismo que es viable obtener, no tanto por lo relacionado con Microsoft.

USER BENCHMARK

Este programa no se sabe quién lo desarrolla, y aunque dice que cuenta con un correo de soporte, no tienen a responder a las consultas que se les hacen. Claman ser un equipo independiente de científicos e ingenieros que no tienen tiempo para hacer relaciones públicas o marketing. También, claman realizar pruebas basadas en "rendimiento del mundo real", aunque su estructura es, de manera evidente, de tipo sintético.

Utilidad de las pruebas
De acuerdo con la página Web de UserBenchmark, se indica que se realizan distintos tipos de evaluaciones de la siguiente forma:
- **Pruebas de CPU**: enteros, punto flotante y cadenas.
- **Pruebas de GPU**: seis simulaciones de juegos 3D

- **Unidad de almacenamiento**: lectura, escritura, escritura sostenida y mezcla de E/S.
- **Memoria RAM**: tasa de transferencia y latencia tanto de un núcleo como multinúcleo.

Al navegar por los distintos hipervínculos donde se mide cada componente, no hay una documentación precisa que indique qué se mide y cómo. Salta a la vista que no hay mayores detalles de cómo se realizan los cálculos y el por qué claman en el sitio que se trata del "mundo real", cuando no indican a qué le llaman así.

Controversia

A partir de mediados del año 2019, se modificó de manera unilateral la ponderación de los resultados de los procesadores (muy en particular, en lo que se refiere a los multinúcleos). Ello trajo consigo que procesadores Core i3 tuvieran mayor puntaje que los Core i9, como se puede ver en la siguiente imagen:

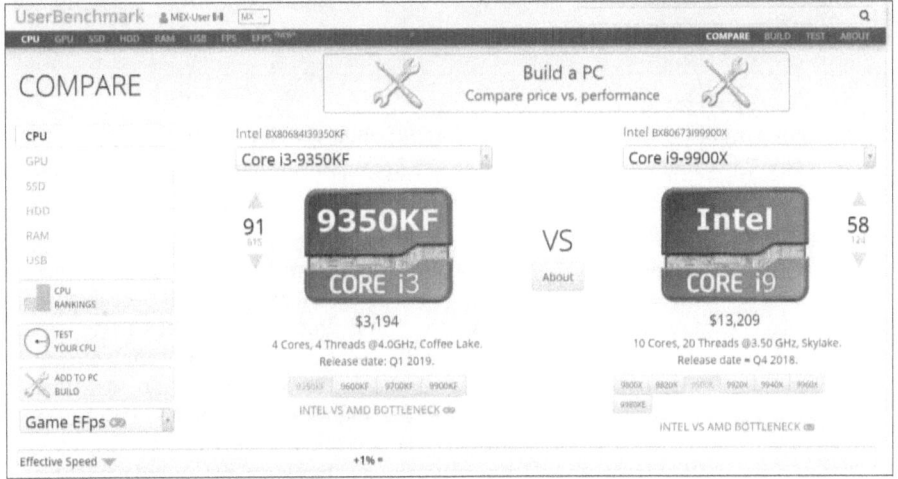

Fuente: Captura de pantalla del sitio UserBenchmark en cpu.userbenchmark.com.

Es inverosímil, por cualquier lado de rendimiento que se le vea, que un procesador Core i3 aparezca 1% por encima de un Core i9, cuando las diferencias en prácticamente cualquier otro programa fluctúan entre 2.7x y 3x en favor del Core i9. Por añadidura, en su página hacen lo posible, no por explicar sus métodos, sino por descalificar el aluvión de opiniones en contra de estas medidas que, si de por sí, este tipo de programas no cuenta con mucha credibilidad, ello no hace más que sumar a su descrédito.

Hay otros programas de pruebas sintéticas con diversos grados de complejidad y códigos y puntuaciones igual de oscuros e inexpugnables, como SiSoftware Sandra,

SuperPI, LightsMark, HD Tune, HD Tach, I/O Meter, Crystalmark, Aida, Whetstone, Dhrystone, GeekBench, etcétera.

COMPUBENCH

Este programa, desarrollado por Kishonti, realiza pruebas de tipo sintético. En ellas se ejecutan códigos indeterminados que miden el cómputo heterogéneo propio de los modernos sistemas. En su sitio Web declaran ser especialistas en gráficos de alto rendimiento, en cómputo, y en soluciones orientadas al ámbito automotriz y de cómputo visual. Indican que ofrecen análisis de rendimiento en cómputo y gráficos tridimensionales para las empresas, particularmente en el campo del cómputo visual. Indican ser miembros del grupo Khronos y de HSA Foundation. Declaran ser una empresa de financiación privada que se encuentra en Budapest, Hungría.

Utilidad de las pruebas

Se cuenta con dos versiones de CompuBench que hacen una batería distinta de pruebas. La versión 1.5 ha demostrado ser la que más se acerca al ámbito productivo, debido al tipo de cálculos se realiza. Dicha versión tiene las siguientes pruebas, todas orientadas a cómputo heterogéneo

- **Face detection**: se basa en el algoritmo Viola–Jones. La detección de rostros se utiliza mucho en biométricos y en el procesamiento de imágenes digitales para determinar ubicaciones y tamaño de los rostros humanos en imágenes digitales. Métrica de resultado: mpixel/seg
- **TV-L1 Optical Flow**: se fundamenta en el cálculo del vector en movimiento denso a través del método variacional. El flujo óptico es ampliamente utilizado para la compresión de vídeo y para mejorar su calidad de vídeo en situaciones basadas en la visualización por computadora, como sistemas de asistencia al conductor o la detección del movimiento. Métrica de resultado: mpixel/seg
- **Ocean Surface Simulation**: prueba del algoritmo de Transformación rápida de Fourier (FFT, por sus siglas en inglés), basada en la simulación de olas oceánicas. La FFT calcula las transformaciones de tiempo o espacio a frecuencia y viceversa. Estas transformaciones se utilizan en ciencia, ingeniería y matemáticas, como las integradas en hojas de cálculo y programas de análisis de datos. Tal código también está inmerso en navegadores Web, SkyPe, y aplicaciones ofimáticas donde mejora la productividad en general. Métrica de resultado: cuadros/seg.
- **Particle simulation**: es una simulación de partículas en una matriz espacial que utiliza el método de elementos independientes. El resultado de la simulación se visualiza como esferas de sprites de puntos

sombreados a través de OpenGL El método de elementos independientes es muy utilizado en aplicaciones de química, ingeniería, petróleo, procesamiento de minerales, farmacéutica, metalurgia, mecánica de fluidos, entre otros. Métrica de resultado: minteracciones/seg.

- **T–Rex**: es un rastreador (Path tracer) que actualiza dinámicamente la estructura de la aceleración y la iluminación global. Métrica de resultado: cuadros/seg.
- **Video composition**: esta prueba replica una típica línea de composición de vídeo con efectos como pixelación, enmascaramiento, mezcla y difuminación. Métrica de resultado: cuadros/seg.
- **Bitcoin Mining**: se trata del popular algoritmo de minería de Bitcoin que prueba el rendimiento en enteros del dispositivo. Métrica de resultado: mhash/seg.

Como puede verse, a pesar de que en la mayor parte de las pruebas elaboradas se explica el tipo de cálculo que se hace, lo que no se indica es qué codificación se tiene, la metodología, las bibliotecas utilizadas, las banderas de compilación y todos los detalles que deberían tenerse para comprender mejor el funcionamiento de las pruebas. La secrecía vuelve a hacerse presente. Sin embargo, cabe destacar que ésta es una prueba que no ofrece un puntaje, sino directamente el resultado obtenido en la métrica (cuadros/seg, mhash/seg, MInteracciones/s, etcétera). Los resultados, por lo tanto, son heterogéneos y, de querer utilizar todas las pruebas, deberá obtenerse una media geométrica para tener una figura de mérito.

Los resultados más acercados a los códigos utilizados en la actualidad para la productividad debido a los códigos integrados en este tipo de herramientas son: Ocean Surface Simulation y Bitcoin Mining. Puede agregarse el resultado de Particle Simulation si habrá aplicaciones de diseño o de ingeniería como parte del uso que tendrá el equipo.

Controversia

Tal como sucede con las pruebas de rendimiento sintéticas, los resultados no reflejan el uso en entornos productivos. Si bien todas las pruebas de rendimiento dicen ser imparciales y confiables, siempre habrá que analizar si los resultados son o no útiles. Con todo, en estas pruebas, que claramente se basan en el moderno cómputo heterogéneo, se puede tener una idea de la potencia de cómputo que se tiene en el equipo en este rubro.

Kishonti forma parte de dos importantes asociaciones: Khronos Group (creador de diversas tecnologías que forman parte del cómputo moderno, como OpenCL, OpenGL, Vulkan, y muchos otros estándares), y HSA Foundation (organización que se especializa en la estandarización y difusión de este moderno esquema de cómputo), lo cual es una buena noticia. Por otro lado, en la lista de asociados, se encuentran casi todos los fabricantes de semiconductores (AMD, ARM, Broadcom, Imagination, Intel,

LG, MediaTek, MIPS, Motorola, nVidia, Qualcom, Samsung, etcétera), lo cual puede poner en perspectiva lo equilibrado de su codificación y sus resultados:

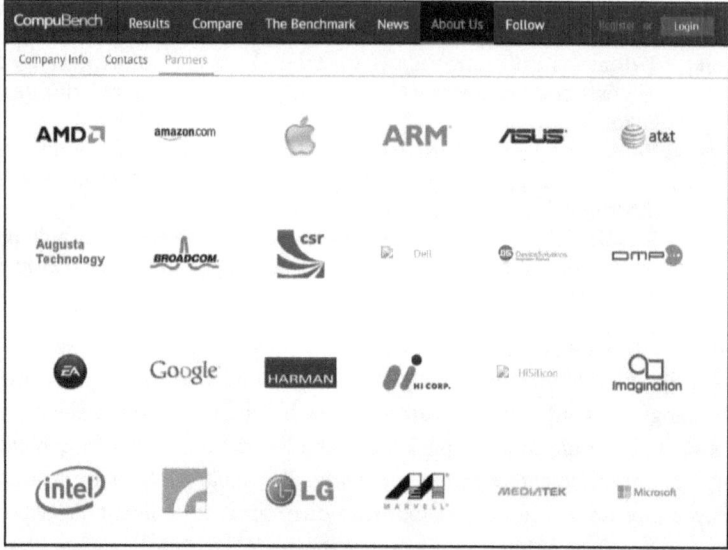

Fuente: captura de pantalla del sitio de Kishonti CompuBench

Así, es importante destacar que este tipo de programas de pruebas de rendimiento podrían ofrecer resultados con mucha mayor imparcialidad que otros que tienen uno o dos en particular.

NOVABENCH

Éste es un programa desarrollado por Novawave, Inc., que clama realizar una prueba de rendimiento de productividad en minutos. Cabe destacar que se trata de una prueba sintética y clama ser una desarrolladora que no recibe patrocinios. Ofrece resultados públicos y orientados a distintas partes de la computadora, así como una puntuación general.

Utilidad de las pruebas

Como ya se indicó, este programa realiza las pruebas en los siguientes componentes:

- **Pruebas de CPU:**

- o **Pruebas específicas**: Se realizan pruebas multinúcleo mismas que ejecutan series de instrucciones particulares en la CPU. Entre estas instrucciones se encuentran las de propósito general, las de la unidad matemática y otras extensiones.
- o **Pruebas de propósito general**: Le permiten al programa evaluar el rendimiento general del procesador además de controlar el rendimiento de la memoria y otras variables.
- **Pruebas de la GPU**. Estas pruebas están diseñadas para ejecutarse en la mayor parte de los procesadores gráficos que hayan sido lanzados durante, al menos, los cinco años anteriores:
  - o **Prueba de gráficos**: En esta prueba se hace la transformación de una escena 3D, con lo que se mide el rendimiento del dibujo.
  - o **Prueba de cómputo**: Dado que las GPU se utilizan para cálculos matemáticos y tareas de propósito general, en esta prueba se llevan transformaciones de vídeo, aprendizaje máquina, así como diversas aplicaciones científicas.
- **Prueba de memoria RAM**: Se evalúa la velocidad de transferencia de la memoria del sistema.
- **Pruebas de disco**: Esta prueba mide las velocidades de lectura y escritura, directa y secuencial, en la unidad de almacenamiento donde está instalado el Sistema Operativo.

Aunque existe alguna documentación de las pruebas que se realizan, no vienen detalles acerca de cómo se calculan las puntuaciones ni si se desechan o no aquellos puntajes obtenidos de procesadores que hayan sido alterados.

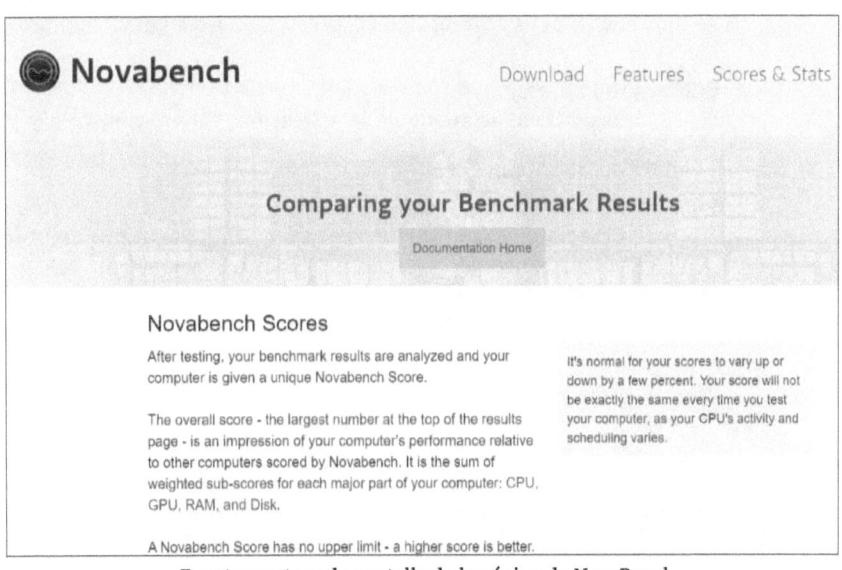

Fuente: captura de pantalla de la página de NovaBench

Controversia

La falta de documentación, así como la rapidez con la que esta prueba se ejecuta (es normal que tarde entre 60 y 90 segundos) ha traído algunas dudas con respecto a la veracidad de sus resultados. Otro aspecto es que si los drivers de los gráficos no pueden ejecutar la prueba de cómputo (OpenCL), la puntuación que se asigna es muy alta con respecto a la que se asigna con los gráficos que sí cumplen con todas las pruebas. Ello obliga a no tomar en cuenta el promedio de los resultados gráficos y buscar entre los resultados específicos para encontrar alguno que haya ejecutado todas las pruebas.

PCMARK

Este programa, desarrollado por UL (antes FutureMark), realiza pruebas de tipo aplicación. El programa lleva a cabo evaluaciones en grupos que comprenden: Básicas, Productividad, Creación de contenido digital y Juegos. De cada grupo se obtiene una puntuación misma que, en su conjunto, pretende ofrecer una idea del rendimiento del equipo.

Utilidad de las pruebas

Como ya se indicó, este programa agrupa las pruebas en los siguientes rubros:

- **PCMark 10 Express:**
    - o **Essentials:** arranque de la aplicación, Navegación Web y Vídeo conferencias.
    - o **Productivity:** escritura y hojas de cálculo.
- **PCMark 10:** Las pruebas de Essentials, y agrega:
    - o **Creación de contenido digital:** edición de fotos, edición de vídeos, conversión (rendering) y visualización.
- **PCMark 10 Extended:** Las pruebas de PCMark 10, y agrega:
    - o **Cómputo en la GPU[159]:** Fire Strike

---

[159] El término que, en los hechos, aparece es Gaming. Sin embargo, este término puede ser confuso, dado que las pruebas que realiza no se orientan a un perfil de juegos, sino a medir la capacidad gráfica para realizar cómputo, así como para el manejo de vectores y otras capacidades que se usan de manera frecuente en el cómputo actual.

El puntaje final se obtiene de la media geométrica de los resultados de cada grupo[160]. La buena noticia es que en esta prueba existe una profusa documentación (de, al menos, 80 páginas), donde se establece de dónde se calculan y obtienen las puntuaciones. Los puntajes se obtienen, en general, del tiempo que se tarda cada prueba (en segundos) en ser realizada.

Cabe mencionar que la prueba que mide con mayor precisión las posibilidades del hardware y

Otro de los detalles es que se trata de una prueba respaldada por una de las instituciones más antiguas y confiables: Underwriters Laboratories (UL). En su página Web declara ser un reconocido laboratorio de pruebas que certifica, valida, prueba, verifica, inspecciona, audita, sugiere y capacita a través de tres unidades de negocio. De hecho, UL es una organización que ha generado diversos estándares, entre otros, de seguridad. Esto respalda, de manera importante, un enorme grado de imparcialidad en los resultados de las pruebas.

No solamente se destaca la profusa documentación respecto a los resultados de las pruebas, también se destaca en ser una de las pocas pruebas que pone valores de referencia. Es decir, en los resultados de las pruebas se pone en perspectiva el mínimo de rendimiento que debería tener un equipo que se usará, por ejemplo, para la productividad de la oficina:

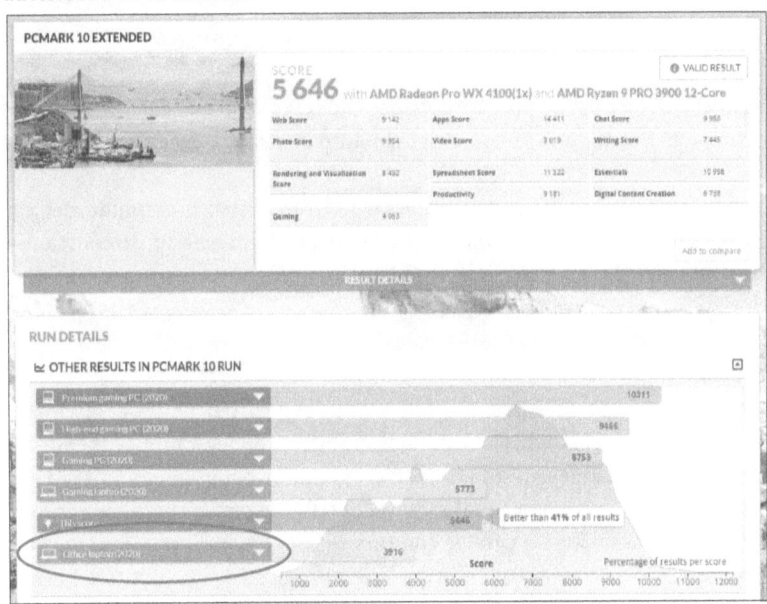

Fuente: Captura de pantalla de resultados de PCMark 10 Extended.

---

[160] Ver: https://s3.amazonaws.com/download-aws.futuremark.com/PCMark_10_Technical_Guide.pdf, página 19.

Esa referencia permite ver en primera instancia qué tanta mejora de rendimiento se requeriría para que el usuario perciba un cambio. Por ejemplo, si se quiere tener una mejora perceptible del equipo de referencia, el mínimo de puntaje debería ser 6,699 (basado en 20% de **jnd** de la ley Weber-Fechner). El equipo que aparece en el ejemplo es 44% superior, por lo que su rendimiento, sin duda, será percibido respecto a la referencia.

UL muestra una enorme apertura al poner en evidencia la configuración básica del equipo que usa como referencia:

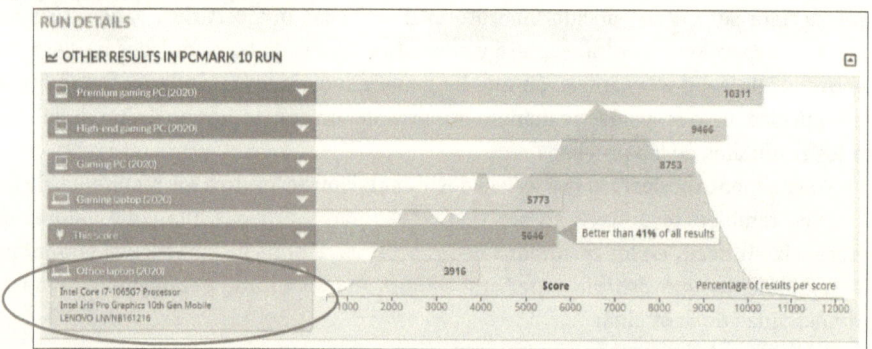

Fuente: Captura de pantalla desde el sitio 3DMark

Eso permite que se puedan poner los valores de referencia que correspondan a esta configuración y, así, tener una mejor idea del punto de partida para la comparación de resultados.

El puntaje, así, puede poner en perspectiva el rendimiento obtenido del equipo probado con respecto a un equipo base del cual se puede prever su comportamiento. Éste podría ser uno de los programas que mejor informen al usuario respecto al rendimiento que se esperaría en el equipo.

Controversia

En la versión anterior de PCMark, la 8, había dos pruebas de productividad: una acelerada y otra estándar. La prueba estándar era utilizada para probar menos partes de la computadora y funcionar sin utilizar el cómputo heterogéneo que ya es una norma en las modernas versiones de Windows. El tener estas dos pruebas confundió a los usuarios que no acertaban a probar con una o con otra. Sin embargo, en PCMark 10, UL ha establecido solo una opción la cual siempre utiliza el cómputo heterogéneo para hacer las pruebas.

Por otro lado, si bien la profusa documentación de UL es muchísimo más amplia y explícita que el resto de los programas mencionados aquí, lo cierto es que el código sigue oculto y veladamente explicado en la documentación. Sin embargo, es posible que al ponerse en contacto con esta empresa se puedan obtener mayores detalles al respecto.

Otro detalle es el uso de LibreOffice para hacer las pruebas. Si bien esta suite ofimática goza de cierta popularidad, su comportamiento en el ámbito productivo es muy diferente a la más popular suite ofimática del mercado: Microsoft Office. En particular, las pruebas realizadas en la hoja de cálculo pueden dar una idea equivocada de rendimiento: mientras que la versión de LibreOffice Calc que utiliza este programa solo ejecuta un subproceso para realizar sus cálculos (un núcleo), a partir de Microsoft Excel 2016 o 365 se pueden utilizar todos los núcleos disponibles para realizar esos mismos cálculos y, por ende, dar resultados de rendimiento muy diferentes, al grado que LibreOffice Calc puede tardarse cinco veces o más en hacer un cálculo respecto a Microsoft Excel. Aunque se asegura que se hace uso de OpenCL en LibreOffice para realizar los cálculos, lo cierto es que el estado de OpenCL en LibreOffice no está muy claro[161] y, por ende, podría no estarse aprovechando adecuadamente esta funcionalidad.

Así, si en el entorno productivo de la Organización no se utiliza LibreOffice o los programas que se incluyen en este software de prueba de rendimiento, el resultado podría no reflejar algo significativo para la organización o para la decisión de compra.

3DMARK TIMESPY

3DMark es otra prueba de UL para medir, de manera sintética, el rendimiento gráfico y del procesador. Las pruebas de una tarjeta gráfica son importantes dado que todos los sistemas operativos y aplicaciones actuales utilizan gráficos para funcionar. Ante ello, también reviste enorme importancia el verificar el rendimiento gráfico.

Relevancia de los resultados
Uno de los beneficios de 3DMark TimeSpy es que se basa únicamente en la tecnología DirectX 12, por lo que prueba lo más moderno en procesamiento paralelo y gráfico existente en la actualidad en Windows 10. Entre sus pruebas se encuentran distintas de procesamiento gráfico, así como una de potencia matemática de la CPU. Sus resultados darán una idea del rendimiento gráfico y la combinación de potencia de los gráficos+CPU de la máquina.

---

[161] Ver: https://ask.libreoffice.org/en/question/86901/whats-the-situation-with-opencl-support-in-calc-now/

Controversia

Al ser una prueba sintética, en definitiva, cae en lo mismo que las otras pruebas sintéticas. No obstante, que pertenezca a UL le da un mejor peso de confiabilidad e imparcialidad para tener una mejor idea del resultado.

OTRAS PRUEBAS

Como ya se indicó, existe una multitud de pruebas de rendimiento, como GeekBench, RealBenchmark, AIDA, etcétera, aunque la mayoría de ellas están orientadas a los juegos. Todas tienen algo en común: hay oscuridad en lo que se refiere a las metodologías y códigos utilizados para hacer las pruebas. Lo mejor es informarse detenidamente de qué es lo que pretende medir cada prueba de rendimiento y determinar si lo que "mide" tendrá algún significado para el Usuario o la organización.

RESULTADOS Y ANÁLISIS DE LAS PRUEBAS DE RENDIMIENTO

Ya en el Capítulo 12, Protocolo para las pruebas de rendimiento, vimos una propuesta para analizar los resultados obtenidos en distintas pruebas de rendimiento. Sin embargo, **el solo hecho de ejecutar un programa de prueba de rendimiento no debe sobreentenderse como un análisis de rendimiento**. Como ya se dijo con insistencia, los programas de pruebas de rendimiento, por norma, funcionan en entornos controlados, así que pueden ser manipulados para obtener alguna puntuación en particular: en concreto, la mayor posible. Sin embargo, tal puntuación **jamás** tendrá una correlación con la experiencia que, en los hechos, tendrá usuario. Más bien, tales métricas solo ofrecerán una representación qué tan bien la computadora ejecutó las pruebas integradas en ese programa. Con lo anterior, hay varios puntos por destacar:

- **La ejecución de un "programa de rendimiento" o "benchmark" nunca reflejará el uso real**. Al tratarse de un programa totalmente automatizado, abrirá, escribirá, asignará, leerá, guardará, mostrará, buscará, navegará, moverá, calculará, establecerá y realizará muchas otras tareas de manera automatizada. Ello jamás reflejará la forma en que un humano realiza su trabajo. Por ende, cualquier programa de prueba de rendimiento que promete resultados basados en "uso del mundo real" está mintiendo.

- **Muy pocos programas de prueba de rendimiento realizan pruebas en multitareas.** La mayor parte de estos programas solo evalúan tareas serializadas: prueban una cosa y, luego, la siguiente. No ponen una aplicación a hacer algo mientras otra aplicación hace otra cosa (y, de hacerlo, prueban dos o, cuando mucho, tres instancias). En la vida real, un usuario abre varias aplicaciones a la vez de manera concurrente. El propio Sistema Operativo ejecuta varios procesos que requiere para su funcionamiento. Cabe mencionar que una prueba de rendimiento que refleja el resultado de una aplicación o proceso no escala linealmente con la segunda, tercera, y el resto de las aplicaciones y procesos que se abren. Por ello, en una moderna tecnología multinúcleo, es importante tomar con sus reservas los resultados ofrecidos por este tipo de programas.

- **"Puntuación" no es lo mismo que "rendimiento".** La puntuación es solo un número dado por el programa. El rendimiento es mucho más complejo. La escala de la puntuación depende del programa que se use y lo que sus desarrolladores hayan decidido establecer y es único para ese programa, *no existe una escala estandarizada*. Recordemos que la definición de rendimiento como tal es el cumplimiento de una tarea dada, medida en función de una serie de estándares establecidos de precisión, integridad, costo y velocidad. (The Business Dictionary, 2017) Por ende, ninguna puntuación de un programa de estos debe tomarse como un índice de rendimiento.

- **Los programas de pruebas de rendimiento no son precisos.** Puede haber hasta 10% de variación en una puntuación dada por un programa de estos (a veces, más)[162]. Estas puntuaciones siempre son subjetivas, lo que se contrapone a los principios objetivos de la ciencia y la tecnología. Es por lo que un programa de pruebas de rendimiento debe ejecutarse al menos tres veces y, entonces, calcular el promedio de los resultados obtenidos. Una vez que se determine el promedio, podrá esperarse una variación alrededor de +/-5% cuando sean entregados los resultados por parte de los proveedores. Tal variación puede ser calculada de acuerdo con los resultados obtenidos de la cantidad de pruebas realizadas.

- **Los resultados de un programa de pruebas de rendimiento pueden ser manipulados.** Existen formas de manipular los resultados de un programa de pruebas de rendimiento y ofrecer altos puntajes adulterados solo para impresionar al usuario. Esto puede llevarse a cabo mediante diversas técnicas, como configuraciones especiales, manipulación del BIOS, alteración del hardware, uso de controladores o drivers "especiales" o modificados, adulteración de las pruebas o de las

---

[162] Ello depende del programa de pruebas de rendimiento.

puntuaciones, alteración de códigos, y varias otras prácticas con tal de obtener altas e irreales puntuaciones.

Cabe destacar que las puntuaciones obtenidas con este tipo de prácticas parten de configuraciones que no se acercarán en absoluto a lo que se entregará al final, o a la forma en que los equipos se usarán en la práctica. Entre tales prácticas dudosas están: que el equipo solo tenga el sistema operativo instalado (a veces con todos los servicios posibles desactivados) y con ciertas configuraciones propias para el uso de la prueba de rendimiento.

Como Henry Newman indicó: "Lo que la ejecución de un programa de pruebas de rendimiento nos transmite es: 1) Qué tanto hardware se puede apretujar en una caja, 2) Qué tan bueno es el proveedor para hacer optimizaciones [para ganar el benchmark], y, 3) Qué tan desesperadamente el proveedor quiere ganar el negocio". (2011) Si no existe un protocolo bien establecido por el cliente para llevar a cabo la prueba de rendimiento, se abrirá la puerta a cualquier truco del que quien ejecute la prueba quiera echar mano para alcanzar (o sobrepasar) las puntuaciones e impresionar al cliente. Si quiere ver una propuesta de protocolo para pruebas de rendimiento, por favor ver el Capítulo 12.

Al final, un programa de pruebas de rendimiento no es una herramienta precisa y debe utilizarse con tiento. Tal como Henry Newman lo indicó en una comunicación personal: "Comparar herramientas de rendimiento del sistema [...] con pruebas de rendimiento [...] es como comparar manzanas con cerdos voladores"[163]. (2012)

Ya se había dicho, pero no está por demás repetirlo: Los resultados provistos por un programa de pruebas de rendimiento deben usarse en conjunto con otros programas de pruebas de rendimiento y otros programas de medición para derivar una comprensión general del rendimiento del equipo—de acuerdo con lo que cada programa "entiende" por "rendimiento".

---

[163] La cita completa dice: "Comparar herramientas de rendimiento del sistema que miden la E/S con pruebas de rendimiento de E/S es como comparar manzanas con cerdos voladores".

CAPÍTULO 14

Cómo establecer un puntaje mínimo de rendimiento

> "**Alicia:** ¿Podría, por favor, decirme qué camino tomar para salir de aquí?
> **Gato Cheshire:** Depende mucho de a dónde quieras llegar.
> **Alicia:** No me importa a dónde.
> **Gato Cheshire:** Entonces, no importa qué camino tomes."
> —Lewis Carroll

C omo bien se establece en la cita que corona este capítulo, prácticamente nunca se sabe si los resultados obtenidos por una prueba de rendimiento son buenos o malos. Ello es debido a que con frecuencia no se cuenta con umbrales o valores de referencia para poder establecer si lo que se está obteniendo está bien, se encuentra por debajo de lo esperado o por encima. Todo esto ya se explicó en el Capítulo 13. En este capítulo veremos una sugerencia para establecer una marca de rendimiento mínima esperada (que funja como KPI[164], si lo quiere ver de esa forma).

---

[164] KPI = Key Performance Indicator o Indicador clave de rendimiento. Se trata de un valor medible que demuestra qué tan efectivamente se está logrando algún objetivo, por lo general relacionado con negocios.

Ya en el Capítulo 14 se ofreció la opción de utilizar la puntuación mínima de Office PC 2016 de PCMark 10 como punto de partida para sus mediciones. A continuación, se encontrarán los pasos para conocer este valor base, así como la configuración correspondiente a la computadora utilizada para obtener tal valor. Quizá este capítulo sea un poco más técnico que los anteriores, pero nada de qué espantarse.

PUNTUACIÓN MÍNIMA PARA UN EQUIPO DE PRODUCTIVIDAD DE ACUERDO CON UL

UL PCMark 10, en sus distintas pruebas, es uno de esos raros programas de pruebas de rendimiento que ofrece un puntaje mínimo para equipos de productividad, mismo que se destaca como "Office Laptop (2020)":

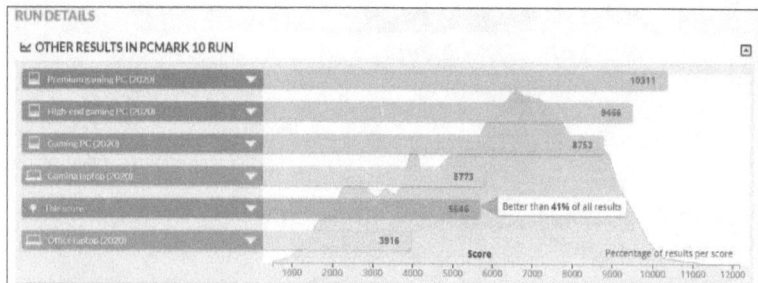

Fuente: captura de pantalla de 3DMark

Nótese que la puntuación mínima es 3916 para una laptop de oficina de 2020. Un detalle adicional es que PCMark 10 Extended ofrece el tipo de configuración del equipo de cómputo con el que se llegó a esa puntuación. Ello se obtiene con solo hacer clic en el triángulo blanco invertido que está a la derecha de Office Laptop (2020):

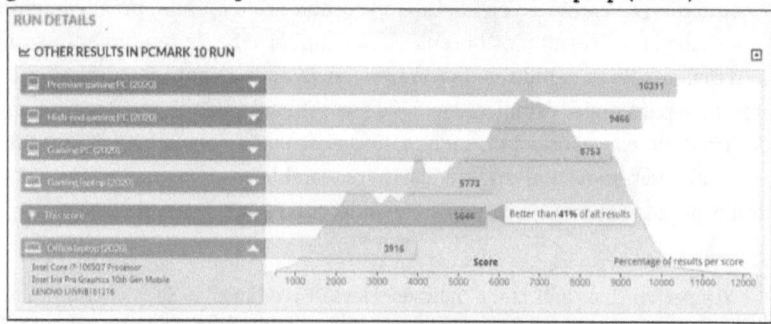

Fuente: captura de pantalla de 3DMark

Como es evidente, el procesador utilizado es un Intel Core i7-1065G7 con gráficos Intel Iris Pro en un equipo Lenovo. Si se quieren ver todos los detalles, se pueden buscar en el sitio Web de los resultados de UL. Tan solo hay que entrar a www.3dmark.com y hacer clic en la opción RESULTS:

Fuente: captura de pantalla de 3DMark

Al hacer clic en RESULTS, aparecerá la siguiente ventana:

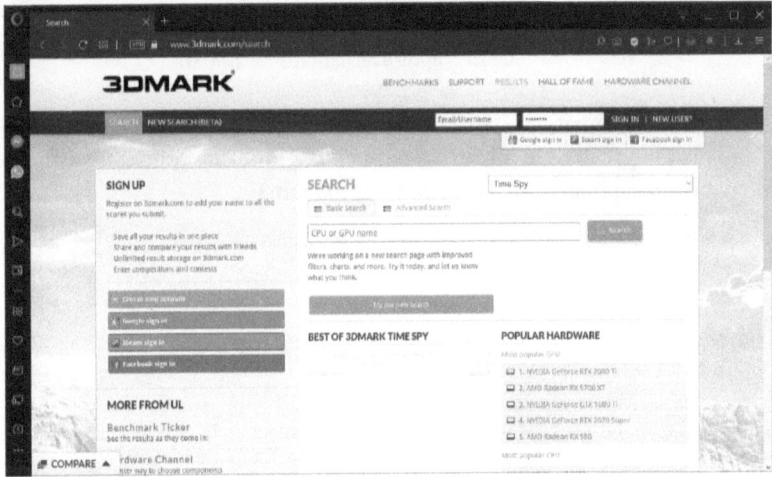

Fuente: captura de pantalla de 3DMark

Haga clic en la ficha "Advanced Search". En la sección "CPU", hay que escribir "Intel Core i7-1065G7 Processor" y en la lista desplegable donde dice "Time Spy

Extreme" seleccione "PCMark 10". Establezca en el cuadro "Max. Score" el número 4650. Al hacer clic en "Search", se mostrará una lista de resultados obtenidos con ese procesador en esa prueba. Hay que localizar el resultado que está fungiendo como mínimo para esa prueba, en este caso: 4610[165]. Al momento de escribir este libro, era el primer resultado y está identificado como "DESKTOP-N711EM2_2019-11-29 05:54:51.0". El resultado está actualizado al 28 de noviembre de 2019[166] (en esta imagen se ha resaltado la puntuación y la leyenda indicada):

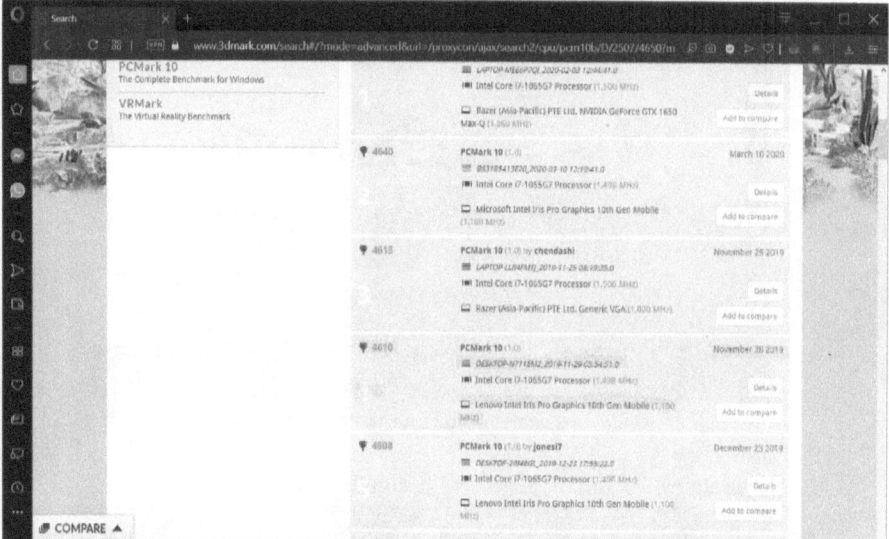

Fuente: captura de pantalla de 3DMark

Al hacer clic en el botón "Details" se podrá ver la configuración total del equipo en el que se hizo la prueba. De inicio, después de la gráfica de pruebas, se encontrará la leyenda que indica el nombre ya citado de la máquina:

Name	DESKTOP-N711EM2_2019-11-29 05:54:51.0
Description	

Fuente: captura de pantalla de 3DMark

---

[165] Por alguna razón, no se encuentra exactamente la puntuación de 4611 que está puesta como referencia en esta prueba, ni la 3916 de la prueba de PCMark 10 Extended. La puntuación de 4610 y la descripción de esta máquina confluyen lo suficiente para tomar los valores que allí se encuentren como referencia.
[166] Debido a las vulnerabilidades de Spectre, Meltdown, Foreshadow, PortSmash y otras reportadas durante 2018, los resultados de las pruebas realizadas antes de la aplicación de las mitigaciones y después de las mitigaciones son diferentes. Normalmente, después de las mitigaciones, los resultados son inferiores.

Como ya se estableció, los gráficos se utilizan para procesar código. Así que se encontrarán los detalles de los gráficos utilizados para ello. En este caso, son los gráficos integrados en el procesador Core i7-1065G7:

≡ OPENCL DEVICES

Video Conferencing	Intel(R) Iris(R) Plus Graphics
Spreadsheets	Intel(R) Core(TM) i7-1065G7 CPU @ 1.30GHz
Photo Editing	Intel(R) Iris(R) Plus Graphics
Video Editing	Intel(R) Iris(R) Plus Graphics

Fuente: captura de pantalla de 3DMark

Después, se encontrarán los detalles de los gráficos utilizados. Si bien no hay indicación de cuántos núcleos SIMD se tienen, sí se indica la frecuencia de reloj a la que funcionan, el bus de la memoria, la versión del controlador gráfico utilizada y si es un controlador gráfico aprobado. Es importante asegurarse que la frecuencia de reloj[167] de los gráficos no haya sido alterada con la finalidad de obtener resultados espuriamente altos. En el caso de los gráficos de esta prueba, es correcta la frecuencia de 1,100MHz. Sólo parece ser curioso que se reconozcan 0MB de memoria:

▢ GRAPHICS CARD

Graphics Card	Intel Iris Pro Graphics 10th Gen Mobile
Vendor	Lenovo
# of cards	1
SLI / CrossFire	Off
Memory	0 MB
Core clock	1,100 MHz
Memory bus clock	1,800 MHz
Driver version	25.20.100.6847
Driver status	Approved

Fuente: captura de pantalla de 3DMark

---

[167] A esta práctica se le conoce como "overclocking" y es una práctica más o menos común en equipos de jugadores y entusiastas, pero difícilmente se realiza en equipos de productividad que se orientan más a la durabilidad, estabilidad y precisión.

Luego de ello, se encontrarán los detalles del procesador. Hay que asegurarse que la frecuencia de reloj no haya sido alterada, que los núcleos físicos y lógicos sean los que se esperan (cuatro físicos con SMT, es decir ocho subprocesos), así como que el TDP sea el adecuado (15W en este caso). Toda esta información se puede cotejar en el sitio Web del fabricante (en este caso, Intel en https://ark.intel.com. El de AMD es https://products.amd.com):

▬ PROCESSOR

Processor	Intel Core i7-1065G7 Processor
Reported stock core clock	1,500 MHz
Maximum turbo core clock	3,891 MHz
Physical / logical processors	1 / 8
# of cores	4
Package	FCBGA-1526
Manufacturing process	10 nm
TDP	15 W

Fuente: captura de pantalla de 3DMark

Al final, aparecerán algunos detalles generales de la configuración: La versión y compilación del sistema operativo utilizado, la marca de la tarjeta madre, la cantidad, tecnología y hercios[168] de la memoria RAM y el modelo de unidad de almacenamiento masivo utilizada en la prueba. Estos datos son clave, pues cualquier cambio en alguno de estos componentes puede alterar el resultado de manera significativa:

▢ GENERAL

Operating system	64-bit Windows 10 (10.0.18362)
Motherboard	LENOVO LNVNB161216
Memory	7,936 MB
Hard drive model	512 GB SAMSUNG MZVLB512HBJQ-000L2

Fuente: captura de pantalla de 3DMark

Comprender esto a cabalidad permitirá saber si se está presentando una prueba basada en la configuración que ha sido solicitada, o si se ha alterado con la finalidad de obtener un puntaje espuriamente más alto. Los puntos que hay que vigilar son:

---

[168] De hecho, esto debería leerse como megatransfers por segundo (MT/s), pues no son hercios en sí.

- Que la frecuencia de reloj del procesador no haya sido alterada
  - o Un procesador acelerado puede devolver resultados falsamente altos.
- Que la frecuencia de reloj del procesador gráfico no haya sido alterada
  - o Un procesador gráfico acelerado devolver resultados espuriamente altos.
  - o Una tarjeta gráfica independiente suele mejorar mucho el resultado de la prueba.
- Que la versión de Windows 10 sea la adecuada; por ejemplo, la versión de Windows 10 1809 tiene la compilación 10.0.17763.195, ello se puede corroborar si se escribe winver o cmd y se oprime Enter en el cuadro de Cortana:
  - o Las distintas versiones de Windows 10 pueden alterar para bien o para mal los resultados de las pruebas.
  - o Procúrese que todos los oferentes utilicen la misma compilación de Windows 10 para las pruebas.
- Que la cantidad y características de la memoria RAM sean las solicitadas.
  - o Luego de 8GB de RAM los resultados no cambiarán mucho pues estas pruebas no utilizan más de 6GB de RAM.
  - o Lo anterior es MUY importante, dado que la carga de las pruebas no necesariamente reflejará la carga final que tendrá el equipo (que, debido a la multitarea, suele ser mayor a la carga monotarea de la prueba).
  - o Una memoria DDR4 suele ofrecer mejores resultados en la prueba.
  - o Los MHz en la memoria también pueden modificar los resultados obtenidos en la prueba.
  - o Si se usan dos módulos de memoria en modo Doble Canal, los resultados suelen ser mejores.
- Que el disco duro utilizado cumpla con los requerimientos de la licitación
  - o Un disco duro de 7200RPM suele entregar mejores resultados que uno de 5400RPM.
  - o Una unidad SSD suele mejorar significativamente los resultados de las pruebas.
  - o Si la unidad SSD es NVMe, los resultados de las pruebas pueden ser aún superiores.
  - o La capacidad (o tamaño) de almacenamiento del disco duro o de la SSD no alterará los resultados de las pruebas. Un disco duro de 500GB dará un resultado prácticamente igual que uno de 1TB.

Puede verse el detalle de los resultados al dirigirse a la parte superior de la página Web y se hace clic en la flecha blanca que está a la derecha de SHOW RESULT DETAILS:

Fuente: captura de pantalla de 3DMark

De esa forma se podrán ver los resultados de cada prueba individual en Essentials, Productivity y Digital Content Creation. Si se hace clic en la flecha hacia debajo de cada uno de esos elementos, se podrán encontrar mayores detalles de los resultados obtenidos:

≡ DETAILED SCORES

PCMark 10 Extended	5646.0	
Essentials	10958.0	
Productivity	9181.0	
Writing Score	7445.0	
Add pictures to document		0.47268 s
Cut and paste		0.3 s
Save document		0.92757 s
Copy and paste		0.12 s
Load document		1.09791 s
Spreadsheet Score	11322.0	
Recalculate Energy market OCL		0.44802 s
Recalculate Monte Carlo OCL		1.52148 s
Recalculate Stock history CPU		0.84155 s
Recalculate Building design CPU		0.48249 s
Save document		1.33855 s
Edit cells		0.79188 s
Copy data and compute 2		2.67936 s
Copy formulas		0.8246 s
Copy plain data		2.23314 s
Copy data and compute		1.59754 s
Open document		1.25048 s
Digital Content Creation	6738.0	

Fuente: captura de pantalla de 3DMark

NOTAS RESPECTO AL PROGRAMA PCMARK 10

Como ya se explicó, las pruebas de PCMark 10 se realizan sobre una versión de LibreOffice que no aprovecha todos los núcleos del procesador. Esta prueba no escala adecuadamente cuando se tienen más de cuatro núcleos en el procesador. Hay ocasiones que un procesador menor podría dar mejores resultados que otro superior con una configuración similar. Así, se podría tener la impresión equivocada de que una configuración con un procesador inferior fuera, supuestamente, superior)[169]. Si se toma una decisión basada en esto, los resultados, ya en los hechos, podrían ser insatisfactorios si a la hora de utilizar el equipo se hace un uso intensivo de multitareas o multiprocesos o de Microsoft Excel. Por ejemplo, véanse las siguientes imágenes:

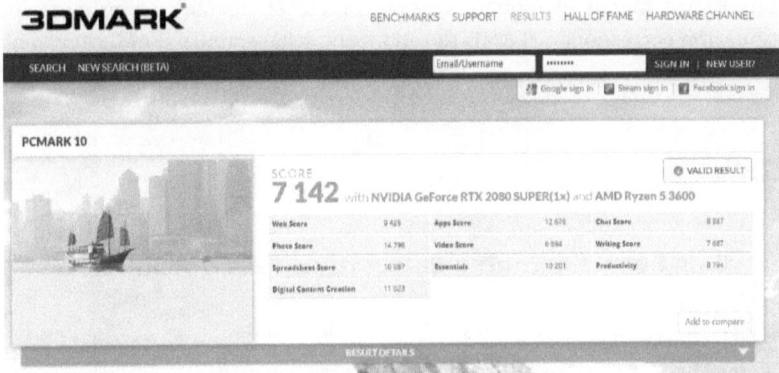

Fuente: captura de pantalla de 3DMark

Fuente: captura de pantalla de 3DMark

---

[169] Es aquí donde se cae en cuenta por qué una mayor puntuación puede no significar "mejor rendimiento".

La primera prueba fue hecha con un procesador AMD Ryzen 5 3600 y la segunda con un AMD Ryzen 9 3900, ambas con configuraciones similares. El primer equipo tiene un puntaje de 7142, mientras que el segundo lo tiene de 6800. Aparentemente, el equipo con el AMD Ryzen 5 3600 es más rápido que el AMD Ryzen 3900; sin embargo, el AMD Ryzen 9 3900 tiene 12 núcleos y 24 subprocesos (hilos), mientras que el Ryzen 5 PRO 3600 tiene 6 núcleos y 12 subprocesos. En exigencia de procesamiento en hojas de cálculo se puede apreciar la diferencia de ejecución. Para este ejemplo, se está usando la misma hoja de cálculo que se utilizó en PCMark 10 para hacer las pruebas, pero ejecutada sobre Microsoft Excel 365 una computadora con el procesador AMD Ryzen 5 3600 y en la otra con el AMD Ryzen 9 3900. El número que aparece es el tiempo (en milisegundos) que se tardó en realizar el cálculo en Excel de 64 bits (entre menor el número es más rápido el cálculo). La primera imagen a continuación corresponde al AMD Ryzen 5 3600 y la segunda al AMD Ryzen 9 3900:

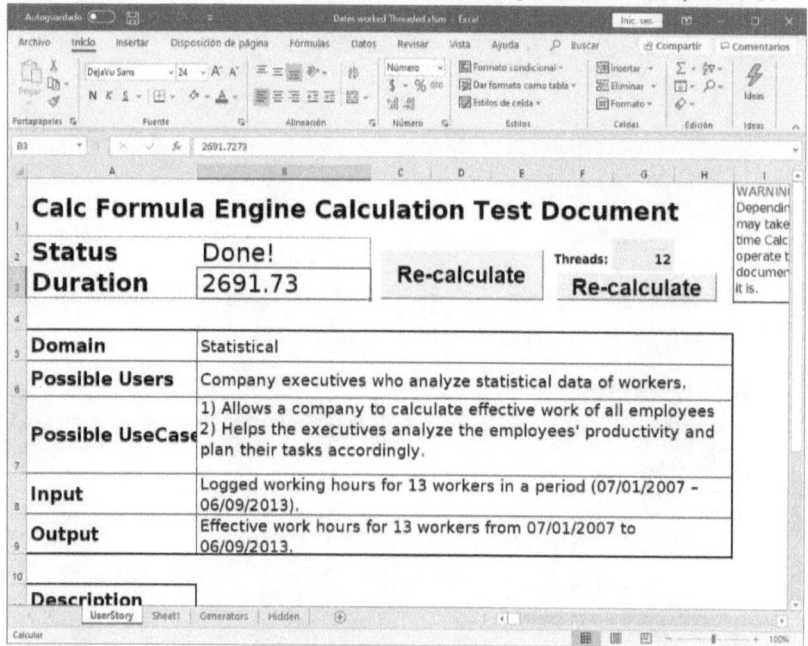

Fuente: Captura de pantalla tiempo de cálculo de Microsoft Excel 365 (2002) ProPlus de 64 bits con 12 subprocesos.

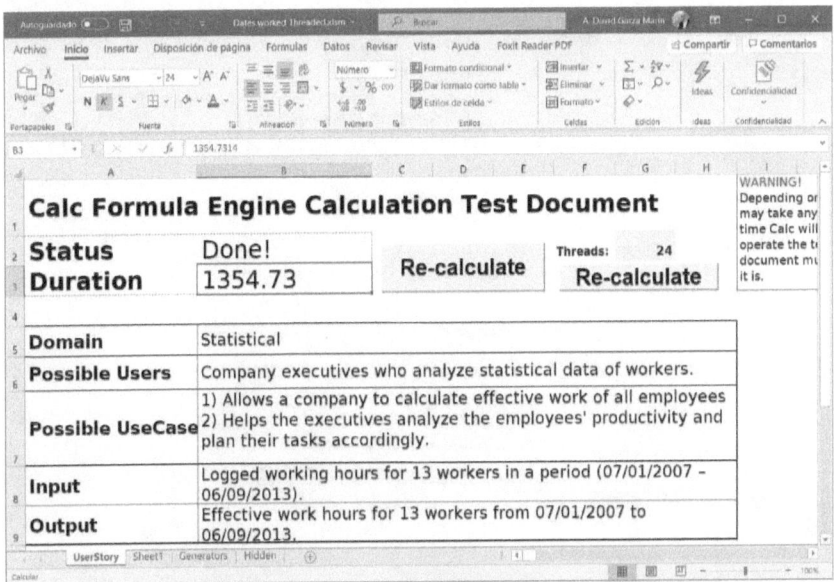

Fuente: Captura de pantalla tiempo de cálculo de Microsoft Excel 365 (2002) ProPlus de 64 bits con 24 subprocesos.

Como se puede apreciar, el AMD Ryzen 9 3900 es ~2x más rápido que el AMD Ryzen 5 3600. Así se demuestra que no necesariamente los puntajes mayores en un programa de benchmark donde se desconoce su estructura y funcionamiento traen consigo una máquina más rápida.

Comportamiento con LibreOffice Calc

Se ha repetido la importancia de darse cuenta del comportamiento que tienen los programas con el hardware para evaluar la viabilidad de su compra. Para este caso, haremos un ejercicio con LibreOffice Calc 6.4.2.2, misma que tiene la facultad de calcular con el uso de multiprocesos. Para ello, utilizaremos una hoja de cálculo similar a la que se usó en Excel, sin más cambios que no reflejar la cantidad de subprocesos. Por suerte, hay una fuerte compatibilidad entre el VBA de Microsoft Excel y el LibreOffice BASIC, lo cual facilita mucho las comparativas.

En las opciones de LibreOffice Calc se puede encontrar una que permite activar el cálculo con subprocesos múltiples (multithread), con lo que se puede agilizar el cómputo. Refiérase a la siguiente figura:

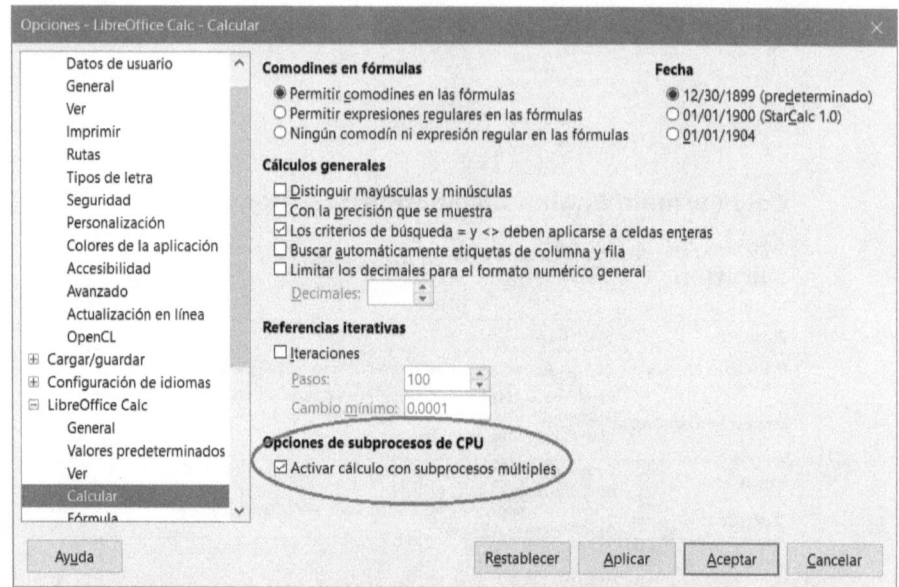

Fuente: Captura de pantalla de las opciones de LibreOffice Calc 6.4.2.2

Lo que haremos para este ejercicio será activar y desactivar esta opción y ejecutar la hoja de cálculo. Veamos el resultado que se da de ejecutar esta hoja de cálculo en LibreOffice Calc en un AMD Ryzen 9 3900:

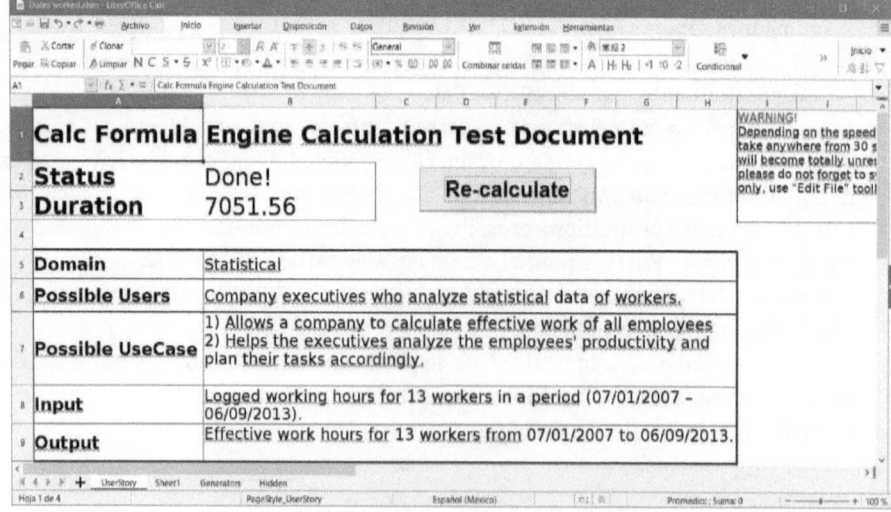

Fuente: Captura de pantalla tiempo de cálculo de LibreOffice Calc 6.4.2.2 en AMD Ryzen 9 3900.

Ahora, veamos la misma hoja de cálculo en un AMD Ryzen 5 3600:

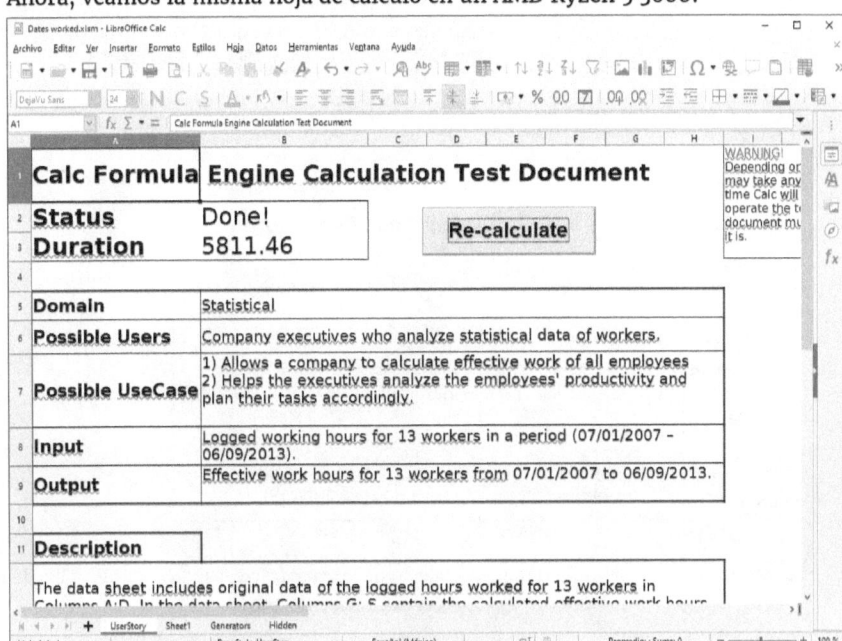

Fuente: Captura de pantalla tiempo de cálculo de LibreOffice Calc 6.4.2.2 en AMD Ryzen 5 3600.

Hay algunos aspectos por destacar en estas imágenes:

1. LibreOffice Calc en modo de subprocesos múltiples parece ejecutarse ~8% mejor en un Ryzen 5 3600 que en un Ryzen 9 3900. Ello parece tener sentido, pues la frecuencia de reloj base[170] del AMD Ryzen 5 3600 es ~16% superior a la del AMD Ryzen 9 3900 (3.6Ghz vs 3.1GHz, respectivamente)
2. En ningún caso LibreOffice Calc alcanza los tiempos de cálculo de Microsoft Excel 2002 con 12 o 24 multihilos. Es, al menos, +2x más lento que con 12 hilos, y +4x más lento que con 24 hilos.
3. Es evidente que LibreOffice Calc requiere de un proceso de depuración mayor para aprovechar mejor las capacidades multinúcleo de las nuevas gamas de procesadores.

Con lo anterior, si lo que se usará será LibreOffice Calc, tendría más sentido invertir en un Ryzen 5 3600 o Ryzen 5 PRO 3600 que en un Ryzen 9 3900 o Ryzen 9 PRO 3900. Ahora bien, si hacemos una comparativa de cálculo en un solo subproceso, hilo o

---

[170] Este dato es importante en este caso pues se trata de arquitecturas iguales y de la misma generación.

núcleo, podríamos encontrar cosas interesantes. Véase lo que tarda Microsoft Excel 2002 en hacer el cálculo con un solo núcleo con AMD Ryzen 9 3900:

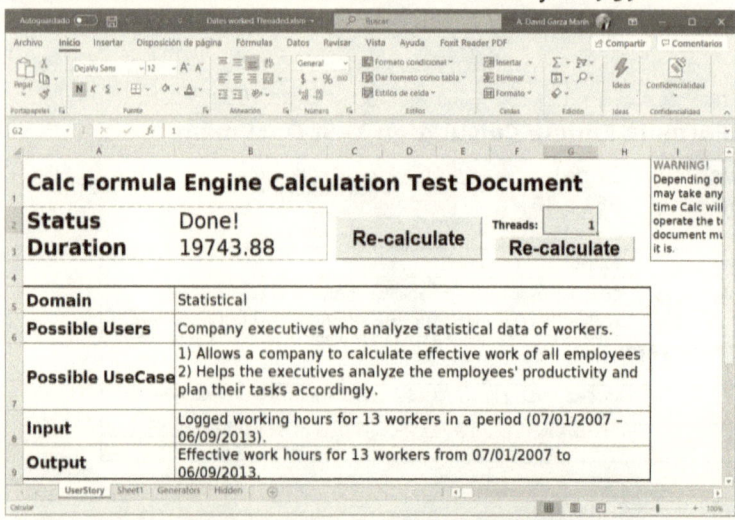

Fuente: Captura de pantalla tiempo de cálculo de Microsoft Excel 365 (2002) ProPlus de 64 bits con 1 subprocesos en Ryzen 9 3900.

Ahora, la misma hoja de cálculo en un subproceso con Ryzen 5 3600:

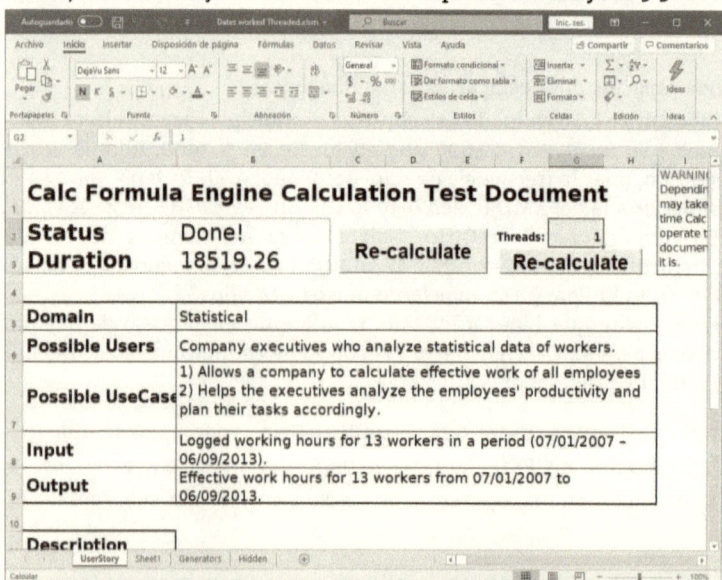

Fuente: Captura de pantalla tiempo de cálculo de Microsoft Excel 365 (2002) ProPlus de 64 bits con 1 subprocesos en Ryzen 5 3600.

Continuemos con LibreOffice Calc 6.4.2.2 en Ryzen 9 3900 con un solo subproceso:

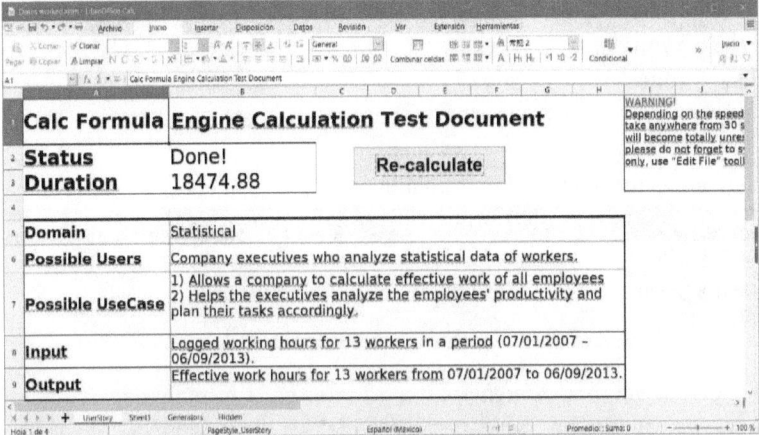

Fuente: Captura de pantalla tiempo de cálculo de LibreOffice Calc 6.4.2.2 con un subproceso en AMD Ryzen 9 3900.

Y, finalmente, lo mismo, pero en el Ryzen 5 3600:

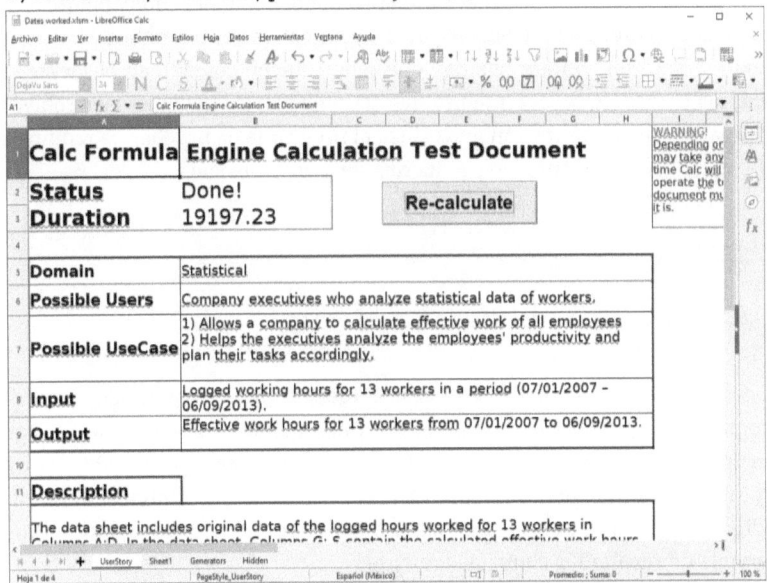

Fuente: Captura de pantalla tiempo de cálculo de LibreOffice Calc 6.4.2.2 con un subproceso en AMD Ryzen 5 3600.

Los anteriores resultados nos llevan a realizar la siguiente tabla de resultados en multihilos:

Procesador	Microsoft Excel	LibreOffice Calc	Diferencia %
AMD Ryzen 9 3900	1354.73	7051.56	429%
AMD Ryzen 5 3600	2691.73	5811.46	216%
Diferencia %	99%	21%	

Y los siguientes resultados en un solo hilo:

Procesador	Microsoft Excel	LibreOffice Calc	Diferencia %
AMD Ryzen 9 3900	19743.88	18474.88	~6%
AMD Ryzen 5 3600	18519.26	19197.23	~4%
Diferencia %	6%	4%	

Como podemos ver, hay diferencias importantes en la forma en que cada uno de estos programas aprovecha las capacidades de los procesadores. Mientras que Microsoft Excel aprovecha de una mejor forma las capacidades multinúcleo de los procesadores, cuando se hacen comparativas en un solo núcleo los resultados son los mismos para todo fin práctico[171]. Todo lo anterior pone en perspectiva la importancia de evaluar los programas que uno utilizará, y no depender únicamente de los benchmarks. Las diferencias pueden ser muy significativas entre ambos esquemas.

Con todo lo anterior, reitero que hay que tener mucho cuidado en observar si los programas, las cargas de procesamiento, las actividades, los códigos, los archivos, el sistema operativo, la configuración que utiliza el programa de pruebas de rendimiento realmente se utilizan en el entorno productivo de la organización.

ACTUALIZACIÓN DEL PUNTAJE MÍNIMO

Hay ocasiones en que se podría buscar la actualización de un puntaje obtenida de algún programa de pruebas de rendimiento. Supongamos que se tiene un equipo basado en Core i3-6100 y que se obtuvo en GeekBench un puntaje de 1967[172]. Para ello, es importante buscar (a mano, no hay de otra) los procesadores similares de la misma familia, digamos los Core i3 modelos 3220, 4130, 6100, 7100, 8100 y 9100. Ello nos daría una tabla de resultados como la siguiente:

---

[171] Recordemos la ley Weber-Fechner. Una diferencia de 6% es imperceptible para el usuario.
[172] Todos los puntajes se encuentran en: https://browser.geekbench.com/processor-benchmarks

Puntuaciones de GeekBench en distintas generaciones de Core i3

Modelo	3220	4130	6100	7100	8100	9100
Puntuación	1341	1653	1967	2072	3118	3226

Es importante darse cuenta de que del modelo 7100 al 8100 hay un importante salto de rendimiento. Esta anomalía sucedió porque el procesador Core i3-8100 fue el primero de 4 núcleos físicos de esta gama, con lo que casi se equiparó al Core i5 de la serie 7000. Esta anomalía nos desvía seriamente el promedio de crecimiento y, para poder allanarla, se debe usar la **media armónica**, pues ésta se ve poco influida por saltos enormes respecto a los otros valores. Con ello, en promedio el crecimiento de los procesadores de generación a generación es entre 8 y 10%. Véase la gráfica de crecimiento a continuación:

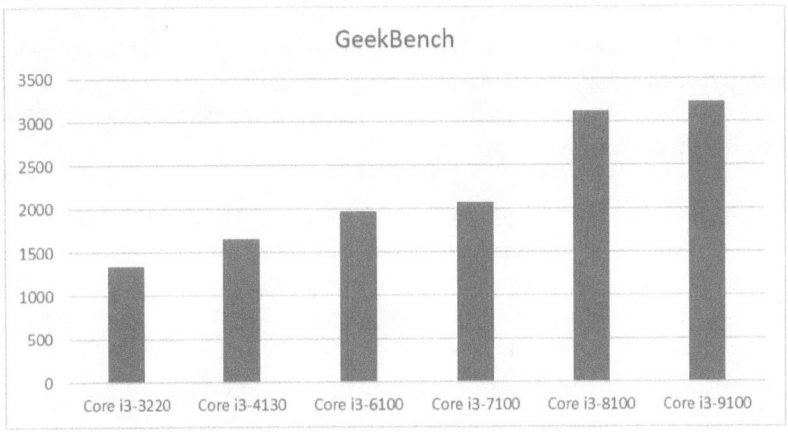

Fuente: Gráfica de resultados públicos obtenidos de la página de GeekBench

Si se hace este mismo ejercicio con cualquier procesador, el resultado será muy similar. Por ello, puede asumirse que, de generación en generación, hay una mejora promedio del 8 al 10% de rendimiento. Así, puede calcularse el puntaje mínimo que para el año actual debería tener un equipo de cómputo.

FÓRMULA PARA OBTENER EL PUNTAJE MÍNIMO ACTUALIZADO

Hay una sencilla fórmula matemática que permitirá calcular el Puntaje Mínimo Actualizado[173] a partir de un puntaje existente. La fórmula es la siguiente:

$$PMA=PMB(1+RCP)^{sg}$$

Donde:

PMA = Puntaje Mínimo Actualizado

PMB = Puntaje Mínimo Base

RCP = Es la Razón de Crecimiento Promedio de rendimiento en cada nueva generación de procesadores. Su valor es entre 8 y 10%[174].

sg = Es el Salto Generacional entre el valor tomado como PMB y el PMA de un procesador de generación actual.

Así, hágase el siguiente ejercicio: Se cuenta con una computadora basada en el Core i3-6100 y en ella se ejecuta el benchmark de PCMark 10 Extended, de la que se obtiene una puntuación de 1819. Si no se cuenta con un procesador actual, o la posibilidad de visitar los resultados publicados, ¿cómo podría saberse qué puntuación mínima debería sacar un Core i3-9100?

Datos:

PMB = 1819[175]

RCP[176] = 10%

sg = 3[177]

Se utiliza la fórmula:

$PMA=1819(1+0.1)^3 = 2421$

---

[173] N. de R.: Ésta es una fórmula generada por el autor del libro.

[174] Realicé una detenida investigación entre diferentes tipos y marcas de procesadores con diversas pruebas de rendimiento para determinar, de una manera más fehaciente, la razón de crecimiento promedio. Como ya se indicó, hubo un salto importante en la 8ª generación pues los procesadores Core i3 pasaron de 2 a 4 núcleos físicos en los equipos de escritorio. Algo parecido sucedió con los procesadores Core i5 (de 4 a 6 núcleos físicos) y Core i7 (de 4 núcleos con Hyper-Threading, a 6 y hasta 8 núcleos con Hyper-Threading)

[175] Puntaje obtenido por PCMark 10 Extended.

[176] Con esa misma metodología comparativa, la RCP de los procesadores gráficos es, en promedio de 17%. Por lo tanto, si requiere el Puntaje Mínimo Actualizado del rendimiento gráfico, la RCP debería ser de 17%.

[177] Entre los procesadores Core i de la serie 6000 y los de la serie 9000 hay tres generaciones.

El resultado sería 2421. Es decir, el Puntaje Mínimo Actualizado (PMA) sería de 2421. Ello significaría una mejora del ~33% respecto al puntaje obtenido, lo cual es, de manera clara, percibido por los usuarios. Ello concuerda con lo que se encuentra públicamente en la página Web[178]:

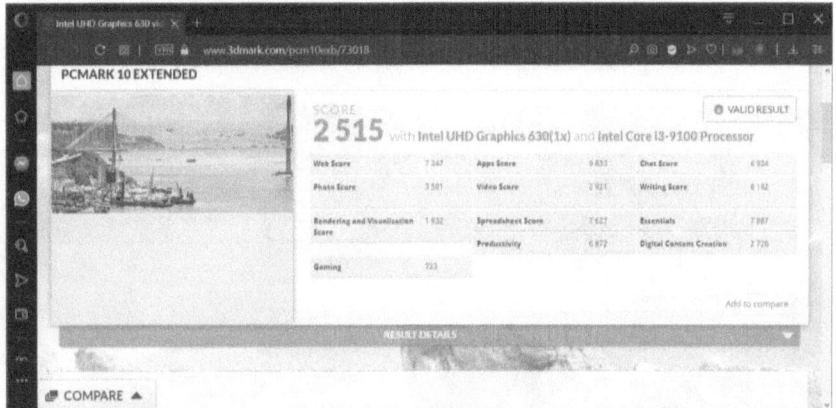

Fuente: Captura de pantalla de PCMark 10 Extended de resultados públicos del procesador Intel Core i3-9100.

La variación de +/-4% en este caso es imperceptible para el usuario y, sin embargo, da una idea del puntaje mínimo que se esperaría a partir de una configuración que ya se tuviera en producción.

EXTRAPOLACIÓN DE RESULTADOS

El puntaje indicado es para una funcionalidad de productividad básica de oficina. Si se tienen requerimientos mayores de cómputo, habrá que tomarse en cuenta alguna otra configuración. Como se sabe, se requiere de un mínimo de 20% para que un usuario perciba una diferencia de rendimiento, por ende, los pasos mínimos de mejoras de rendimiento podrían venir en términos de 20% con respecto al puntaje mínimo que se ha obtenido. Hágase el ejercicio:

Digamos que un usuario tiene necesidades de rendimiento para un proceso que se tarda cinco minutos en ser ejecutado. Si quiere ver alguna mejora, el proceso deberá tardarse mínimo alrededor de cuatro minutos (que es el 20% de cinco minutos). Esta

---

[178] Ver: https://www.3dmark.com/pcm10exb/73018

reducción de tiempo será la mínima adecuada y será la inversión correcta para obtener un equipo de cómputo que resuelva esta necesidad.

Así, si para una nueva generación de procesadores en requerimientos base se esperaba mínimo un puntaje de 2421, para satisfacer esta necesidad el puntaje mínimo esperado debería ser de 2905.

¿Cómo se obtuvo ese número? Bien, primero se obtuvo el 20% por encima de 2421 (2421 * 1.20), el resultado fue de 2905. Esto confluye con un procesador de gama superior[179]:

Fuentes: Capturas de pantalla de PCMark 10 Extended de resultados públicos de los procesadores Intel Core i5-9400 y AMD Ryzen 5 PRO 3400G.

---

[179] Ver: https://www.3dmark.com/pcm10exb/83272

Ambos procesadores satisfarían la expectativa del usuario y la diferencia de puntuación entre ellos es insignificante.

Si se requiere de un equipo todavía más potente, se podría volver a utilizar el 20% en el puntaje de 2905 para obtener un equipo aún de mayor rendimiento (es decir, con un puntaje mínimo actualizado de 3486). Y hay ejemplos como los siguientes[180]:

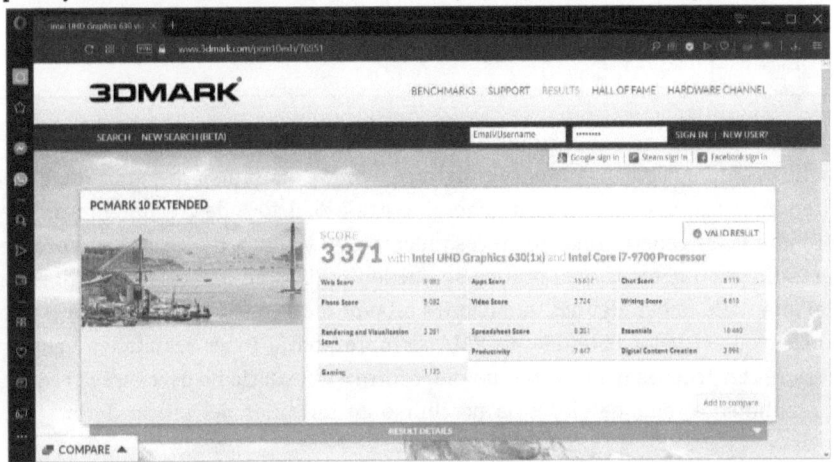

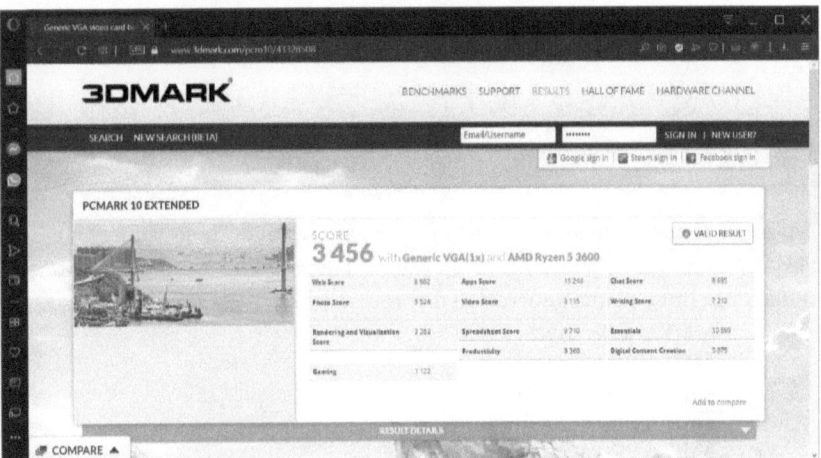

Fuentes: Capturas de pantalla de PCMark 10 Extended de resultados públicos de los procesadores Intel Core i7-9700 y AMD Ryzen 5 PRO 3600.

No está por demás señalar que estos puntajes ya caen en la configuración de una PC de juegos, lo cual puede ser especialmente costoso. Aquí será importante validar si

---

[180] Ver: https://www.3dmark.com/pcm10exb/76951 y https://www.3dmark.com/pcm10/43328508

el costo del equipo tendrá un ROI a través de la productividad que se pretende que genere.

NOTAS FINALES

Puede utilizarse la fórmula del Puntaje Mínimo Actualizado (PMA) en prácticamente cualquier puntuación derivada de los distintos programas de pruebas de rendimiento (benchmark). En general, entre 8% al 10% de crecimiento promedio en rendimiento generacional de procesamiento CPU y el 17% de crecimiento promedio en rendimiento generacional gráfico se pueden utilizar en cualquiera de ellos. Ya se sabe que suele haber algunas variaciones a favor o en contra. Si son en contra, cabe recordar que el valor obtenido en PMA siempre podría tener resultados hasta 10% inferiores en pruebas reales y, de cualquier forma, el usuario no percibirá la reducción en rendimiento, aunque sí podría percibirse en términos del precio de la solución provista.

GENERACIONES DE PROCESADORES AMD E INTEL

En esta sección se tendrá una lista de las generaciones de los procesadores AMD desde 2010 para que se pueda hacer un cálculo adecuado del salto generacional en la fórmula. Cada línea es una generación de procesadores:

- AMD A serie 3000
- AMD A PRO serie 4000
- AMD A PRO serie 5000
- AMD A PRO serie 6000
- AMD A PRO serie 7000
- AMD PRO A serie 8000
- AMD PRO A serie 9000
- AMD Ryzen PRO serie 1000
- AMD Ryzen PRO serie 2000
- AMD Ryzen PRO serie 3000
- AMD Ryzen PRO serie 4000

Como en el caso anterior, a continuación, se encontrará una lista generacional de los procesadores Intel desde 2010. Nuevamente, cada línea es un salto generacional:

- Intel Core i series 300, 400, 500, 600, 800 y 900
- Intel Core i serie 2000
- Intel Core i serie 3000
- Intel Core i serie 4000
- Intel Core i serie 5000
- Intel Core i serie 6000
- Intel Core i serie 7000
- Intel Core i serie 8000
- Intel Core i serie 9000
- Intel Core i serie 10000

CAPÍTULO 15

Adecuación o actualización de los equipos existentes

"Me gusta concebir la innovación como una actualización propia. Esta actualización nos ayuda a enfrentar los cambios de mejor manera y a ser capaces de pensar de una manera más compleja que antes."
—Daniel Willey

No todo el tiempo hace falta adquirir equipos nuevos. Quizá ya tenemos la potencia productiva de cómputo que necesitamos y solo se necesita una "manita de gato" para darle una nueva vida a la tecnología. La actualización de computadoras dependerá del tipo de equipos que se tengan y, de allí, la cantidad de dinero que se requeriría invertir en semejante actualización. Este capítulo no intenta ser una guía definitiva para actualizar el equipo, sino, básicamente, una propuesta que deberá evaluar.

Ante ello, a continuación, se podrán encontrar los pasos para evaluar la viabilidad de actualizar el equipo.

DESCARGO DE RESPONSABILIDAD

La viabilidad de la actualización dependerá de manera importante de las posibilidades ofrecidas por el fabricante del equipo. En ningún caso deberán seguirse estas recomendaciones como algo inapelable, pues algunos fabricantes invalidan la garantía si se abre la computadora o se modifican sus componentes. Otros pueden ser más permisivos. **Hay que consultar al fabricante antes de decidir realizar alguna acción que involucre manipular físicamente la computadora o cambiar alguno de sus componentes.**

Cabe hacer un paréntesis para insistir en la responsabilidad que cada usuario tiene sobre sus equipos. La base de una buena decisión en materia de adquisición y actualizaciones de equipos implica el compromiso del usuario de informarse. El libro negro de las computadoras en la productividad se ofrece como una guía de buena fe para la acción, orientada a mejorar la toma de decisiones; sin embargo, cada equipo obliga a un análisis serio para el que pueda ser útil esta obra, pero no determinante, pues corresponde al usuario la decisión responsable y certera.

CONFIGURACIÓN ACTUAL

El primer paso es evaluar la configuración actual. Existen sencillas herramientas para poder hacer eso. En el propio Windows puede ir a la opción Sistema para darse una idea de las características generales del equipo:

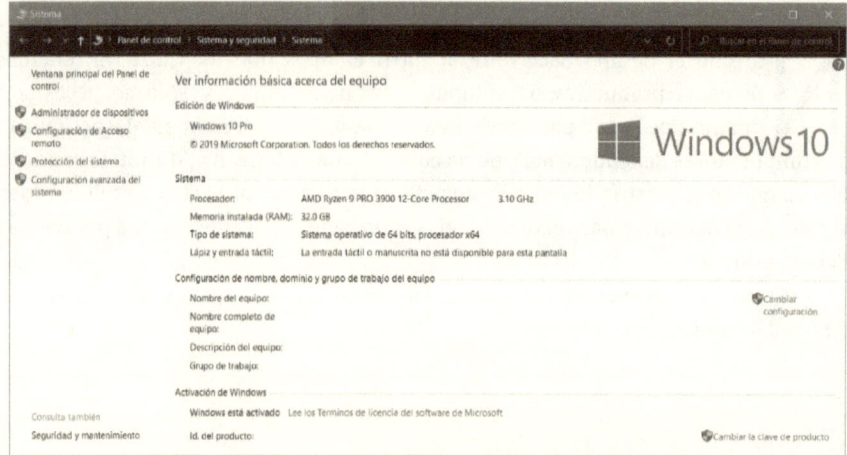

Fuente: Captura de pantalla de Sistema de Windows 10 Pro.

Si se quiere tener una idea más clara, podría utilizarse un programa como CPU-Z[181] para conocer los detalles de la configuración. A continuación, se verá una captura de pantalla de la información que este programa arroja respecto al procesador:

Fuente: captura de pantalla de CPU-Z

También puede conocerse cómo está configurada la memoria RAM del equipo:

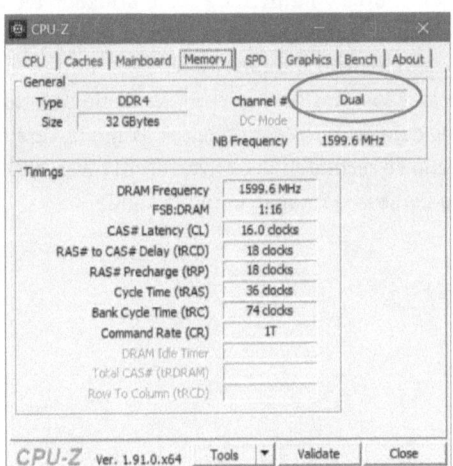

Fuente: captura de pantalla de CPU-Z

---

[181] Se puede obtener de manera gratuita CPU-Z de la página Web www.cpuid.com

Es importante poner atención al rubro Channel #. Si no dice Dual, es muy probable que esté castigándose el rendimiento del equipo debido a esto. La memoria funciona mucho mejor en entornos productivos en modo Dual. Ésta será una señal para determinar la necesidad de actualizar el hardware. Las especificaciones de la memoria se encuentran en la ficha SPD de este mismo programa:

Fuente: captura de pantalla de CPU-Z

Aquí podrá verse la marca y número de parte utilizado en la memoria. Es probable que no pueda encontrarse la misma marca y modelo de memoria para el equipo, así que lo mejor podría ser sustituirla toda[182].

En lo que respecta a los gráficos, es recomendable utilizar otra herramienta para poder determinar los detalles correspondientes, como la versión de DirectX soportada y su potencia. Para ello se recomienda utilizar TechPowerUp GPU-Z[183]. Al ejecutar esta herramienta, podría verse una imagen como la siguiente:

---

[182] Como ya fue indicado en su momento, es importante evitar mezclar memorias de diferentes marcas y capacidades, so pena de sufrir una fuerte inestabilidad en el equipo.
[183] Se puede obtener esta herramienta de manera gratuita desde:
https://www.techpowerup.com/download/techpowerup-gpu-z/

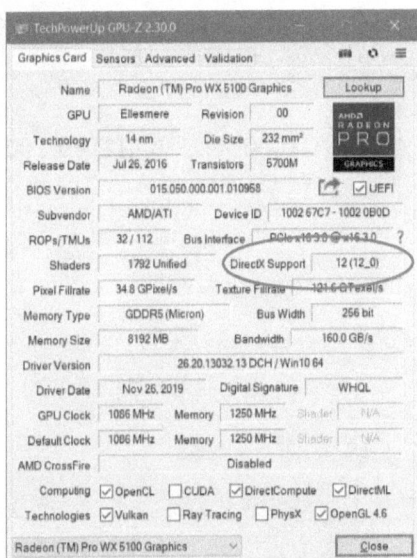

Fuente: captura de pantalla de GPU-Z

Aquí hay un montón de información valiosa; sin embargo, nos concentraremos en la versión de DirectX que soporta el gráfico. Si la versión es menor a 12, será muy recomendable colocar una nueva tarjeta gráfica si es que pretende actualizarse el sistema operativo a Windows 10. Una versión anterior de DirectX podría limitar la capacidad de utilizar cómputo heterogéneo y desaprovechará los recursos de su máquina.

Para finalizar, obsérvese la unidad de almacenamiento masivo. Para ello se puede echar mano de otra herramienta gratuita que es Crystal DiskInfo[184] en su versión Standard. Con esta herramienta podrá descubrirse información valiosa acerca de la(s) unidad(es) de almacenamiento masivo para determinar si se debe(n) o no cambiar. Ver la imagen siguiente:

---

[184] Puede obtenerse esta herramienta gratuita desde:
https://crystalmark.info/en/download/#CrystalDiskInfo

Archivo Editar Función Tema Disco Ayuda Lengua(Language)

Bueno	Bueno	Bueno
45 °C	41 °C	50 °C
D:	E:	C:

WDC WD1000DHTZ-60N21V0 1000.2 GB

Estado de salud	Firmware	04.06A02	----	----
	Número de serie	WD-WXJ1EA3MDHX2		----
Bueno	Interfaz Serial ATA		Velocidad rotación	10000 RPM
	Modo de transferencia	SATA/600 | SATA/600	Nº encendido	1887 veces
Temperatura	Letra de unidad D:		Horas encendido	9572 horas
45 °C	Estándar ACS-2 | ACS-3 Revision 3b			
	Características soporta S.M.A.R.T., NCQ			

	ID	Detalles ID	Actual	Peor	Umbral	Valores en crudo
●	01	Tasa de errores de lectura	200	200	51	000000000000
●	03	Tiempo de arranque	195	192	21	000000000CA1
●	04	Nº de ciclos de arranque/parada	98	98	0	0000000009E8
●	05	Nº de sectores reasignados	200	200	140	000000000000
●	07	Tasa de errores de búsqueda	200	200	51	000000000000
●	09	Horas encendido	87	87	0	000000002564
●	0A	Nº de reintentos de giro	100	100	51	000000000000
●	0B	Reintentos de calibración	100	100	0	000000000000
●	0C	Nº de ciclos de encendido del dispositivo	99	99	0	0000000075F
●	B7	Vendor Specific	100	100	0	000000000000
●	B8	End-to-End Error	100	100	97	000000000000

Fuente: captura de pantalla de Crystal Disk Info

Si se trata de una unidad rotativa de almacenamiento (un HDD), hay que asegurarse que la velocidad de rotación sea mayor a 5400RPM. Si es de 7200RPM estará medianamente bien, aunque la velocidad de transferencia de los datos sería alrededor de, a lo sumo, 140MB/s. Ello, comparado con la memoria RAM, cuyas razones de transferencia podrían ser mayores a 35GB/s es muy lento para el procesador (que por cada núcleo requiere, al menos, de una tasa de transferencia de 8GB/s, aunque podría llegar a ser más de 24GB/s por núcleo). Un disco duro de 10,000 RPM podría ofrecer una mejor capacidad de respuesta, pero su precio llegaría a ser muy alto y convendría, en su caso, considerar una unidad de estado sólido, cuyas tasas de transferencia pueden ser, en caso de SSD con conexión SATA-III, de unos 550MB/s o, en el caso de las M.2, de hasta más de 3.5GB/s. Si es M.2, asegúrese que en la sección "Modo de transferencia" diga que está usando, al menos, PCIe 3.0 x4. Hay algunas de estas unidades que lo usan en X1 o en X2 y ello reduce el rendimiento.

Si se cuenta con la posibilidad de actualización a unidades SSD M.2 se hablaría de un equipo reciente, por lo que su capacidad de actualización sería mucho mayor que la de un equipo con algo de tiempo. La actualización a la tecnología SSD M.2 arrojaría significativamente mayor velocidad que a través de una conexión SATA. Sin embargo, lo más probable es que, de acuerdo con el tiempo que tenga el equipo, la mayor actualización que pueda realizarse sea con unidades SSD con conexión SATA.

Si se usarán discos duros estándar, hay que asegurarse que tengan tecnología NCQ para agilizar los procesos de búsqueda de la información, y SMART, para tener un reporte del estado de "salud" del disco.

SOFTWARE

Ahora que sabemos con qué contamos en la computadora, pasemos al rubro del software. Hay que verificar el sistema operativo, las aplicaciones y las necesidades que son satisfechas con esas aplicaciones. Ahora, hay que responder a las siguientes preguntas:

1. ¿Requiere actualizarse alguna o algunas de las aplicaciones? Si la respuesta es "Sí", entonces hay que visitar el sitio Web de la empresa desarrolladora para determinar los requerimientos mínimos del sistema. Si los requerimientos mínimos son, por ejemplo, "2GB de RAM" y el equipo tiene exactamente 2GB de RAM, se está en problemas. Como ya se indicó con anterioridad, esos 2GB de RAM se suman a los requerimientos de RAM que tiene el propio sistema operativo y las otras aplicaciones que se utilicen en el equipo. Por ende, el sistema está limitado en cuanto a memoria RAM. Hay que considerar aumentar la memoria RAM al menos a 8GB (2x4GB).

2. Si se va a actualizar alguna de las aplicaciones, ¿se exige una versión de sistema operativo más avanzada que la que se tiene instalada en el equipo? Si la respuesta es "Sí", hay que proceder a visitar el sitio Web de la empresa desarrolladora del sistema operativo para determinar los requerimientos mínimos del sistema. Es imperativo que se ponga especial atención en el tipo de procesador, tecnología gráfica y capacidad de memoria. Cabe recordar que los requerimientos mínimos son para que apenas funcione el programa. Lo ideal es decantarse por el doble de lo establecido en los requerimientos mínimos para tener una configuración más acercada a lo ideal.

3. Aunque no se actualicen las aplicaciones, ¿se desea actualizar el sistema operativo? Si la respuesta es "Sí", será mejor que se visiten los sitios Web de las aplicaciones que se utilizan para determinar su compatibilidad. Hay programas y dispositivos que, simplemente, no funcionan en versiones posteriores del sistema operativo elegido. Por ende, habrá sido un desperdicio. Hay que procurar que el equipo supere los requerimientos mínimos solicitados por el sistema operativo elegido.

El software es la parte principal de la productividad empresarial. Si bien un hardware bien configurado podrá apoyar el mejor funcionamiento del software, lo cierto es que la productividad se basa en el software de aplicación con el que se cuenta.

Es por lo que, antes de cualquier evaluación de hardware, hay que empezar con el software (y antes de ello, con la necesidad del usuario).

HARDWARE

La actualización del hardware será necesaria solo bajo tres circunstancias: 1) por requerimientos del software, 2) por degradación o fallas del hardware inherentes al uso y al tiempo, y 3) por obsolescencia y disminución evidente de la capacidad del hardware actual para hacer uso de las nuevas tecnologías.

La evaluación de la viabilidad para actualizar el hardware dependerá, fuertemente, de la disponibilidad y precio de los componentes por actualizar. Pero vamos por partes de manera que podamos determinar la viabilidad para actualizar los equipos.

1) **Teclado y ratón.** Si hay ciertas teclas que fallan, o el ratón está teniendo problemas para apuntar de manera adecuada, es muy recomendable que se haga la sustitución de estos componentes. No hace falta sustituir toda la computadora, a menos que se trate de una computadora portátil. No obstante, existe la posibilidad de que el teclado y el mouse pad sean sustituidos por nuevos, siempre y cuando el fabricante aún posea repuestos o refacciones para el equipo de marras sea portátil o de escritorio.

2) **Pantalla o monitor.** Si la pantalla muestra píxeles muertos, o se trata de una pantalla CRT, lo más recomendable será sustituirla. Es posible solicitar al proveedor nuevas pantallas (y, tal vez, de mayor tamaño o mejores resoluciones) para sustituir la pantalla existente. Puede haber diversas alternativas para modificar la pantalla sin la necesidad de adquirir todo un nuevo sistema de cómputo.

3) **Disco duro.** Si lo que se tiene es un disco duro lento o de poca capacidad. Se puede adquirir una nueva unidad de almacenamiento con mayor velocidad o capacidad para poder colocar la información allí. Cambiar el disco duro no es una tarea baladí, pues casi siempre hay en él información valiosa, así como en el sistema operativo. Existen varias soluciones que pueden facilitar este proceso de sustitución. Una de ellas es CloneZilla, una utilería de software libre que se presta mucho para este tipo de procesos.

4) **Gráficos.** Ante la posibilidad de instalar un nuevo sistema operativo, como Windows 10, es posible que se requiera de instalar una tarjeta gráfica nueva. Antes que todo, hay que verificar si los gráficos del equipo cumplen con el sistema operativo que se instalará (para Windows 10, es deseable que los gráficos sean DirectX 12). El solo ponerle una tarjeta gráfica, que puede adquirirse con el proveedor, podría hacer la diferencia entre poder o no instalé el nuevo sistema operativo.

5) **Memoria**. Es muy probable que en este rubro se encuentre uno de los mayores problemas de la máquina, y que la lentitud se deba a que se omitió configurar al equipo con una cantidad generosa de memoria RAM. Sin embargo, será importante revisar[185] el tipo de memoria RAM que tiene el sistema para determinar su viabilidad de ser actualizada. A continuación, se encontrará una lista de posibles memorias reportadas:

a. **DDR o DDR2**: si la memoria que tiene el equipo es DDR (también conocida como DDR1) o DDR2, no tiene caso. Simplemente hay que ir por una nueva computadora.

b. **DDR3**: si la memoria es DDR3, aún se puede actualizar. Hay que buscar el tipo de memoria adecuado para el sistema[186] y validar que exista ese número de parte con el proveedor. Si existe, es recomendable que se coloquen, al menos, 8GB (2x4GB) de memoria DDR3-1600 en el equipo.

c. **DDR4**: Ésta es la memoria actual, así que no se deberán tener problemas para hacer la actualización. Es recomendable, de manera ideal, integrar 16GB (2x8GB) de memoria DDR4-2666 o DDR4-3200 para que el equipo pueda responder de la mejor forma posible. Cabe recomendar que se verifique si el equipo soportará y explotará este tipo de memoria RAM, pues algunos procesadores solo reconocen hasta DDR4-2133.

6) **Procesador**. Como en todas las anteriores, ésta es una parte neurálgica del sistema. Para saber si se puede actualizar el equipo, primero es necesario responder las siguientes preguntas:

a. **¿Cuál es el conector (sóquet) del procesador?**

b. **¿El equipo admite nuevas familias de procesadores?**

c. **¿Es necesario actualizar el BIOS/UEFI de la máquina?**

d. **Ya con el BIOS/UEFI actualizado, ¿el equipo admite las nuevas familias de procesadores que se pretenden instalar?**

e. **En caso de que el equipo admita la actualización del procesador, ¿el procesador que se haya elegido podrá colocarse y ser reconocido por el equipo?**

Como observación adicional, es importante considerar la probabilidad que, de ser un equipo de fabricante internacional, no pueda actualizarse o cambiarse el procesador. Es más, si el equipo es portátil, es casi un hecho que no admitirá la actualización pues existen altísimas probabilidades que esté soldado a la motherboard.

---

[185] Puede abrirse el equipo, o usarse el ya citado programa CPU-Z (www.cpuid.com) para saber el tipo de memoria RAM que tiene instalado el equipo. Hay computadoras que no exponen la información de la Detección de Presencia Serial (SPD) de la RAM y que, por ende, no se veía en CPU-Z. Ante ello, la única opción será abrir la máquina para ver las características de la RAM instalada.

[186] Busque en los sitios Web de los fabricantes de memoria, como en Kingston (www.kingston.com) o Corsair (www.corsair.com) una guía para obtener el número de parte adecuado para el tipo y modelo de computadora que tenga.

En lo que respecta al procesador, es muy importante saber que **no es posible** colocar un procesador AMD donde había un Intel, y viceversa. Si se va a actualizar un equipo basado en tecnología de AMD, la actualización solo podrá realizarse con la tecnología correspondiente de AMD. De igual forma, si se va a actualizar un equipo basado en tecnología de Intel, la actualización solo podrá realizarse con la tecnología correspondiente de Intel.

El modelo del procesador podría ayudar mucho a saber si es posible hacer o no la actualización. Por ejemplo, si el procesador que tiene el equipo es específicamente diseñado para entornos productivos (como la línea AMD PRO o Intel vPro), lo más seguro es que no podrá actualizar el procesador[187], so pena de arriesgar la seguridad y capacidad de administración del equipo. Existen casi nulas posibilidades que se encuentren procesadores de las líneas AMD PRO o Intel vPro disponibles a la venta al por menor. Estos procesadores, por lo general, se venden solo como parte de una solución integral. Por el contrario, si el modelo del procesador no es AMD PRO o Intel vPro, existen posibilidades de poder hacer la actualización. De nuevo, el número de modelo podría ayudar a descubrir el tipo de actualización favorable.

Por ejemplo: Si el modelo de procesador es AMD A6-7400K, lo más seguro es que se podrá hacer una actualización a un AMD A10-7800 que tiene un consumo de energía similar (65W) y está diseñado para el mismo socket o conector. El AMD A10-7400 ofrece alrededor de 80% mejor rendimiento que el ofrecido por un AMD A6-7400K.

En el caso de Intel, si cuenta con un procesador Celeron G3900, es probable que pueda colocar en el mismo equipo un Core i5-6400 que si bien tiene un consumo de energía mayor (51W del primero vs 65W del segundo), la diferencia podría no ser significativa y llegaría a existir la posibilidad de aumentar significativamente la capacidad de respuesta del equipo. El Core i5-6400 ofrece alrededor de 122% mayor rendimiento que el ofrecido por un Celeron G3900.

7) **Tarjeta madre o Motherboard**: si para hacer la actualización del equipo se requerirá de cambiar la tarjeta madre, lo mejor será pensar en un equipo nuevo, cuanto y más si el equipo es de fabricante internacional.

8) **Fabricante del equipo**: si el equipo de cómputo con el que se cuenta es de algún fabricante internacional (como Dell, HP o Lenovo), lo más seguro es que las capacidades de actualización se limiten a la adición de una tarjeta gráfica, al aumento o cambio de tipo de unidad de almacenamiento masivo, y a la capacidad y velocidad de la memoria RAM. Sin embargo, estas tres capacidades de actualización pueden ofrecer un amplísimo margen de mejora, pues si se pone una unidad de almacenamiento masivo más amplia o, mejor aún, más veloz y, además, se aumenta la capacidad de la memoria RAM, el equipo podría

---

[187] A menos que el fabricante del equipo ofrezca kits de actualización del procesador.

rejuvenecer y tener un nuevo aire de potencia de cómputo (quizá, hasta de unos dos años adicionales). Si el equipo es genérico o de algún fabricante local, existen mayores posibilidades de poder actualizar el equipo. Es muy raro que este tipo de equipos de cómputo utilicen procesadores específicamente diseñados para la productividad (como AMD PRO o Intel vPro), lo cual abre la posibilidad de hacerles una actualización. El problema con este tipo de equipos es que no se puede garantizar la calidad de los componentes utilizados, debido a que se tiende a utilizar componentes de mediana a baja calidad con la finalidad de ofrecer un precio competitivo. Habrá que informarse a profundidad acerca de los componentes integrados en este tipo de equipos para determinar su viabilidad de ser actualizados.

CONCLUSIONES

"Para tener éxito, salta rápido a las oportunidades
como lo haces a las conclusiones."
—*Benjamín Franklin*

En definitiva, es poco lo que se puede tratar en un libro como éste respecto a los equipos de cómputo personal para la productividad. Sin embargo, cabe resumirlo, a manera de conclusión, en los siguientes puntos.

- **Un equipo de cómputo es más que un procesador.** Se trata de una configuración holística y sistémica orientada a satisfacer las necesidades del usuario en la mayor cantidad de aspectos posibles.
- **Cada componente de un equipo de cómputo es valioso.** Si solo se pone atención en uno de ellos, como el procesador, es muy posible que los resultados no sean los más halagüeños posibles.
- **Hay muchos mitos alrededor de las marcas y los componentes de una computadora.** Es muy recomendable deshacerse de esos mitos que podrían costar mucho dinero y, al final, no satisfacer las necesidades del usuario por no contar con la configuración adecuada.
- **Existe un sinnúmero de referencias respecto al cómputo.** Si bien este libro es otra de ellas, aquí se pretende ofrecer una guía directa y franca para ayudar a tener equipos que realmente resuelvan las necesidades de cómputo productivas.
- **La configuración inicia con la determinación de los casos de uso.** Es importante tener la mayor claridad posible del uso que se dará a la o las computadoras para, entonces, hacer la mejor configuración posible.

- **La configuración debe basarse en los casos de uso.** Aunque suene redundante, en los hechos hay que tomar en cuenta los casos de uso para llegar a la mejor conclusión para la configuración de los equipos de cómputo. Si serán varios equipos de cómputo, hay que procurar tomar en cuenta los diferentes requerimientos para generar "paquetes" de cómputo orientados a resolver determinadas necesidades.
- **La seguridad es primordial.** Éste es un aspecto que reviste cada vez mayor importancia en la decisión de compra. La seguridad y las posibles certificaciones que al respecto tenga el equipo, así como las prestaciones que en este rubro ofrezca el fabricante son aspectos que hay que considerar con mucha seriedad en la compra.
- **Las pruebas de rendimiento son importantes.** Y, sin embargo, una prueba de rendimiento es mucho más que ejecutar un programa que emita una puntuación al respecto. El rendimiento, en sí, es la realización de una tarea dada que se mide en función de estándares prestablecidos de integridad, exactitud, precisión, costo y rapidez. Así, las medidas de rendimiento también son holísticas y sistémicas.
- **Los programas de "pruebas de rendimiento" comerciales difícilmente ofrecen una guía imparcial y real del funcionamiento de la máquina en las necesidades particulares de una organización.** Los resultados tienden a destacar los componentes de quienes los patrocinan, por lo que no se espera que ofrezcan resultados objetivos y orientados al usuario.
- **La percepción humana de rendimiento es distinta a los puntajes que se ofrecen en los programas de pruebas de rendimiento.** Si bien es muy posible que las computadoras estén aumentando con regularidad su rapidez de respuesta, lo cierto es que la percepción de las personas difícilmente cambia. Lo que es "rápido" para algunos, para otros no observan diferencia y algunos más podrían frustrarse con el resultado.
- **Para hacer pruebas de rendimiento, es imperativo saber qué es lo que se quiere medir.** Si se tiene claro este concepto, será mucho más fácil determinar si el equipo satisfará, en los hechos, las necesidades del usuario.
- **Es importante tener un protocolo bien definido para hacer pruebas.** En particular, si se pretende utilizar un banco de programas de pruebas de rendimiento, seguir el protocolo reducirá la posibilidad de obtener resultados exagerados, incorrectos o adulterados.
- **Hay que conocer lo que pretenden medir los programas de pruebas de rendimiento.** Si la información no se ve por lado alguno, lo más seguro es que sus resultados significarán poco y nada para los propósitos personales o de los usuarios. De cualquier forma, prácticamente todos los programas de pruebas de rendimiento ocultan qué tipo de codificación, compilación, modificadores, banderas, compilador, y cosas por el estilo se utilizaron para hacer las pruebas.
- **No todo el tiempo se requiere de comprar equipos nuevos.** Puede haber algunas ocasiones donde con solo actualizar los gráficos, la unidad de

almacenamiento masivo o la memoria RAM se pueda extender la vida de la computadora con una menor inversión.

- **La vorágine comercial ha enrarecido el ámbito del cómputo.** La caída en los precios de la tecnología ha obligado a las empresas a vender cada vez más para obtener los ingresos necesarios para mantenerse en el mercado. Sin embargo, el mercado no crece al ritmo al que lo hacen las expectativas de crecimiento de las empresas, y los precios siguen cayendo. Ello tiene el riesgo de saturar al mercado o de ofrecer equipos de menor calidad a la esperada. Es por lo que hacer una prueba de rendimiento integral (no solo la rapidez de la máquina, sino la revisión y certificación de sus componentes, entre otros aspectos) se hace cada vez más importante.

NOTAS FINALES

Quiero reiterar que *El libro negro de las computadoras en la productividad* no hace recomendaciones de marcas, ni ofrece garantías por la instalación o efectividad de las herramientas o ajustes mencionados. El lector o la organización asumirá toda la responsabilidad del licenciamiento comercial y decisión de instalación de cualquiera de estas herramientas indicadas.

A su vez, no se garantiza de forma alguna que el rendimiento, la funcionalidad o la estabilidad mejoren de manera ostensible si se siguen detenidamente las guías indicadas. La proporción de la mejora dependerá de muchos aspectos, entre los que se incluyen la versión y configuración del sistema operativo y de las aplicaciones que allí se ejecuten, así como la cantidad de controladores (drivers), programas y utilidades que sean cargados automáticamente durante el arranque del equipo. No se asume responsabilidad alguna por los resultados obtenidos por el proceso de configuración del equipo.

Estas configuraciones son genéricas y pueden requerir que se adapten a las opciones ofrecidas por cada fabricante. Nuevamente, la recomendación es: consultar con el fabricante.

REFERENCIAS

Amdahl, G. M. (1967). *Validity of the single processor approach to achieving large scale computing capabilities*. Obtenido de EECS Instructional and Electronics Support (University of California, Berkeley): http://www-inst.eecs.berkeley.edu/~n252/paper/Amdahl.pdf

Anderson, J. (4 de julio de 2014). *Speed, Performance, and Human Perception*. Obtenido de Medium: https://medium.com/@jakob_anderson/speed-performance-and-human-perception-70ae83ea144e

Anon, E. A., & Gray, J. (1985, febrero). *A Measure of Transaction Processing Power*. Retrieved March 22, 2015, from Internet Archive: https://archive.org/details/bitsavers_tandemtechMeasureofTransactionProcessingPowerFeb85_1019642

Anthes, G. H. (3 de abril de 2000). *Cache Memory*. Obtenido de Computer World: http://www.computerworld.com/article/2595301/lan-wan/cache-memory.html

Apple, Corp. (15 de julio de 2014). *Thread Management*. Obtenido de Guides and Sample Code: Threading Programming Guide: https://developer.apple.com/library/content/documentation/Cocoa/Conceptual/Multithreading/CreatingThreads/CreatingThreads.html

Arora, H. (14 de noviembre de 2013). *What are Linux Processes, Threads, Light Weight Processes, and Process State*. Obtenido de The Geek Stuff: http://www.thegeekstuff.com/2013/11/linux-process-and-threads/

Betts, A. (24 de diciembre de 2018). *Which Upgrades Will Improve Your PC Performance the Most?* Obtenido de Make Use Of (MUO): https://www.makeuseof.com/tag/upgrades-will-improve-pc-performance/

Brink, S. (28 de diciembre de 2018). *Enable or Disable Secure Boot on Windows 10 PC*. Obtenido de TenForums: https://www.tenforums.com/tutorials/85279-enable-disable-secure-boot-windows-10-pc.html

Brueckner, R., & Olds, D. (19 de 12 de 2011). *Secrets and Solutions form a Reformed Benchmarketer*. Obtenido de Inside HPC:

https://insidehpc.com/2011/12/secrets-and-solutions-from-a-reformed-benchmarketer/

Brynjolfsson, E. (1992). *The Productivity Paradox of Information Technology: Review and Assessment.* Obtenido de MIT Center for Coordination Science: http://ccs.mit.edu/papers/CCSWP130/ccswp130.html

Carrier, J. (24 de abril de 2012). *HPCS I/O Scenarios.* Obtenido de OpenSFS: http://cdn.opensfs.org/wp-content/uploads/2011/11/Carrier_LUG12_HPCS-Scenarios.pdf

Cirillo, F. (2018). *The Pomodoro Technique.* New York, Estados Unidos: Currency.

Collins Dictionary. (s.f.). *Technique.* Obtenido de Collins Dictionary: https://www.collinsdictionary.com/dictionary/english/technique

Computerhope. (15 de marzo de 2015). *Thrashing.* Obtenido de Computer hope: http://www.computerhope.com/jargon/t/thrash.htm

Conlin, A., & Barber, L. (03 de abril de 2017). *Why and How You Should Take Breaks at Work.* Obtenido de Psychology Today: https://www.psychologytoday.com/intl/blog/the-wide-wide-world-psychology/201704/why-and-how-you-should-take-breaks-work

Cunningham, A. (1 de junio de 2012). *Refining the recommended system requirements for Windows 8: Microsoft's listed requirements fall short for daily use.* Obtenido de ArsTechnica: http://arstechnica.com/information-technology/2012/05/recommended-system-requirements-for-windows-8/

Cunningham, C. (13 de octubre de 2017). *What is Hyper-Threading and Simultaneous MultiThreading?* Obtenido de Logical Increments PC Building Guide: http://blog.logicalincrements.com/2017/10/what-is-hyper-threading-simultaneous-multithreading/

Cunningham, C. (13 de octubre de 2017). *What is Hyper-Threading and Simultaneous MultiThreading?* Obtenido de LI Blog: http://blog.logicalincrements.com/2017/10/what-is-hyper-threading-simultaneous-multithreading/

Cyber Startup Observatory. (s.f.). *CISO of the Week: Stéphane Nappo, Société Générale.* Obtenido de Cyber Startup Observatory: https://cyberstartupobservatory.com/cyber-startup-observatory-ciso-week-stephane-nappo-societe-generale/

Delgado Suárez, J. (03 de 04 de 2020). *Insatisfacción crónica: personas que nunca están satisfechas.* Obtenido de Rincón de la psicología: https://rinconpsicologia.com/insatisfaccion-cronica-personas-que/

Fog, A. (2017). *The microarchitecture of Intel, AMD and VIA CPUs.* Denmark: Technical University of Denmark.

Google, LLC. (s.f.). *Procesos y subprocesos.* Obtenido de Android Developers: https://developer.android.com/guide/components/processes-and-threads.html

GreenIT. (s.f.). *Energy Savings is the low-hanging fruit ready to be picked.* Obtenido de GreenIT: http://www.greenit.net/whygreenit.html#3

Gregg, B. (20 de diciembre de 2013). *13 benchmarking sins.* Obtenido de Computerworld: https://www.computerworld.com/article/2486830/computer-hardware/13-benchmarking-sins.html

Gregg, B. (2014). *Systems Performance Enterprise and the Cloud* (1 ed.). USA: Pearson Education.

Grigorik, I. (2014). *High Performance Browser Networking.* USA: O'Reilly Media, Inc. Retrieved March 22, 2015, from http://chimera.labs.oreilly.com/books/1230000000545/index.html

Heidegger, M. (1954). *Die Frage nach der Technik* (1 ed.). Alemania: GRIN Verlag.

Hoff. (30 de diciembre de 2006). *Multicore, SMP and SMT Processors.* Recuperado el 22 de March de 2015, de HoffmanLabs: http://labs.hoffmanlabs.com/node/13

Hoffman, C. (9 de mayo de 2018). *How to Create a Strong Password (and Remember It).* Obtenido de How-To Geek: https://www.howtogeek.com/195430/how-to-create-a-strong-password-and-remember-it/

IFixIt. (2018). *Repairing and Upgrading Your Computer.* Obtenido de IFixIt.com: https://www.ifixit.com/Wiki/Repairing_and_Upgrading_Your_Computer

IMD. (25 de octubre de 2007). *Synthetic Benchmarks.* Obtenido de In More Depth: http://staff.ustc.edu.cn/~han/CS152CD/Content/COD3e/InMoreDepth/

Investopedia. (15 de abril de 2015). *Path Dependency.* Obtenido de Investopedia: http://www.investopedia.com/terms/p/path-dependency.asp

Lane, A. (14 de 9 de 2006). *What is technology?* Obtenido de OpenLearn University: http://www.open.edu/openlearn/science-maths-technology/engineering-and-technology/technology/what-technology#

Lilja, D. J. (2004). *Measuring Computer Performance: A Practitioner's Guide.* Cambridge, UK: Cambridge University Press.

Livneh, B. (7 de noviembre de 2014). *Why RAM is important, and when you should upgrade your memory.* Obtenido de Legal Technology Solutions: https://legaltechnology.solutions/why-ram-is-important-and-when-you-should-upgrade-your-memory/

Macdonald, S., Anderson, P., & Kimbel, D. (1999). *Measurement or Management?: Revisiting the Productivity Paradox of Information Technology.* Obtenido de DIW Berlin: https://www.diw.de/documents/publikationen/73/38739/v_00_4_9.382949.pdf

Maister, D. (1985). *The Psychology of Waiting Lines.* (T. S. Encounter, Ed.) Retrieved March 22, 2015, from David Maister: Professional Business, Professional Life: http://davidmaister.com/wp-content/themes/davidmaister/pdf/PsycholgyofWaitingLines751.pdf

Mallik, A. (2007). *Hollistic Computer Architectures based on Application, User, and Process Characteristics.* Evanston, Illinois, USA: UMI.

Martin, T. (12 de julio de 2013). *Why benchmark scores don't matter.* Obtenido de PocketNow: http://pocketnow.com/2013/07/23/benchmark-scores

McCalpin, J. (2010, octubre 1). *Dr. Bandwidth explains all...* Retrieved March 22, 2015, from John McCalpin's Blog: http://sites.utexas.edu/jdm4372/2010/10/01/welcome-to-dr-bandwidths-blog/

Microsoft. (19 de 04 de 2017). *Introduction to the Windows Display Driver Model (WDDM).* Obtenido de Microsoft Hardware Dev Center: https://docs.microsoft.com/en-us/windows-hardware/drivers/display/introduction-to-the-windows-vista-and-later-display-driver-model

Microsoft. (2017). *Processes and Threads.* Obtenido de Windows Dev Center: https://msdn.microsoft.com/en-us/library/windows/desktop/ms684841(v=vs.85).aspx

Moorhead, P. (02 de 05 de 2019). *AMD's 50th Anniversary Reminds Us Why The Company Matters.* Obtenido de Forbes: https://www.forbes.com/sites/patrickmoorhead/2019/05/02/amds-50th-anniversary-reminds-us-why-the-company-matters

Myerson, T. (15 de enero de 2016). *Windows 10 Embracing Silicon Innovation.* Obtenido de Microsoft Windows Blogs: https://blogs.windows.com/windowsexperience/2016/01/15/windows-10-embracing-silicon-innovation/

Nambiar, R., & Poess, M. (2016). *Performance Evaluation and Benchmarking: Traditional to Big Data to Internet of Things.* Suiza: Springer International Publishing. doi:10.1007/978-3-319-31409-9

Newman, H. (2015). *Data Storage Issues: Big Data Benchmarking.* Obtenido de InfoStor: http://www.infostor.com/index/blogs_new/Henry-Newman-Blog/blogs/infostor/Henry-Newman-Blog/post987_170803510.html

Nutter, F. W. (2010). *Weber-Fechner Law.* Iowa, E.E.U.U. doi:http://dx.doi.org/10.4135/9781412961288.n494

Olds, D. (2011, diciembre 19). *Benchmarks are $%#&@!!: Secrets and solutions from a reformed benchmarketer.* Retrieved March 22, 2015, from The Register: http://www.theregister.co.uk/2011/12/19/benchmarking_tricks_of_the_trade_webcast/

Olds, D., & OrionX. (19 de diciembre de 2011). *Benchmarks are $%#&@!!* Obtenido de The Register: http://www.theregister.co.uk/2011/12/19/benchmarking_tricks_of_the_tra de_webcast/

Onetti, A., & Sayeed, L. (2010). *Global Green IT Report* (Kindle ed.). Milan: CrESIT.

Osterhage, W. (2013). *Computer Performance Optimization* (1 ed.). (Springer-Verlag, Trans.) Niederbachem, Germany: Springer-Verlag Berlin Heidelberg.

Ousterhout, J. (2010). *Processes and Threads*. Obtenido de Stanford University: CS 140: Operating Systems (Spring 2010): https://web.stanford.edu/class/cs140/cgi-bin/lecture.php?topic=process

Oxford Dictionary. (s.f.). *Technique*. Obtenido de Oxford Dictionary: https://en.oxforddictionaries.com/definition/technique

Petra-Micu, I., & Estrada-Avilés, A. (30 de Octubre de 2013). El pensamiento mágico: diseño y validación de un instrumento. *Investigación en Educación Médica*, 28-33.

Real Academia Española. (2015). *Diccionario de la Lengua Española*. Obtenido de Definiciones: http://www.rae.es

Romanyshyn, R. (1989). *Technology as Symptom & Dream*. New York: Routledge.

Ruiz Pacheco, J. C. (26 de mayo de 2017). *Sistemas Operativos - Manejador de Procesos - Fundamentos*. Obtenido de Microsoft Developer Network: https://msdn.microsoft.com/es-es/communitydocs/win-dev/os/manejador-de-procesos-fundamentos

Ruiz Pacheco, J. C. (26 de mayo de 2017). *Sistemas Operativos - Manejador de procesos - Los Threads*. Obtenido de Microsoft Developer Network: https://msdn.microsoft.com/es-es/communitydocs/win-dev/os/manejador-de-procesos-los-threads

Sagan, C. (2017). *El mundo y sus demonios*. México: Ediciones Culturales Paidós, S. A. de C. V.

Seow, S. (2008). *Designing and Engineering Time: The Psychology of Time Perception in Software*. USA: Addison-Welsey Professional. Obtenido de www.StevenSeow.com

Shinder, D. (24 de febrero de 2016). *The Risk of Running Obsolete Software (Part 1)*. Obtenido de TechGenix: http://techgenix.com/risk-running-obsolete-software-part1/

Silberschatz, A. G. (2013). *Operating System Concepts*. Obtenido de UIC Computer Science: Threads: https://www.cs.uic.edu/~jbell/CourseNotes/OperatingSystems/4_Threads.html

Silbershatz, A., Gagne, G., & Baer Galvin, P. (2013). *CPU Scheduling*. Obtenido de UIC CS: Operating System Concepts:

https://www.cs.uic.edu/~jbell/CourseNotes/OperatingSystems/6_CPU_Sche duling.html

Smaalders, B. (23 de febrero de 2006). *Performance Anti-Patterns.* doi:1542-7790/06/0200

Smith, E. (8 de mayo de 2017). *Why Many Old Operating Systems Never Really Die.* Obtenido de Motherboard: https://motherboard.vice.com/en_us/article/9aebb3/why-many-old-operating-systems-never-really-die

Smith, M. S., & Stonecypher, L. (27 de mayo de 2011). *The Importance of Cache in Modern Processors.* Obtenido de Bright Hub: http://www.brighthub.com/computing/hardware/articles/32165.aspx

Sun, X.-H., & Ni, L. M. (1990). *Another View on Parallel Speedup.* Obtenido de Department of Computer Science & Engineering (University of Texas, Arlington): http://www.ece.eng.wayne.edu/~sjiang/ECE7610-winter-11/scalability.pdf

The Business Dictionary. (2017). *Performance.* Obtenido de The Business Dictionary: http://www.businessdictionary.com/definition/performance.html

The Business Dictionary. (s.f.). *Technique.* Obtenido de The Business Dictionary: http://www.businessdictionary.com/definition/technique.html

The Business Dictionary. (s.f.). *Technology.* Obtenido de The Business Dictionary: http://www.businessdictionary.com/definition/technology.html

Traeger, A., Zadok, E., Joukov, N., & Wright, C. (2008, mayo). *A Nine Year Study of File System and Storage Benchmarking.* Retrieved March 22, 2015, from File systems and Storage Lab (FSL): http://www.fsl.cs.sunysb.edu/docs/fsbench/fsbench.pdf

UNITED STATES OF AMERICA BEFORE FEDERAL TRADE COMMISSION. (02 de noviembre de 2010). *Decision and Order Docket No. 9341.* Obtenido de Federal Trade Commission: https://www.ftc.gov/enforcement/cases-proceedings/061-0247/intel-corporation-matter

Vieira, L. (2014, octubre 3). *The Perception of Performance.* Retrieved March 22, 2015, from Sitepoint: http://www.sitepoint.com/the-perception-of-performance/

Wikipedia. (30 de agosto de 2018). *Technique.* Obtenido de Wikipedia: https://en.wikipedia.org/wiki/Technique

Wikipedia. (2 de octubre de 2018). *Technology.* Obtenido de Wikipedia: https://en.wikipedia.org/wiki/Technology

Wirth, N. (2 de Febrero de 1995). A Plea for Lean Software. *Journal Computer,* 64-68. doi:10.1109/2.348001

XBT Labs. (2010, agosto 26). *VIA Nano CPUID Tricks: Is unfair competition efficient?* Retrieved March 22, 2015, from XBT: http://ixbtlabs.com/articles3/cpu/via-nano-cpuid-fake-p1.html

PARTE III

Apéndices

APÉNDICE A

Equipos de marca o equipos genéricos

"La marca de una empresa es como la reputación de una persona: Se logra tener reputación cuando las cosas difíciles se hacen bien."
—Jeff Bezos

Al paso del tiempo se han generado acaloradas discusiones para determinar cuál podría ser la mejor computadora, una de marca (también conocida como OEM[188]) o una genérica. En los hechos, no existe una verdad absoluta en este sentido, dado que la respuesta dependerá sobremanera de la experiencia personal, el conocimiento de equipos de cómputo que se tenga y la necesidad de servicio. A continuación, intentaré describir las ventajas y desventajas de ambos tipos de computadoras.

EQUIPOS DE MARCA

Beneficios

Por lo general, estos equipos provienen de algún fabricante internacional, como Acer, Asus, Dell, HP y Lenovo, entre otros, y, en algunos casos, nacionales, con una larga lista de marcas que dependerán del país de origen. Este tipo de equipos, en particular aquellos en los que se concentra este libro (para productividad) cuentan con

---

[188] OEM = Original Equipment Manufacturer, o Fabricante de Equipo Original. También pueden llamarse equipos de MNC (Multinational Corporation, o de Corporativos Multinacionales).

diversos grados de certificaciones, que pueden ir desde nulas hasta profusas para entornos o uso específicos. Es común que el hardware también esté fuertemente integrado, lo cual podría asegurar una gran confiabilidad en su funcionamiento, aunque esto no debería tomarse como regla, ya que depende mucho del tipo de fabricante. A su vez, es posible que ofrezcan software integrado para administración o de seguridad. Su mayor ventaja es el servicio: si se es un usuario promedio o uno que no desea estar luchando para que se le den servicio al o los equipos de cómputo, tal vez una computadora de marca comercial reconocida sea lo que se necesite. Estas empresas fabricantes suelen contar con departamentos de asistencia técnica y servicio al cliente que pueden coadyuvar con problemas como la instalación de aplicaciones, configuración de la máquina, reparación, mantenimiento, etcétera. En muchos casos, los técnicos van al lugar para dar el servicio requerido a la máquina, lo cual es un buen valor agregado. También, es común que cuenten con sitios Web o utilidades especializadas donde ofrezcan actualizaciones para sus productos, tanto en controladores como en actualizaciones de BIOS[189] o firmware del hardware.

De hecho, en un equipo de marca, es más factible que si éste tiene alguna falla de consideración, sea reemplazado por otro componente nuevo mientras la garantía esté activa, o mientras se tenga una póliza de servicio. De acuerdo con la calidad del equipo adquirido, puede existir una menor probabilidad de fallas, lo cual se agradece si la especialización del lector no es la tecnología de cómputo. Un equipo de marca, así, tiene el enorme valor agregado de la confiabilidad, dado que difícilmente los fabricantes desaparecerán sus oficinas corporativas o su servicio del lugar donde se tenga el equipo de cómputo, lo cual es cierto, en especial con grandes fabricantes. Además, es casi un hecho que se podrá verificar en los sitios Web de los fabricantes el tipo de equipo diseñado para las cualidades de productividad que se requieren.

Desventajas

Una de las desventajas de los equipos de marca es que no siempre ofrecen opciones de actualización fáciles. En gran parte de los casos, para actualizar la máquina primero se tendrá que disponer del equipo anterior y, luego, adquirir el nuevo. Por añadidura, existen fabricantes que hacen adaptaciones especiales a componentes como las unidades de disco, las tarjetas de sonido, las tarjetas de vídeo, la memoria, y otros más; de modo que no sea muy fácil aumentar o modificar sus capacidades con componentes genéricos. De hecho, en muchos casos se obliga a los clientes a adquirir tales componentes solo con el fabricante o sus subsidiarias, de lo cual se vale el fabricante para ofrecer mayor confiabilidad en sus equipos, pero también podría

---

[189] Una actualización de BIOS sirve para hacer ajustes al funcionamiento de la máquina entre lo que se incluyen ciertas correcciones en su funcionamiento, capacidades de expansión y seguridad, entre muchas otras cosas.

redundar en mayores precios y menores esperanzas de que se cuente con suficientes inventarios del componente solicitado.

Si se tienen expectativas de actualización ulterior, hay que verificar con el fabricante si el equipo que se está por adquirir puede actualizarse y si esa actualización solo es viable adquirirla del fabricante o se pueden utilizar componentes genéricos autorizados. Para el caso, también hay que verificar si existe algún plan de actualizaciones factible. La tecnología de cómputo avanza a pasos agigantados diariamente y, no debería parecer extraño que el equipo llegara a ser "obsoleto"[190] un minuto después de haber sido adquirido. Si existe algún medio para actualizarlo sin tener que deshacerse de todo el equipo, entonces ya se tendrá un buen parámetro para decidir en la compra con mayor acierto.

Por último, otra consideración con este tipo de equipos es que suelen expenderse con alguna versión de Windows, muy en particular, con Windows 10 Pro. Esto, más que desventaja, podría ser una incomodidad si no es el sistema operativo que se estaba pensando utilizar. Por desgracia, hay muchos casos donde el precio incluye las licencias de la versión de Windows, así como los programas y aplicaciones que incluye el equipo. Si Windows no es el sistema operativo con el que se operará, hay que verificar si el fabricante ofrece opciones de configuración que no incluyan la licencia de este sistema operativo; aunque, por lo general, los fabricantes integran los equipos con algún tipo de sistema operativo, donde el mínimo que podría ofrecerse es FreeDOS o alguna distribución de GNU/Linux, mismos que suelen no agregar un costo adicional. Además, hay que asegurarse que el fabricante ofrezca drivers o controladores para el sistema operativo que se utilizará en la productividad personal o de la organización.

EQUIPOS GENÉRICOS

Beneficios y desventajas

Por lo general, este tipo de equipos es menos costoso de acuerdo con la configuración y la calidad de los componentes que integren. Los gabinetes son genéricos y, por ende, dependen de conocimiento del usuario o del distribuidor del detallista para ofrecer una calidad medianamente buena o buena en la apariencia y calidad de su equipo. El detallista, por lo general, es quien arma este tipo de equipos,

---

[190] No hay que permitir que las empresas blandan la palabra "obsoleto" frente a uno a conveniencia de ellos. De hecho, quien debería establecer qué es obsoleto y qué no es el usuario. Es decir, algo será obsoleto siempre y cuando deje de ser útil al usuario, y no a la empresa que se lo vendió. Así, un equipo será, en definitiva, útil mientras al usuario le sirva. Hay que olvidarse del uso comercial de la palabra "obsoleto", más bien hay que concentrarse en lo que de hecho se necesita para la productividad personal o de la organización.

que incluyen una "garantía" cuya amplitud varía de una negociación a otra. Son contados los detallistas que ofrecen servicio a domicilio para hacer entrega de estos equipos o para atender una garantía. Para garantía o servicio, en general, el usuario deberá llevar con el proveedor el equipo completo, en la mayor parte de los casos, junto con su factura con el detallista para, entonces, cumplir con un compás de espera hasta que el equipo sea revisado y reparado. Existen vendedores o detallistas (muy contados), cuyo servicio se equipara con el de los grandes consorcios. Lo que no se puede garantizar, en todo caso, es que el detallista se encuentre en su local durante todo el plazo de la garantía. En este tipo de negocios, hay detallistas que aparecen y desaparecen de la noche a la mañana, lo cual lo puede dejar al usuario o a la organización con un problema morrocotudo si acaso llegara a haber problemas con el o los equipos de cómputo.

La calidad de los equipos genéricos casi siempre irá de la mano de la cantidad de conocimiento con la que cuente el usuario, o de encontrarse con un detallista honesto y con un profundo conocimiento en la materia. En general, contar con un buen equipo genérico es un proceso que requiere de tres cosas: la primera, que el usuario sepa pedir los componentes específicos del equipo; la segunda, que el proveedor los tenga en existencia; y la tercera, que el detallista, en efecto, los coloque en el equipo. Si uno mismo será quien ensamble el equipo, el problema se reduce dado que antes de pagar uno mismo habrá revisado que cada componente corresponda a lo que se solicitó. Por lo general, en este tipo de equipos no existe una distinción clara entre un equipo de consumo o de uso profesional.

Si existe la inclinación por las computadoras genéricas, hay que tener mucho cuidado a quién se elige como proveedor. Lo mejor es asesorarse con alguna persona que sea de plena confianza para obtener un buen equipo de cómputo. Sin embargo, nunca hay que esperar un excelente servicio por parte del proveedor (es mejor no esperarlo y obtenerlo por sorpresa ☺). En este tipo de equipos, uno podría quedar a su suerte, lo cual no necesariamente es malo. Existen muchos sitios Web que (por desgracia, casi todos en inglés) que pueden dar buenas sugerencias para corregir problemas que se encuentren en el equipo, como www.hardwaremx.com, www.noticias3d.com, www.amdzone.com, www.anandtech.com, www.arstechnica.com, www.sharkyforums.com, www.techarp.com, www.tomshardware.com, www.tweaktown.com, etcétera.

Cabe mencionar que este tipo de equipos casi nunca incluye algún software (sistema operativo o aplicaciones). El precio de tales equipos puede no incluir alguna licencia del software que uno haya pensado utilizar, lo cual puede ser una ventaja si ya se cuenta de antemano con él. Si no, entonces se tendrá que comprar el software adicional para que el equipo de cómputo funcione. Hay que evitar utilizar versiones ilegales (piratas) de los programas que se quieran utilizar. Con una copia legal del software que uno necesite, casi siempre se podrán adquirir actualizaciones a un menor precio, además de que será viable acceder a la asistencia técnica de las empresas fabricantes. Es bueno analizarlo. Se verá que tener el software original dará mayor confianza, se contará con la asistencia técnica del fabricante y con documentación. Una copia pirata podría contener software peligroso que ponga en riesgo la integridad de la información.

Si existe preferencia por GNU/Linux, cabe recordar que, lejos de lo que se dice, no es un entorno gratuito. Linux es libre, no gratuito. La diferencia es sencilla: que sea libre permite que su código sea compartido por varios, el que sea gratuito traería consigo que no se pagará nada por obtenerlo. La verdad es que no: GNU/Linux puede obtenerse libremente en Internet (si es que se tienen los medios y la paciencia para adquirirlo), o puede adquirirse de las diferentes distribuciones que existen a escala mundial. En América Latina las distribuciones comunes son Ubuntu, KUbuntu, Linux Mint, Fedora y Novell SuSE. En Europa, Slackware y SuSE son de las conocidas. Hay que asegurarse de obtener aquélla de la que se pueda tener acceso a más información y soporte; aunque, en general, todas son muy similares. Si uno no tiene la experiencia necesaria para hacer la instalación, se tendrán que contratar los servicios de alguien que sí tenga los conocimientos para llevarla a cabo. Ésta es la razón por la que GNU/Linux dista mucho de ser "gratuito". No obstante, en la actualidad los procesos de instalación y configuración de GNU/Linux se han facilitado mucho, así como su compatibilidad con los sistemas. Si se me permite, recomiendo echar un vistazo a las distribuciones de LinuxMint (www.linuxmint.com) o Ubuntu Linux (www.ubuntu.com), mismos que, quizá, podrían dejar un grato sabor de boca. De ello hablaré con más detalle en el Anexo D.

APÉNDICE B

Equipos de uso profesional o

equipos de consumo

"De lo que la gente no se da cuenta es que lo
profesional es sensacional debido a los
fundamentos."
—Barry Larkin (paráfrasis)

Al momento de considerar la compra de un equipo de cómputo, será importante tomar en cuenta si es mejor adquirir equipos de consumidor o equipos diseñados, en especial, para el uso profesional (llamados Business-Class Computers). Conocer la diferencia nos ayudará a tener una mejor posibilidad de elegir la solución más adecuada.

EQUIPOS DE USO PROFESIONAL

Si el equipo será utilizado en la productividad, será importante invertir en un equipo de cómputo de uso profesional. Este tipo de equipos, de acuerdo con la línea de que se trate, puede ofrecer una serie de características de seguridad, confiabilidad, durabilidad, resistencia, conectividad, rapidez, adaptabilidad, protección, etcétera que puede adaptarse a las necesidades del usuario. Por lo general, sus componentes están diseñados para durar, y tienden a ser de mayor calidad; asimismo, en varios casos, pueden ser sometidos a pruebas rigurosas. Los monitores o pantallas para uso profesional tienden a estar recubiertos de capas que reducen el estrés ocular y la radiación, así como los reflejos. En sus componentes, aspiran a ofrecer características de seguridad por hardware que agilizan y refuerzan las medidas de seguridad que podrían estar presentes en el software, como localización del equipo en caso de hurto, administración remota o, incluso, fuera de banda (OOBM), capacidad de uso de estaciones de acoplamiento (docking) o de expansión, servicios de conectividad avanzados y servicios de configuración y hasta personalización de los equipos.

Entre los servicios que se ofrecen en este tipo de equipos se incluye la entrega de equipos con el software requerido (y provisto) por la organización, adaptación del hardware (como, por ejemplo, que aparezca, [generalmente, por un costo adicional] el logotipo de la organización al encender el equipo o que también el hardware sea grabado o estampado a petición expresa).

En lo que respecta al software, por lo general este tipo de equipos se integra con Windows 10 Pro, mismo que permite la integración del equipo a dominios, así como su administración. Las características de seguridad de estos software son mayores (por ejemplo, Windows 10 Pro integra Bitlocker y Group Policy Editor, entre otros servicios) y, por añadidura, se soportan configuraciones de hardware más potentes (como 2TB de RAM y más de dos procesadores con hasta 32 núcleos cada uno). A diferencia de Windows 10 Home, Windows 10 Pro integra servicios de acceso remoto, cliente de Hyper-V y Windows Update for Business, entre otros. Además, en caso de requerirse, la actualización, a partir de Windows 10 Pro, hacia Windows 10 Enterprise es menos onerosa que a partir de Windows 10 Home. Windows 10 Enterprise agrega a Windows 10 Pro características como Long Term Servicing y Device Guard, que ayuda a proteger contra las amenazas de seguridad hacia dispositivos, identidades, aplicaciones e información sensible de la empresa.

Otro detalle es que este tipo de equipos cuentan con garantías de servicio y del equipo de entre uno hasta cinco años. A su vez, cuando es requerido hacer efectiva una garantía, los usuarios de equipos similares tienen la prioridad en el servicio, y éste puede proveerse o solicitarse a través de líneas telefónicas de soporte o de sitios Web.

Los modelos de equipos con estas características no suelen ser muy atractivos o llenos de colores, o ser modelos de diseño. Pero, a cambio, suelen ofrecer una funcionalidad y durabilidad que permite aumentar la productividad en general. No es muy frecuente encontrar este tipo de equipos de venta al público en general, sino que son ofrecidos por canales de venta consultivos o especializados (que se conocen como VAR), orientados a los negocios y la productividad, que se encargarán de hacer la configuración que sea requerida.

Algunas[191] de las líneas de este tipo de equipos de uso profesional con los diferentes fabricantes internacionales, son:

Acer

Desktop: Veriton
Portátil: TravelMate

---

[191] No es una lista exhaustiva, es solo una referencia.

Asus

    Desktop: AsusPro

    Portátil: VivoBook Pro

Dell

    Desktop: Vostro, OptiPlex

    Portátil: Vostro, Latitude

HP

    Desktop: ProDesk, EliteDesk

    Portátil: ProBook, EliteBook

Lenovo

    Desktop: ThinkCentre

    Portátil: ThinkPad

Así, un equipo de uso profesional está diseñado para apoyar los procesos críticos de los negocios, así como sus necesidades de rapidez, confiabilidad y seguridad.

EQUIPOS DE CONSUMO

Los equipos de consumo suelen tener diseños muy atractivos, con colores vivos, luces coloridas, pantallas brillantes de gran tonalidad, y sistemas operativos como Windows 10 Home. Además, de acuerdo con su configuración, integran software orientado a usuarios finales, en particular del hogar, y, en algunos casos, pueden permitir el uso de juegos de diferentes grados de exigencia.

Con Windows 10 Home casi ninguna de las características de conectividad, seguridad y administración remota está presente (aunque, en ciertos casos, hay la posibilidad de tener algunas de las prácticas de seguridad y administración con software de terceros). No se permite la adición a dominios, y por lo general el hardware no cuenta con pruebas ni con certificaciones de tipo alguno.

Estos equipos sí se venden de manera pública sin ayuda de canales de venta consultivos o especializados, por lo que es más fácil y rápido adquirirlos. Por lo general, al arrancar, vienen invadidos por software orientado al entretenimiento, conocido como crapware[192], y la publicidad, y la productividad pasan a un segundo plano. Su garantía tiende a no ser mayor a un año, y su durabilidad puede ser sensiblemente inferior que en un equipo de uso profesional. Tienen menor resistencia al uso rudo, tienden a ser más sensibles a caídas, y es posible que los componentes

---

[192] Crapware = Software inútil

(como los discos duros, el tipo de memoria, el teclado, etcétera) sean de menor calidad o con configuraciones raras con el objetivo de reducir el precio.

Si un equipo de este tipo sufre algún desperfecto que requiera de servicios de garantía, ello suele exigir al usuario que lleve el equipo a un centro de servicio autorizado y que puedan pasar días, a veces semanas, para que sea reparado. La prioridad de reparación de estos equipos pasa a segundo plano, pues los equipos Business-Class requieren reparaciones inmediatas por estar orientados a procesos críticos de negocio.

Las líneas de consumo suelen ser cualquiera que no haya sido mencionada en el apartado anterior (con algunas excepciones, lo mejor es preguntar), y es común que este tipo de soluciones sean las que se ofrecen en equipos genéricos. Así, su única ventaja es su inmediatez en la disponibilidad, quizá su precio y su apariencia.

APÉNDICE C

Equipos de escritorio o equipos portátiles

"Son unas por otras: Si se requiere de potencia de cómputo, será a expensas de la portabilidad. Por el contrario, si se requiere de portabilidad, será a expensas de la potencia de cómputo."

E S POSIBLE QUE LA ELECCIÓN entre un equipo de cómputo de escritorio y uno portátil parezca realmente obvia. Sin embargo, en más ocasiones de las que se piensa, hay usuarios que no se sienten a gusto por la elección debido al tamaño, la cantidad de conexiones disponibles, la potencia, la capacidad de expansión y varios otros factores. Así, aquí descubriremos si fuese mejor, para algunos casos, tener equipos de escritorio y, en otros, equipos portátiles.

EQUIPO DE CÓMPUTO DE ESCRITORIO

Un equipo de cómputo de escritorio suele presentar sus componentes por separado: gabinete, pantalla o monitor, teclado, ratón y otros periféricos. Esto puede facilitar la adecuación de cada uno a necesidades específicas: pantallas de mayor tamaño o varias pantallas al mismo tiempo, teclados ergonómicos, estándar o pequeños; ratones ergonómicos, estándar o pequeños; cámaras de distintos tipos, capacidades, resoluciones y características; capacidad conectiva muy amplia. Tienden a permitir la expansión de capacidades a través de la propia tarjeta madre y sus ranuras y conectores, como PCIe, de memoria, de disco, USB, etcétera. Normalmente, ocupan mayor espacio en un escritorio.

El precio de un equipo de cómputo de escritorio suele ser menor. Sin embargo, tienden a consumir mayor cantidad de energía eléctrica, por lo que el ahorro en términos de costo de compra puede diluirse por este concepto. Los equipos de cómputo de escritorio suelen ser significativamente más potentes. Por ejemplo, un AMD Ryzen 9 PRO 3900 puede ser 4.5x más potente que un AMD Ryzen 7 PRO 3700U y un Intel Core i9-1090X puede ser 3.2x más potente que un Intel Core i7-10510U[193], y eso sin contar los beneficios de capacidad y rapidez de la memoria RAM, de las unidades de almacenamiento masivo y de los buses, entre otras cosas. El aumento en consumo de energía de estos equipos se ve reflejado en su potencia de cómputo. Los equipos de escritorio tienden a integrar teclados de tamaño completo separados en secciones, como una sección numérica que es la delicia de financieros y contadores. Además, las pantallas o monitores de este tipo de equipos son mayores a 17" lo que puede mejorar en todo momento el área de visión y el tamaño de los elementos a la vista.

En cuanto a capacidad de actualización, estos equipos tienden a ofrecer mayores facultades para ser actualizados: abrir estos equipos puede ser relativamente simple y hasta no requerir de herramientas para sus procesos de mantenimiento o actualización.

En estas soluciones se ofrecen diversos formatos para ajustarse lo mejor posible a las necesidades del usuario. Solo cabe recordar: entre menor consumo de W, menor será la potencia si nos referimos exactamente a la misma línea tecnológica:

- **Torre, Media torre, Mini torre (o MT):** pueden ofrecer la mayor potencia posible de procesamiento, así como utilizar procesadores de más de 65W, lo cual suele traducirse en mayor potencia de cómputo. Hay que evitar confundir con Estaciones de Trabajo (workstations), que tienden a requerir de certificaciones de fabricantes de software para garantizar el funcionamiento del equipo en general. Su reparación es, por lo general, muy rápida y simple por permitir una enorme capacidad de acceso a los componentes.
- **Formato pequeño (Small Form Factor o SFF):** Llega a ofrecer una gran potencia de procesamiento en un espacio menor y con menos consumo de energía que el anterior. Suelen integrar procesadores hasta de 65W, aunque puede haber configuraciones que admitan de mayor potencia. Reducen sus capacidades de crecimiento, aunque sigue siendo muy amplia. Igual que en MT, su reparación es muy rápida y simple.
- **Formato ultra pequeño (USFF, volumen de 1L, Micro, Mini, Tiny, o equivalentes):** formato ultra pequeño cuyo gabinete puede colocarse detrás de la pantalla o monitor para ocupar el menor espacio posible. Integran tecnología. Suelen ser el punto medio entre potencia, consumo de energía y uso de espacio entre un equipo de escritorio y un equipo

---

[193] Comparativas de acuerdo con resultados públicos de PassMark.

portátil. De manera habitual, integran procesadores de 35W o 45W que pueden ofrecer un rendimiento entre 20 y 30% inferior a los equipos de MT o SFF, así como una menor conectividad y menos posibilidad de actualización o crecimiento. Sin embargo, a cambio ofrecen una reducción en el consumo de energía y un mejor aprovechamiento del espacio en el escritorio. En productividad estándar, por lo general el usuario no percibe diferencia de rendimiento respecto a un equipo MT o SFF. Su reparación tiende a dificultarse someramente, debido a que los componentes están más apretujados en su interior.

- **Formato Todo-En-Uno (AiO):** cumple, por lo general, con lo establecido en el formato USFF, aunque omite el uso de un gabinete separado de la pantalla o del monitor. Prácticamente, todo el equipo está integrado en el mismo contenedor donde se encuentra la pantalla, por lo que reduce la cantidad de conexiones a la electricidad necesarias para su funcionamiento. Su tamaño es igual al de la pantalla y suele integrar procesadores de 35W, aunque en ocasiones los integra de mayor potencia. Su capacidad de expansión es muy limitada. Su reparación es más difícil debido a que la apertura del gabinete puede ser problemática y los componentes tienden a estar muy apretujados en su interior.

Así, el nombre del juego en equipos de cómputo de escritorio se llama: ¡**Potencia**!

EQUIPOS PORTÁTILES

En lo que respecta a funcionalidad, los equipos portátiles suelen integrar toda la solución en un solo dispositivo, mismo que, con frecuencia, es fácil de transportar pues incluye la pantalla, el teclado y un dispositivo señalador. Esa integración por lo general tiene un impacto en el precio del equipo, que comúnmente es mayor al de un equipo de escritorio, pero también su potencia de cómputo se reduce en nombre de la movilidad, así como su consumo de energía. Un equipo portátil podría consumir apenas 10% de lo que gasta un equipo de escritorio[194].

Los procesadores de los equipos portátiles se encuentran entre los 10W y los 45W, donde los de menor consumo se orientan a equipos súper delgados, muy ligeros y, por ende, de enorme portabilidad a costa del rendimiento y la reducción en la conectividad; mientras que los de mayor consumo tienden a ser más gruesos, más pesados, con una portabilidad limitada pero con una mejor capacidad de cómputo y mayores

---

[194] Fuentes: HP IT ECO Declarations:
http://h22235.www2.hp.com/hpinfo/globalcitizenship/environment/productdata/itecodesktop-pc.html, Lenovo ECO Declarations: https://www.lenovo.com/us/en/compliance/eco-declaration, y Dell Declarations and Certification, Environmental information:
https://www.dell.com/learn/us/en/uscorp1/envt-info-declarations

posibilidades de conectividad y expansión (sin llegar a la potencia de un equipo de cómputo de escritorio SFF o MT).

Casi los equipos de cómputo portátiles requieren de un proceso de instalación o ensamblado: con solo sacar el equipo de la caja, ya se puede utilizar (a veces, después de unos sencillos pasos iniciales de configuración). Así, el equipo portátil queda prácticamente listo para su uso luego de apenas unos minutos, siempre y cuando no se requiera de una configuración particular para la Organización.

El tamaño de los equipos portátiles afecta de manera directa la medida y distribución del teclado ofrecido: a menor tamaño, mayor apiñamiento de teclas y su reducción en tamaño. Tal apretujamiento de teclas hace que prácticamente cada equipo portátil tenga su propia distribución de teclado, donde solo se respeta el formato QWERTY, pero el resto de las teclas se encontrarán... ¡donde quepan! Ello puede entorpecer el ir de un equipo portátil a otro, pues los teclados no se ciñen a un estándar en particular. A su vez, los dispositivos apuntadores pueden ser de diferentes tipos (Touchpad, Trackpoint, Trackball, etcétera), lo que, también, puede dificultar el uso del equipo. Lo anterior, por cuestiones de comodidad, podría obligar a los usuarios, en nombre de agilizar su trabajo, a utilizar teclados y ratones externos, lo cual podría agregar el trance de tener que conectar y desconectar componentes cada vez que se transportará el equipo. Sin embargo, con las estaciones de acoplamiento o los puertos de expansión, este trance puede reducirse de manera significativa.

Lo anterior también tiene un efecto en el tamaño de la pantalla: si bien un tamaño reducido puede facilitar la movilidad, también llegar a ser contraproducente para generar contenido en un equipo Business-Class. Trabajar con pantallas pequeñas resulta ser extenuante, y hasta perjudicial para la vista[195]. Ello podría exigir la conexión de pantallas externas que, de no contar con una estación de acoplamiento o una unidad de expansión, complicaría el proceso de conexión y desconexión de los periféricos cada que el equipo se transporte. Una gran desventaja de semejante movilidad debido a la reducción de tamaño es la fuerte propensión de este tipo de equipos de ser sustraídos. Ello hace que las medidas de seguridad sean más intensas en los equipos portátiles.

Si se piensa en actualizar o escalar este tipo de equipos, el proceso podría ser difícil y, en ocasiones, imposible. Lo anterior dependerá de la forma en que el equipo esté ensamblado para permitir su crecimiento. Es muy probable que esto requiera de manos expertas, bien entrenadas para este fin. Además, se incrementa la posibilidad de requerir componentes diseñados para el equipo portátil en cuestión, lo que podría aumentar el costo de las refacciones requeridas.

Así, el nombre del juego en equipos de cómputo se llama: ¡**Movilidad**!

El punto medio entre potencia y movilidad sería una laptop grande, costosa, con procesadores de ~35W o 45W (también conocida como Desktop Replacement) o un

---

[195] Ver: https://yoursightmatters.com/tiny-screens-can-cause-big-vision-problems/

equipo de escritorio USFF o AiO, mucho menos costosa, con procesadores de la misma cantidad de vatios.

Al final, la decisión es personal y dependerá de las necesidades del Usuario o de la Organización. Quizá lo anterior lleve a pensar que los equipos de escritorio son mejores en general; sin embargo, si la portabilidad es necesaria, entonces no hay que dudarlo: los equipos portátiles serán *la* opción. En muchas ocasiones, las limitantes no son en particular molestas para los usuarios, excepto para aquellos que hacen un profuso uso de hojas de cálculo como Excel, donde sufrirán con la potencia de los equipos portátiles.

Si se desea aprovechar al máximo la inversión y no hay necesidad de portabilidad, los equipos de escritorio serán la mejor solución. Tendrán mejores respuestas en hojas de cálculo, en el desarrollo de aplicaciones (donde suelen tenerse fuertes necesidades de virtualización y de recursos de cómputo), pueden actualizarse con mayor facilidad y, además, son menos susceptibles a ser sustraídos, con lo que las medidas de seguridad se reducen a proteger lo referente a los contenidos informáticos.

APÉNDICE D

Windows 10 o Windows 7... O...

"La funcionalidad otorgada por el nuevo hardware solo será aprovechada por un sistema operativo (y software) actual."

s común que en las organizaciones, en particular las de mayor tamaño, tengan problemas para actualizar los sistemas operativos y las aplicaciones. Ciertamente, las inversiones en software y hardware no son algo simple de cambiar y mantenerse montado en la modernidad puede ser muy dañino para la economía de la empresa. Es por lo que muchas empresas tienden a adquirir hardware nuevo debido a que el anterior ya presenta daños o huellas del trajín diario, pero que los programas y sistemas operativos tiendan a permanecer inamovibles.

Y, bueno, eso era algo fácil de llevar a cabo, pero en la actualidad eso se complica debido a algunas determinaciones (justificadas) tomadas por Microsoft respecto al uso de versiones anteriores de su sistema operativo Windows.

WINDOWS 10

Para empezar, Microsoft emitió un comunicado el 15 de enero de 2016 donde establecía que ya no certificaría más la tecnología aparecida a partir de finales de 2015, es decir, la 7ª generación de procesadores AMD (APU A serie 9000 y Ryzen) e Intel (CPU Core serie 7000 y superiores) para su uso con Windows 7. La explicación que Terry Myerson (2016) nos da es la que sigue:

Windows 7 fue diseñado hace casi 10 años, antes de que existieran los SoC x86/x64. Para que Windows 7 se ejecute en cualquiera de los modernos procesadores, tanto los controladores de dispositivos como el firmware necesitan emular las expectativas de Windows 7 para el procesamiento de interrupciones, soporte de buses y estados de energía—lo cual es retador para la WiFi, los gráficos, la seguridad y otras cosas. A medida que los asociados se ven obligados a hacer adecuaciones a los controladores de dispositivos, a los servicios y a las configuraciones de firmware, es muy probable que los clientes hagan un uso cada vez mayor de los servicios de soporte de los fabricantes con el uso de Windows 7.

Lo anterior tiene mucho sentido, dado que los SoC x86/x64 empezaron a aparecer a partir del 2011, dos años después del lanzamiento oficial de Windows 7. El funcionamiento de un SoC es muy distinto al esquema de chipset/FSB que se acostumbraba en el período en el que Windows 7 fue diseñado y desarrollado (de 2006 a 2009). Así, la forma en que trabajaban las computadoras en 2009 es muy diferente a la forma en que lo hacen ahora, aunque a ojos de los usuarios lo que se ve sigue siendo: teclado, ratón, pantalla y gabinete; ya sea por separado o integrado en una portátil. Sin embargo, los intríngulis tecnológicos son importantes.

Las diferencias son fundamentales, y ello explica por qué Microsoft optó por dar soporte a Windows 7 solo hasta la sexta generación de los procesadores AMD e Intel: Así, lo certificado ya está certificado y la atención, inversiones y procesos de certificación de las nuevas tecnologías de hardware se centran en Windows 10 y sus diversas encarnaciones. Entonces, si se opta por adquirir equipos que contengan procesadores de 7ª generación o superiores, aunque se halle la forma de instalar Windows 7 en esos equipos, el hecho es que, como ya se indicó en el capítulo 2: "Componentes de una PC", no habrá posibilidad de obtener actualizaciones. Si se insiste en usar Windows 7, la única forma de hacerlo será solicitar que el equipo integre procesadores hasta de 6ª generación, lo cual podrá significar que el equipo no sea nuevo, sino que sea de alguna línea o familia anterior, rezagado en alguna bodega.

Ahora bien, ante el anuncio de Microsoft de que Windows 10 será la última versión de Windows que aparezca[196], lo más recomendable sería, de una vez, hacer lo necesario para utilizar esta versión de Windows y, con ello, que la inversión sea más duradera que lo que ocurría con los anteriores sistemas operativos que se actualizaban cada dos años y fracción.

Cabe hacer notar que Windows 10 no dejará de actualizarse. Ello ocurrirá en promedio una o dos veces por año, con lo que con cada actualización irá aprovechando mejor las capacidades y características del hardware. En algún momento, Microsoft indicó que, incluso, podría dejar de llamarse Windows 10, y podría solo quedarse como Windows. Ahora bien, cada actualización es menos invasiva en términos de la interfaz,

---

[196] Ver: https://www.theverge.com/2015/5/7/8568473/windows-10-last-version-of-windows

aunque a escala de kernel cada actualización puede, potencialmente, afectar la funcionalidad del software y hardware existente. Windows está tendiente a convertirse en un servicio y, por ende, ser actualizado como tal conforme van apareciendo novedades funcionales en el hardware.

Así que utilizar Windows 10 en el nuevo hardware es la opción más adecuada. Que no quepa duda de que el equipo recibirá las actualizaciones del sistema operativo con cierta regularidad (correcciones y ajustes al menos una vez al mes, actualizaciones mínimo una vez al año).

O...

Ante la prerrogativa de que Windows 10 sea convertido en un servicio, existe la posibilidad de que ya no sea comprado con licencia, sino que lo que se cobre sea una renta. Eso no se sabe hasta ahora, pero parece ser el paso lógico cuando algo se establece "como servicio". Eso podría no gustarle a quienes no cuenten con los fondos suficientes para ello, o quienes hubieran preferido pagar una vez por la licencia y utilizarla en cualquier instancia. Ante ello, existen alternativas que pueden instalarse en los modernos equipos de cómputo y aprovechar, de igual o equivalente forma, la funcionalidad de los equipos.

GNU/Linux es un sistema operativo libre, abierto, que cuenta con versiones de escritorio/portátil y servidor. Las versiones orientadas a equipos de escritorio y portátiles cuentan en la actualidad con interfaces atractivas y de mayor facilidad de uso. Suelen contar con herramientas de productividad, dado que GNU/Linux está, de facto, más orientado a este tipo de funcionalidad que a lo referente al entretenimiento y el consumo. Así, se integran aplicaciones ofimáticas y de productividad que, incluso, pueden obtenerse de repositorios de software de fácil acceso y, en muchas ocasiones, también libre, para satisfacer las necesidades productivas. Sus capacidades permiten configurar con cierta facilidad dispositivos y componentes de uso productivo y, en algunos casos, se pueden soportar componentes legados o anacrónicos.

Quizá la mayor desventaja de este tipo de sistema operativo es la variedad de distribuciones, así como que difícilmente se encuentran empresas, o profesionales bien establecidos, que ofrezcan servicios de soporte para la distribución específica elegida. Entre las más populares distribuciones para el escritorio se encuentran:

- **Fedora**: versión de escritorio derivada de la distribución RedHat, muy popular en las comunidades de usuarios de GNU/Linux. Integra diversas aplicaciones, cuenta con una interfaz atractiva y con mucho soporte por parte de los usuarios y fabricantes de hardware.

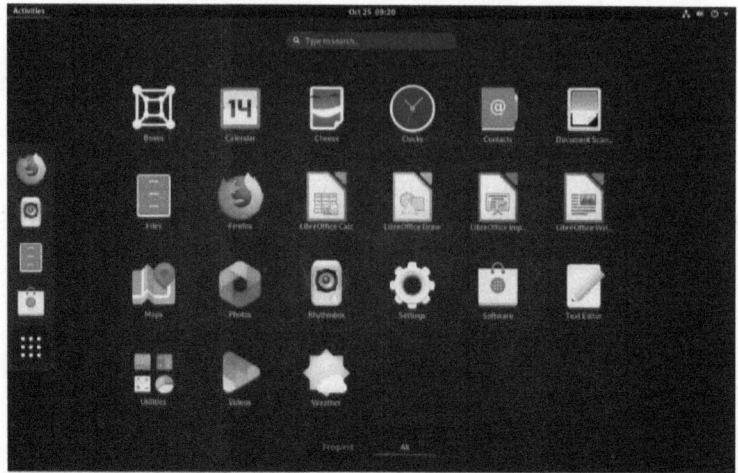

Fuente: Biblioteca de imágenes de Fedora 31

- **Linux Mint:** esta distribución se derivó de Ubuntu que, a su vez, proviene de Debian. Se trata de una de las más atractivas interfaces y se recomienda mucho para usuarios que migran de Mac/Windows por su atractiva y bien diseñada interfaz. Cuenta con buen soporte para medios, así como una abundancia de aplicaciones.

Fuente: Biblioteca de imágenes de Linux Mint.

- **Ubuntu Linux:** es la base de Linux Mint, y se ofrece con el entorno de GNome. La interfaz es sencilla e intuitiva y ofrece todas las ventajas de Linux Mint, aunque con una interfaz más tradicional del entorno de

GNU/Linux.

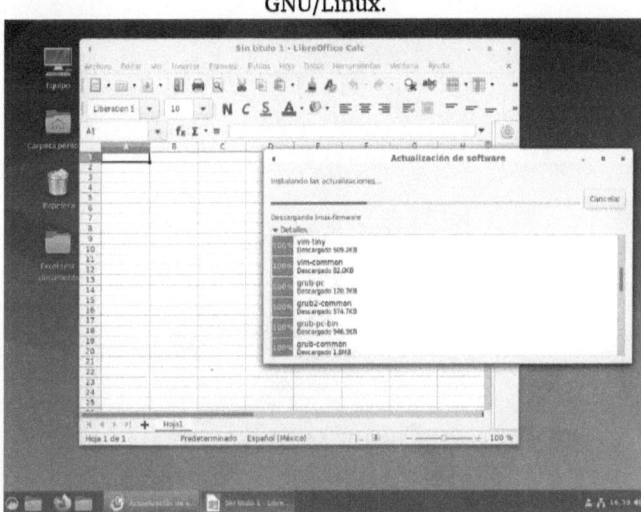

Fuente: Captura de pantalla.

En fin, cualquiera que sea la elección, estoy seguro de que se podrá aprovechar lo mejor de la máquina con el uso de una adecuada distribución de GNU/Linux. Solo hay que asegurarse de contar con el soporte de una empresa comprometida con la productividad personal o de la Organización.

APÉNDICE E

Proceso de instalación de Microsoft Windows 10

"Es el hardware lo que hace rápida a una máquina. Es el software lo que convierte en lenta a una máquina rápida."
—Craig Bruce

Ciertamente, se gastan cantidades incontables de dinero en compra de hardware, pero pocas veces se pone una verdadera atención a la correcta instalación del software, muy en particular, en instalar el sistema operativo de forma adecuada. Aquí nos concentraremos en el proceso de instalación y configuración general de una máquina para la productividad. Aunque este proceso de instalación y configuración puede ser utilizado en cualquier tipo de máquina.

En general, aunque el equipo ya venga instalado con Windows 10 Pro[197], es muy recomendable generar una instalación propia, conocida como "Imagen de Software", pues muchas veces los equipos vienen cargados de manera predeterminada con una serie de programas y aplicaciones que podrían entorpecer el funcionamiento fluido de la máquina. Como bien dice Craig Bruce en la cita que corona a este Apéndice, muchas veces es el software el que se encarga de lentificar a la computadora, y a veces con mayor éxito del deseado. Una instalación limpia podría mejorar en medida significativa la capacidad de respuesta del equipo y, por ende, es muy recomendable que se realice con detenimiento.

Cabe destacar que los procesos indicados en éste y el Apéndice F, si bien han sido puestas en práctica en equipos de productividad de Dell, HP y Lenovo y, en varios

---

[197] Aunque esta guía se basará en Windows 10 Pro, puede aprovecharse en general para hacer una "imagen de software" con alguna otra versión de Windows 10.

casos, bajo la asesoría de las áreas técnicas de tales empresas, lo que aquí se presenta solo tiene propósitos informativos.

WINDOWS DISPLAY DRIVER MODEL 2.1 (WDDM 2.1)

Antes de empezar con el proceso de instalación, es importante comprender esta tecnología. Se trata de una arquitectura de controladores gráficos que se lanzó por primera vez, en su versión 1.0, con Microsoft Windows Vista. Está orientada a permitir un mejor rendimiento gráfico, así como mayor funcionalidad y estabilidad. A partir de Windows 8, WDDM es la única opción que deben tener los drivers gráficos para poder ser instalados en el sistema. (Microsoft, 2017)

WDDM provee la funcionalidad requerida para renderizar el escritorio y las aplicaciones de Windows mediante el Desktop Window Manager. Éste es un administrador de ventanas que se ejecuta con Direct3D. WDDM requiere, al menos, hardware nativo Direct3D 9 y el controlador de vídeo debe integrar las interfaces para el runtime de Direct3D 9Ex para poder ejecutar antiguas aplicaciones generadas para Direct3D en versiones anteriores.

Con Microsoft Windows 10 se presentó el nuevo WDDM 2.0 que está diseñado para reducir dramáticamente la carga de los controladores que funcionan a nivel de kernel en aquellas GPU que soportan el direccionamiento de memoria virtual. Así, se permite una paralelización de múltiples subprocesos en modo de usuario en la GPU, con lo que da por resultado un menor uso de la CPU. De hecho, la API Direct3D requiere del WDDM 2.0. Cabe hacer notar que, partir de la compilación 1607 de Windows 10, esto se ha actualizado a WDDM 2.1 con lo que se introdujo la funcionalidad de Shader Model 6. Esta nueva API pondrá fin a las tareas automáticas de administración de recursos y de fuentes de información, lo que permitirá a los desarrolladores obtener el máximo control (a escala del propio dispositivo [low-level]) de tal funcionalidad, los estados de renderizado y el manejo de la memoria del dispositivo.

Lo anterior requiere de procesos de ajuste detallados y bien adaptados para las características exclusivas del dispositivo que se trate, lo cual exige la generación individual de perfiles estrictos y minuciosos, indicados, entre otros, en perfiles de hardware específicamente establecidos. Así, los nuevos controladores para Windows 10 orientados a los procesadores en los distintos equipos de cómputo, han sido desarrollados exprofeso para cada equipo y cada necesidad de equipo. *No se recomienda que se instalen controladores genéricos de la computadora en Windows 10 Pro, so pena de encontrar incompatibilidades, inestabilidades e inconsistencias en los equipos.* Solo deben usarse los controladores que se encuentran en la página Web del fabricante de la computadora, así como aquellos que sean actualizados a través de las herramientas de actualización que suelen proveer los fabricantes[198].

Antes de instalar Microsoft Windows 10 Pro, será importante verificar si los gráficos (integrados o independientes) que Usted utilice soportan cuando menos WDDM 2.0[199]. Por lo general, los gráficos AMD Radeon serie 6000 o superiores; nVidia GeForce, serie 600 o superiores; e Intel serie 500 o superiores soportan al menos WDDM 2.0. Si la máquina ya venía con Microsoft Windows 10 Pro[200] instalado, es probable que no se deba corroborar si el hardware es compatible con este sistema operativo. No obstante, el ámbito de las computadoras personales es una caja de sorpresas, en particular las genéricas, las de fabricantes locales o las muy económicas de fabricantes internacionales.

PROCESO DE INSTALACIÓN DE MICROSOFT WINDOWS 10 PRO

A continuación, se encontrarán los pasos sugeridos para instalar de manera adecuada Microsoft Windows 10 Pro en equipos que cumplan con WDDM 2.x.

Aspectos previos

Antes de instalar el sistema operativo, hay que realizar los siguientes pasos:

- **Actualizar el BIOS/UEFI de la computadora.** Hay que asegurarse de que la máquina tenga instalada la reciente versión de BIOS/UEFI disponible en el sitio Web del fabricante.
- **Activar la virtualización en el BIOS/UEFI de la computadora.** Se deben seguir las instrucciones del fabricante para entrar a las opciones del

---

[198] En el caso de computadoras de caja blanca (ensambladas por uno mismo), se recomienda usar los controladores del fabricante de la tarjeta madre (motherboard) y de cada componente en el sitio Web del fabricante del componente. Existen fabricantes que proveen herramientas de actualización automática.

[199] Si bien, Microsoft establece como requerimiento mínimo WDDM 1.0, en los hechos hay muchos beneficios con hardware que soporte WDDM 2.x. Cabe recordar que los requerimientos mínimos ofrecerán funcionalidad mínima.

[200] Es importante verificar que la máquina tenga Windows 10 Pro instalado. Si la máquina viene con alguna otra versión de Windows 10, es muy probable que no se pueda activar, a menos que se adquiera una licencia de Windows 10 Pro en Microsoft Store o algún otro medio oficial de Microsoft.

BIOS/UEFI de su computadora. Localice y active, en caso de que no lo esté, la opción de Virtualización por hardware de su equipo (puede tener diferentes nombres, pero en el caso de AMD suele llamarse AMD Virtualization, Secure Virtual Machine [SVM], o AMD-V; en el caso de Intel puede ser Intel-VT o SVM).

- **Desactivar CSM.** Para tener toda la funcionalidad de seguridad desde el arranque provista por Windows 10 Pro, hay que desactivar el Compatibility Support Module (CSM). Este módulo permite que a una máquina se le pueda instalar un sistema operativo anterior a Windows 10. Cabe destacar que esta opción requiere que los gráficos sean compatibles con WDDM 2.0, por lo que, si sus gráficos no lo son, la máquina podría no arrancar. Ante ello, deberá activarse, nuevamente, el CSM.

- **Asignar, al menos, 512MB fijos de RAM a los gráficos.** En caso de ser posible, es recomendable que se asignen al menos 512MB fijos a los gráficos integrados de su procesador. 512MB serán suficientes para trabajar hasta con dos monitores FHD. Hay que asignar 1GB o más si se trabajará con tres o más monitores, o si se usará la máquina para trabajos de diseño gráfico o visualizar archivos CAD.

- **Activar las características de seguridad.** En caso de que el BIOS/UEFI ofrezca características adicionales de seguridad, como el cifrado de memoria por hardware, hay que activarlas. También es recomendable activar la protección de acceso al BIOS/UEFI mediante una contraseña y hasta el arranque de la máquina con una contraseña. Estos pasos, si buen pueden ser engorrosos para el usuario, son una bendición cuando algún malhechor ha robado la computadora o cuando se sufren ataques cibernéticos, pues tienden a reforzar las medidas de seguridad implementadas en su organización en los componentes informáticos.

- **Asegurarse que la configuración del disipador sea la correcta.** Por lo general, los equipos que se encuentran a alturas sobre el nivel del mar superiores a 1.5km requieren de 1) disipadores más potentes o 2) un modo de disipación más activo. Existen computadoras que tienen en el BIOS/UEFI alguna opción donde se establece que el ventilador o abanico (fan) esté siempre activo o que se ajuste para grandes alturas. Si es su caso, active esta opción. En una situación en la que esta opción no esté disponible en el BIOS/UEFI, hay que asegurarse con el fabricante que la solución térmica sea la adecuada para grandes alturas (reitero, al menos 1.5km por encima del nivel del mar).

Instalación de Microsoft Windows 10 Pro

> *Nota: si el equipo por instalar contaba con una licencia de Windows 7 Pro, Windows 8 Pro o Windows 8.1 Pro, puede usarse, todavía[201], ese mismo número de COA para instalar Windows 10 Pro.*

> *Nota: si ya previamente se hizo en el equipo una actualización de Windows 7 Pro, Windows 8 Pro o Windows 8.1 Pro a Windows 10 Pro, es recomendable no dejar esa actualización para producción. Una vez que en la información del sistema aparezca que Windows 10 Pro está activado, proceda a hacer una instalación en limpio para evitar posibles inestabilidades e inconsistencias en el sistema.*

> *Nota: hay que procurar instalar la versión actualizada y probada de Windows 10 Pro[202]. Instalar una versión anterior en un equipo nuevo puede traer incompatibilidades, inconsistencias o comportamientos erráticos debido a que el kernel no reconozca a plenitud el hardware nuevo.*

Creación de un USB de arranque e instalación de Windows 10 Pro

A continuación, se verán los pasos para la creación de una memoria USB de instalación de Windows 10 correctamente configurada[203].

1) Formatear una memoria USB de, al menos, 8GB de capacidad (más podría ser recomendable).
   a. Conectar la unidad de memoria USB a la computadora (hay que asegurarse que no tenga información de importancia).
   b. Abrir una consola de comandos de Windows con credenciales de administrador.
   c. Ejecutar la utilidad Diskpart para limpiar la unidad y crear una partición desde la que se pueda arrancar. Puede verse, a

---

[201] Esta opción todavía estaba disponible al momento de escribir estas líneas (mediados de 2020). Se recomienda consultar a un asesor de Microsoft para saber si aún sigue activa.

[202] Normalmente, las versiones más confiables son las inmediatamente anteriores a la actual, a menos que hayan pasado al menos unos 2 meses desde que se haya liberado la versión actual de Microsoft Windows 10 Pro. Hay que evitar, en lo posible, instalar una nueva versión sin haber hecho pruebas al respecto.

[203] Agradezco enormemente la colaboración de ***Miguel Ángel Ortiz Villeda*** en todo este proceso de creación y configuración de la memoria USB.

continuación, un ejemplo de cómo luciría la serie de comandos por ejecutar:

```
Microsoft Windows [Versión 10.0.17763.316]
(c) 2018 Microsoft Corporation. Todos los derechos reservados.

C:\WINDOWS\system32>Diskpart

Microsoft DiskPart versión 10.0.17763.1

Copyright (C) Microsoft Corporation.
En el equipo: PCDEMO

DISKPART> list disk
Núm Disco  Estado       Tamaño   Disp     Din  Gpt
----------  ----------   -------  -------  ---  ---
Disco 0     En línea      476 GB  1024 KB          *
Disco 1     En línea       14 GB     0 B

DISKPART> select disk 1
El disco 1 es ahora el disco seleccionado.

DISKPART> clean
DiskPart ha limpiado el disco satisfactoriamente.

DISKPART> create partition primary
DiskPart ha creado satisfactoriamente la partición especificada.

DISKPART> select partition 1
La partición 1 es ahora la partición seleccionada.

DISKPART> active
DiskPart marca la partición actual como activa.

DISKPART> format fs=ntfs quick
100 por ciento completado
DiskPart formateó el volumen correctamente.

DISKPART> assign
DiskPart asignó correctamente una letra de unidad o punto de
montaje.

DISKPART> exit
Saliendo de DiskPart...

C:\WINDOWS\system32>
```

d. **Nota**: en ciertas unidades de memoria USB de baja velocidad (menor a 96MB/s), no se podrá arrancar si la unidad se formatea como NTFS.

Si se usa este tipo de unidades, hay que usar el parámetro FAT32 en lugar de NTFS en la línea de formato (`format fs=fat32 quick`).

 e. **Nota 2**: la unidad de memoria USB que se seleccione dependerá de la lista de unidades disponibles en la computadora que se utilice. Si se tienen más unidades de disco en la computadora, se deberá elegir la unidad de memoria USB correcta. **Si no se elige la unidad de memoria usb correcta, al ejecutar el comando clean se borrará, sin preguntar, todo el contenido de la unidad seleccionada.** Hay que tener mucho cuidado de seleccionar la unidad de memoria USB correcta.

2) Descargar el contenido de arranque de Windows PE[204]. Para crear un medio Windows PE se necesita obtener e instalar el Windows Assessment and Deployment Kit (ADK) con la opción Deployment Tools y, entonces, instalar el conjunto agregado de herramientas Windows PE[205]. Windows PE (WinPE) es un pequeño sistema operativo utilizado para instalar, distribuir y reparar Windows 10 en ediciones de escritorio.

3) Una vez instalado el ADK, hay que generar un ISO de Windows PE[206].

 a. Iniciar, en modo administrador, el Entorno de herramientas de implementación y creación de imágenes que está en Inicio | Windows Kits[207].

 b. Generar una copia funcional de los archivos de Windows PE[208]. Escribir `copype amd64 c:\WinPE_amd64`. (no incluir el punto final.) `copype` es el comando que permite crear la copia funcional de Windows PE. `amd64` es el tipo de Windows PE que se generará (en este caso, será la versión de 64 bits que se encuentra actualmente en equipos AMD o Intel). `c:\WinPE_amd64` es el nombre de la carpeta donde se generará la copia funcional de Windows PE.

 c. Generar un ISO de Windows PE con el siguiente comando: `MakeWinPEMedia /ISO c:\WinPE_amd64 c:\WinPE_amd64\winpe.iso`. (de nuevo, no incluir el punto final.) `MakeWinPEMedia` es un comando que permite generar ya sea una memoria USB arrancable o un archivo ISO (un archivo ISO es el contenido de un CD o DVD). `/ISO` es un modificador que le indica a MakeWinPEMedia que se genere un archivo ISO. `c:\WinPE_amd64` es la carpeta donde se generó la copia funcional de Windows PE en el paso anterior (b). `c:\WinPE_amd64\winpe.iso` es el nombre de archivo y ruta donde se almacenará el archivo resultante (que es dentro de la misma carpeta WinPE_amd64).

---

[204] Visitar: https://docs.microsoft.com/en-us/windows-hardware/manufacture/desktop/winpe-intro

[205] Para obtener mayor información, visitar: https://docs.microsoft.com/en-us/windows-hardware/manufacture/desktop/download-winpe--windows-pe

[206] Para mayores detalles, ver: https://msdn.microsoft.com/en-us/ie/dn938386(v=vs.60)

[207] La ruta de arranque y el nombre variará de acuerdo con la versión que haya obtenido. En inglés podría decir "Deployment and Imaging Tools Environment".

[208] Nota: amd64 es el comando tanto para la tecnología AMD de 64 bits como Intel de 64 bits.

d. Dirigirse donde está el archivo winpe.iso generado, y hay que hacerle doble clic para que se abra en el explorador de Windows[209].

e. Hay que copiar toda la estructura del archivo ISO[210] que se ha abierto en el Explorador de Windows en la memoria USB que se acaba de generar.

    i. Existe en la estructura una serie de carpetas de idiomas que se incluyen en Windows PE. Si se prefiere, puede apocoparse el tamaño de Windows PE al eliminar todos los idiomas que aparecen y solo dejar los idiomas en-gb, en-us, es-es y es-mx. La estructura de Windows PE podría quedar como a continuación se indica:

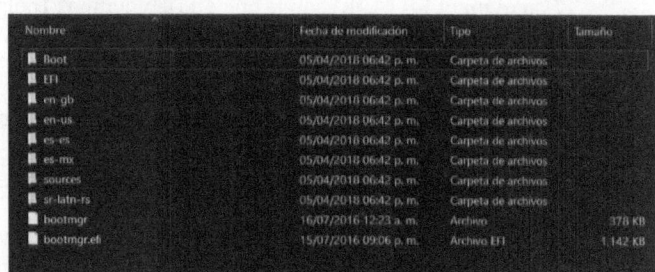

Fuente: Captura de pantalla.

f. ¡Listo! Ya se contará con un USB arrancable para la instalación en limpio de Windows 10 Pro.

4) Descargar el ISO de instalación de Windows 10 Pro desde: https://www.microsoft.com/es-mx/software-download/windows10.

a. Hacer clic en el botón "Descarga la herramienta ahora".

b. Se obtendrá el archivo "MediaCreationToolxxxx" (donde xxxx es la versión de Windows).

c. Ejecutar el archivo MediaCreationToolxxx.

d. Como primer paso, el Programa de Instalación de Windows 10 hará algunas pruebas al equipo.

e. En el segundo paso, mostrará un Aviso y término de licencia aplicable.

f. En el tercer paso, informará que está preparando algunas cosas.

---

[209] De acuerdo con la configuración del equipo, existe la posibilidad de que los archivos ISO estén asignados a algún otro tipo de programa para abrirlos. Es imperativo que este archivo ISO sea abierto en el Explorador de Windows. Para ello, hay que hacer clic con el botón derecho en el archivo y, del menú contextual, seleccionar Abrir con | Explorador de Windows.

[210] El comando MakeWinPEMedia tiene la facultad de generar una memoria USB arrancable con Windows PE mediante el comando:

MakeWinPEMedia /UFD c:\WinPE_amd64 <unidadUSB>

Sin embargo, este método fuerza el formato a FAT32 que limita el tamaño máximo de archivos a 4GB. Esto podría ser una limitación a la hora de copiar el archivo de instalación de Windows en la unidad de memoria USB, si es que este archivo mide más de 4GB. Si el archivo de instalación de Windows mide menos de 4GB, puede usarse este método de generación de una memoria USB arrancable sin problema alguno.

g. En el cuarto paso, preguntará: "¿Qué quieres hacer?" En este paso habrá que seleccionar la opción "Crear medios de instalación (unidad flash USB, DVD o archivos ISO) para otro equipo".

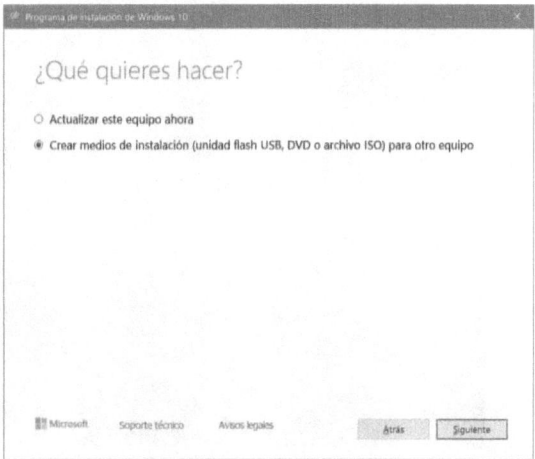

Fuente: Captura de pantalla.

h. En el quinto paso, seleccione el idioma, edición y arquitectura del sistema operativo. De antemano, ya habrá opciones preseleccionadas. Si se quieren elegir las propias opciones, hay que quitar la marca de la casilla de verificación "Usar el punto de restauración recomendado para este equipo".

i. En el sexto paso, "Elegir qué medio se usará", hay que seleccionar la opción "Archivo ISO".

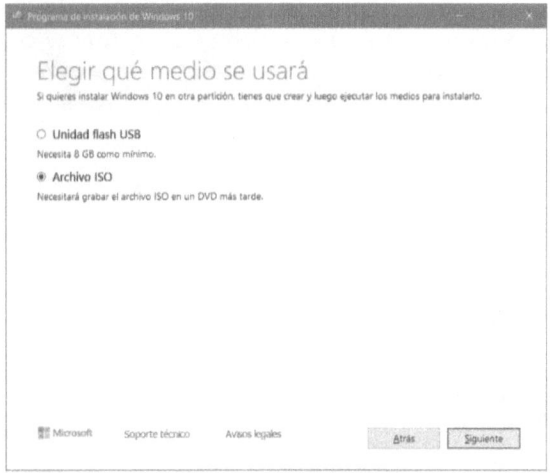

Fuente: Captura de pantalla.

j. En el séptimo paso, seleccionar la carpeta donde se guardará el archivo ISO. Hay que escribir un nombre significativo como "Windows10_2004" o algo por el estilo. Hacer clic en Guardar.

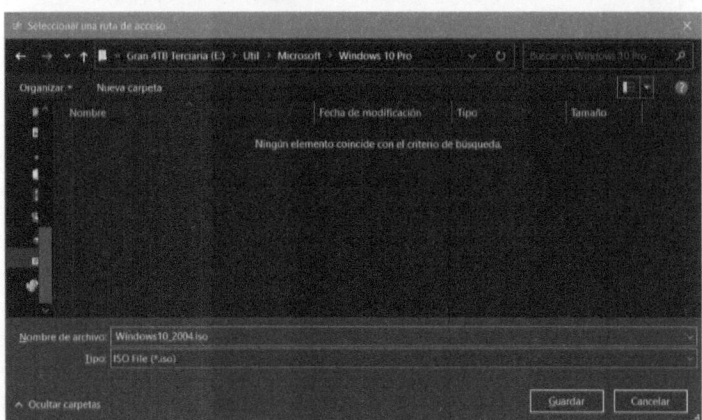

Fuente: Captura de pantalla.

k. En el octavo paso, se realizará la descarga del ISO de Windows 10 Pro. Esta descarga puede medir más de 3.8GB, por lo que podría tardarse un tiempo significativo en finalizar (lo cual dependerá de la rapidez de la conexión).

l. En el noveno paso, la descarga de Windows 10 Pro habrá finalizado y se podrá cerrar la ventana de la aplicación.

5) Una vez obtenido el archivo ISO, hay que buscarlo en la ubicación que se haya elegido y seleccionarlo. Hacerle doble clic para que se muestre su contenido[211].

6) Hacer doble clic en la carpeta `sources`, y navegar por los archivos hasta encontrar uno que se llama `install.esd`. Éste es el archivo que contiene la instalación de Windows 10 Pro. Cópiese[212] en la carpeta raíz de la memoria USB arrancable como Windows PE que se generó unos pasos atrás.

---

[211] De nuevo, de acuerdo con la configuración del equipo, existe la posibilidad de que los archivos ISO estén asignados a algún otro tipo de programa para abrirlos. Es imperativo que este archivo ISO sea abierto en el Explorador de Windows. Para ello, hay que hacer clic con el botón derecho en el archivo y, del menú contextual, seleccionar Abrir con | Explorador de Windows.

[212] Si la unidad de memoria USB está formateada como FAT32, hay que revisar que el tamaño del archivo no supere los 4GB.

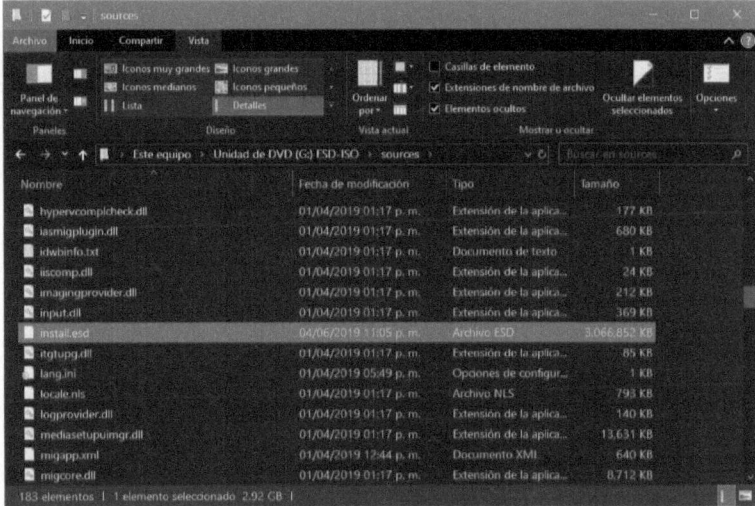

Fuente: Captura de pantalla.

7) Ahora, serán creados dos archivos de secuencias de comandos (script) y se guardarán en la carpeta raíz de la memoria USB: `aplicar-imagen.bat` y `biospart-GPT.txt`. Estos archivos pueden crearse con el Bloc de notas de Windows.

   a. Contenido del archivo `aplicar-imagen.bat`[213]:

```
diskpart /s biospart-GPT.txt
powercfg /s 8c5e7fda-e8bf-4a96-9a85-a6e23a8c635c
rem == Aplicar la imagen en la partición de Windows ==
dism      /apply-image     /imagefile:install.esd      /index:4
/applydir:W:\
rem ==Copiar los archivos de arranque a la partición del
sistema ==
W:\Windows\System32\bcdboot \W:\Windows /s s: /f UEFI
```

   b. Contenido del archivo `biospart-GPT.txt`[214]:

```
select disk 0
clean
```

---

[213] Para guardar este archivo con extensión BAT, hay que asegurarse de que al guardarlo se seleccione la opción "Todos los archivos (*.*)" en la ventana de guardado del Bloc de notas para que no se agregue la extensión TXT al archivo. Si no se hace, podría terminarse con un archivo llamado `aplicar-imagen.bat.txt`.

[214] Este archivo supone que solo se cuenta con una unidad de disco en la máquina donde se instalará Windows 10 Pro. En caso de que tenga más unidades de disco, donde la Unidad C o el Disco 0 no sea el arrancable, hay que hacer las modificaciones pertinentes al archivo biospart-GPT.txt.

```
convert gpt
rem ==1. Recuperar partición =======================
rem == Tipo: de94bba4-06d1-4d40-a16a-bfd50179d6ac
rem == Atributos: 0X8000000000000001
create partition primary size=450
format quick fs=NTFS label="Recovery"
assign letter="R"
remove letter r
rem == 2. Partición del sistema =======================
create partition efi size=100
format quick fs=fat32 label="SYSTEM"
assign letter="S"
rem active
rem == 3. Partición (MSR) Reservada de Microsoft ====
create partition msr size=16
rem == 4. Partición de Windows =======================
create partition primary
format quick fs=ntfs label="OS"
assign letter="w"
```

c. Hay que asegurarse que ambos archivos se encuentren en la carpeta raíz de la memoria USB con Windows PE.

d. El contenido de la memoria USB debería quedar como se muestra a continuación.

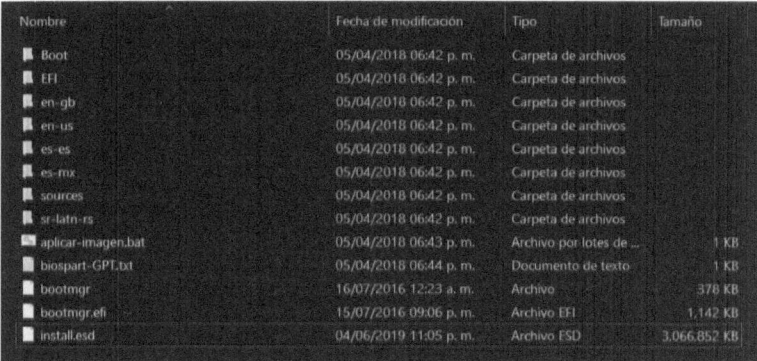

Nombre	Fecha de modificación	Tipo	Tamaño
Boot	05/04/2018 06:42 p. m.	Carpeta de archivos	
EFI	05/04/2018 06:42 p. m.	Carpeta de archivos	
en-gb	05/04/2018 06:42 p. m.	Carpeta de archivos	
en-us	05/04/2018 06:42 p. m.	Carpeta de archivos	
es-es	05/04/2018 06:42 p. m.	Carpeta de archivos	
es-mx	05/04/2018 06:42 p. m.	Carpeta de archivos	
sources	05/04/2018 06:42 p. m.	Carpeta de archivos	
sr-latn-rs	05/04/2018 06:42 p. m.	Carpeta de archivos	
aplicar-imagen.bat	05/04/2018 06:43 p. m.	Archivo por lotes de ...	1 KB
biospart-GPT.txt	05/04/2018 06:44 p. m.	Documento de texto	1 KB
bootmgr	16/07/2016 12:23 a. m.	Archivo	378 KB
bootmgr.efi	15/07/2016 09:06 p. m.	Archivo EFI	1,142 KB
install.esd	04/06/2019 11:05 p. m.	Archivo ESD	3,066,852 KB

Fuente: Captura de pantalla.

8) Hay que extraer, de manera segura, la memoria USB con WinPE que ha sido generada.

9) Insertar esta memoria USB en la máquina donde se instalará Windows 10 Pro desde cero.

10) Arrancar desde la memoria USB de la computadora. Cada equipo y marca tiene distintas formas de seleccionar la unidad de arranque. Se debe consultar el

manual del fabricante para descubrir cuál tecla o combinación de teclas permitirán especificar desde qué unidad arrancar.

11) Una vez que haya arrancado el sistema, en la consola de Windows PE hay que ejecutar la secuencia de comandos `aplicar-imagen.bat`.

12) Ya que haya terminado la ejecución del aplicar-imagen.bat, volverá a quedar el indicador de la consola de Windows PE. Hay que escribir `exit` para que se cierre la consola y se reinicie el equipo.

    a. Hay que asegurarse de sacar la unidad de memoria USB del puerto para que la máquina arranque desde la unidad de almacenamiento interna de la computadora.

13) Si todo ha salido bien, se iniciará el proceso de instalación en la computadora con las particiones necesarias para su correcto funcionamiento.

14) Proceder a instalar Windows 10 Pro de la forma acostumbrada.

15) Hay que obtener los controladores de la computadora donde está haciendo la imagen desde el sitio Web del fabricante de la computadora.

    a. Existen fabricantes que cuentan con herramientas para hacer la instalación de los controladores específicos para la máquina. En el caso de equipos de productividad de la marca HP, puede usarse la utilería HP Image Assistant; en el caso de Lenovo, la utilería Lenovo Vantage; en el caso de Dell, la utilería Dell Support Assist.

    b. En el caso extremo de que los controladores sean muy antiguos, o no propios para la versión de Windows 10 Pro que se está instalando, se puede probar el uso de los controladores del fabricante del componente que se trate. Hay pocas, muy pocas posibilidades de que esto ocurra, y únicamente se recomienda hacer esto en situaciones extremas de obsolescencia de los controladores.

16) Una vez que se compruebe que Windows 10 Pro tiene todos los controladores instalados, es decir, no hay componentes sin reconocer en el applet Administrador de dispositivos, hay que instalar las aplicaciones de productividad.

CAPTURA DE LA IMAGEN DE SOFTWARE GENERADA

Una vez generada la imagen de software, es necesario capturarla. La imagen deberá haber sido profusamente probada para asegurarse que todo funcione de manera adecuada. Hay que evitar solo generar una imagen de software con la instalación básica de Windows 10 Pro. La imagen debería haber sido generada con todos los controladores y, de manera ideal, las aplicaciones que se requerirían para la instalación estándar en toda la organización de ese modelo de computadora[215].

Ahora bien, el archivo resultante, .WIM, puede medir varios GB. Si el archivo mide más de 4GB y se quiere colocar en una unidad de memoria USB, será mejor que esa memoria sea formateada con el sistema de archivos NTFS. Con los sistemas de archivos NTFS puede grabarse un archivo de, prácticamente, cualquier tamaño (el límite máximo son 16EB).

Para ello, se necesitan de dos archivos de secuencias de comandos: uno con extensión .BAT y otro con extensión .TXT. Estos archivos ejecutarán los comandos de `diskpart`:

El contenido del archivo `UEFI-capt-imagen.bat` **sería el siguiente:**

```
diskpart /s UEFI_selpart.txt
powercfg /s 8c5e7fda-e8bf-4a96-9a85-a6e23a8c635c
Dism    /Capture-Image    /ImageFile:E:\install.wim    /CaptureDir:W:\
/Name:"Imagen Equipo Ryzen 7 PRO 3700 1903"
/Compress:Fast
```

> Nota: en el modificador /Name: entre comillas se debe escribir el nombre de la imagen que se capturará.

El contenido del archivo UEFI_selpart.txt sería el siguiente:

```
select disk 0
select partition 1
assign letter=R
select partition 2
assign letter=S
select partition 4
assign letter=W
```

> Nota: las letras, números de disco y particiones podrían variar de acuerdo con el equipo del que genere la imagen de software.

Para cualquier detalle adicional, puede referirse a los siguientes URL:

---

[215] Existen formas de generar imágenes propias para varios modelos de computadoras.

Capturar y aplicar una imagen de Windows con un solo archivo .WIM: https://docs.microsoft.com/en-us/windows-hardware/manufacture/desktop/capture-and-apply-windows-using-a-single-wim

Capturar y aplicar una imagen de Windows .WIM: https://docs.microsoft.com/en-us/windows-hardware/manufacture/desktop/capture-and-apply-an-image

APÉNDICE F

Otros aspectos de la configuración y puesta a punto

"La afirmación de la puesta a punto es subjetiva. Ninguna medida es perfecta. La cantidad de precisión exigida se puede aumentar o disminuir a nuestro antojo. Podríamos establecer medidas de ajuste que tengan un enorme margen de error y, aun así, decir que está puesta a punto si así queremos."
—G. M. Jackson

Tal como el citado escritor G. M. Jackson indicó con certeza, el proceso de la puesta a punto (o fine-tuning) es un asunto absolutamente subjetivo, y esto es en particular cierto en el ámbito de la computación. La puesta a punto significa realizar pequeños ajustes a algo de manera que funcione lo mejor posible[216]. Sin embargo, aunque esta definición parezca ser muy clara, la verdad es que es ambigua y deja demasiadas cosas al aire. ¿Qué significa hacer "pequeños ajustes"? ¿Qué entendemos por "que funcione lo mejor posible"? ¿Qué es "lo mejor posible"? Misterio.

Por ejemplo, para un programador, que el programa funcione "lo mejor posible" podría significar que sea rápido y, por ende, hacer "pequeños ajustes" al código para obtener la mayor rapidez. Para otro programador, "lo mejor posible" podría significar que sea estable y, por consecuencia, realizar "pequeños ajustes" para obtener mayor estabilidad, aunque esto impacte la rapidez. Otro programador, por su parte, podría entender como "lo mejor posible" a una mayor seguridad de la información, y llevar

---

[216] Ver: https://dictionary.cambridge.org/es/diccionario/ingles/fine-tune

a cabo "pequeños ajustes" para que el programa sea más seguro, lo cual impactará, sin duda, la rapidez y hasta la estabilidad. Y otro más podría entender a "lo mejor posible" como ofrecer al usuario una interfaz fácil de comprender y sencilla de manejar, ante lo cual imponer "pequeños ajustes" a la interfaz que podrían impactar la rapidez, la estabilidad y la seguridad. Es decir, habrá tantas opciones como criterios.

La ambigüedad de este concepto también ofrece la enorme libertad de que sea uno mismo quien defina qué es "lo mejor posible", qué se entiende por "que funcione lo mejor posible" y, con ello, establecer los criterios para saber dónde se deben hacer los "pequeños ajustes".

Ya una parte de este proceso de configuración se trató en el Capítulo 6, "Configuraciones generales para los requerimientos de cómputo 2018". Aquí veremos la puesta a punto genérica para que los equipos de cómputo de uso profesional puedan funcionar lo mejor posible de acuerdo con criterios generales de productividad. Si bien estos criterios pueden ser útiles, nada impide que se busquen otros aspectos particulares o para la organización y determinar la mejor puesta a punto de los equipos.

MALAS PRÁCTICAS

Cierto, es poco agradable iniciar el tema con las malas prácticas de configuración. Sin embargo, es importante saber qué es lo que se debe evitar para reducir al mínimo los problemas de configuración de las computadoras.

> ➤ **Instalar una imagen existente.** Es más frecuente de lo que se piensa este tipo de prácticas. Simplemente, se clona el software de un equipo de cómputo que ya se tiene en el nuevo y, ¡listo! Todas las aplicaciones y datos ya estarán disponibles en el nuevo equipo. Ésta es una de las prácticas que mayor daño le hacen al rendimiento del sistema. Por lo general, las nuevas computadoras requieren de nuevas versiones de controlador y el sistema operativo requiere hacer ajustes adecuados al nuevo hardware. Por ende, clonar el software de una computadora y ponerlo en una nueva afectará de manera importante el rendimiento y hasta podría poner en riesgo la seguridad de la computadora. El problema se agrava si los componentes de la computadora son diferentes (marcas de procesadores, de gráficos, de chips de red, de chipset, etcétera), y el sistema simplemente estará con fuertes problemas de rendimiento, de estabilidad o térmicos. Se recomienda mucho evitar esta práctica.

> ➤ **Dejar sin modificación alguna la configuración prestablecida.** Sacar una computadora de su estuche y, simplemente, empezarla a usar es un sueño guajiro. La configuración de la máquina es básica y, en muchas ocasiones,

se requiere validar que tanto el hardware como el software tengan los valores adecuados en su configuración. Además, el software y la computadora sufren constantes actualizaciones durante su tiempo de vida en la forma de correcciones, firmware, controladores, y una gran cantidad de elementos. En más de una ocasión, durante el tiempo que pasa entre que la máquina fue fabricada, y entre que cae en las manos del usuario, tanto en el hardware como en el software se habrán sufrido actualizaciones y mejoras que hay que instalar. Jamás hay que pensar que la mejor forma de usar una máquina nueva es sacarla de la caja y solo usarla. Siempre deberá realizarse, por el área especializada, un proceso de configuración.

➢ **Utilizar controladores que no provengan del sitio Web del fabricante.** Éste es un error importante que puede traer consigo falta de rendimiento o, peor aún, ausencia de estabilidad en el sistema. Hay que evitar utilizar controladores o drivers que no provengan del sitio Web del fabricante de la computadora, dado que éste ha hecho los ajustes pertinentes para asegurar que el controlador o driver de marras funcione con la menor posibilidad de conflictos en el equipo. Un controlador genérico no observa este tipo de aspectos y, por lo regular, se concentrará en hacer funcionar el componente para el que está orientado de la forma más eficaz posible (sin importar los demás componentes). Así, reitero, hay que evitar usar controladores o drivers que no provengan del sitio Web del fabricante.

➢ **Instalar una versión inferior del sistema operativo con el que se adquirió el equipo.** Muchos justifican esta práctica por el hecho de que determinados programas no funcionan en la nueva versión del sistema operativo. A veces, esto es producido por la falta de tiempo en investigación que deben tener las áreas de TI para hacer pruebas y determinar la compatibilidad de los nuevos sistemas operativos con el software existente. Existen muchas formas de lograr que un software de legado funcione en un equipo nuevo; algunas ya se han mencionado a lo largo del libro: virtualización, instalación de Windows 10 de 32 bits, o, en últimas, la instalación de versiones anteriores de Windows. No se considera como sistema operativo inferior a una distribución de GNU/Linux que sea actual.

➢ **Dejar controladores sin instalar.** Al instalar una computadora desde el principio, hay muchas ocasiones que quedan controladores sin instalar. Ello puede provocar lentitud y hasta inestabilidad en el sistema pues Windows simplemente no sabe cómo administrar al dispositivo de marras. Si se sabe que el dispositivo no se usará, lo mejor es desactivarlo (eso, muchas veces, es posible hacerlo en el BIOS). Pero si se utilizará, lo mejor será instalar su controlador.

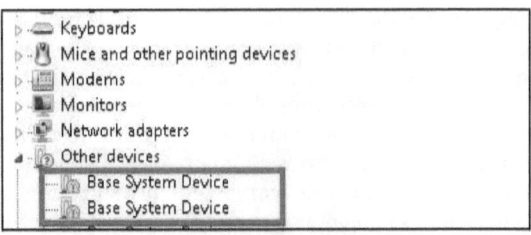

Fuente: Captura de pantalla

➢ **Dejar activados componentes de la computadora que no se utilizarán.** De manera predeterminada, todos los componentes de la máquina estarán habilitados. Pero si, por ejemplo, se sabe que jamás utilizará un puerto serial, o el sonido, o alguna interfaz de red, es mejor inhabilitarlos para evitar que consuman preciados recursos de la máquina. Este tipo de inhabilitación puede hacerse, por lo general, en el BIOS.

➢ **Desactivar las medidas de seguridad del equipo.** En ocasiones se solicitan equipos que contengan medidas de seguridad (como accesos a través de contraseñas, biométricos, cifrado de unidades de almacenamiento, antivirus, etcétera), pero como tales medidas de seguridad son invasivas y siempre afectan el rendimiento del sistema, muchos los deshabilitan o los desinstalan. En particular en equipos portátiles, es importante mantener las contraseñas y las unidades de almacenamiento cifradas. El riesgo de perder valiosísima información de la organización por esta razón es muy alto. Si las medidas de seguridad están establecidas por hardware, el impacto al rendimiento es menor que si lo están por software.

➢ **Instalar nuevos programas en sistemas operativos viejos.** Es frecuente que se encuentren, por ejemplo, versiones de Office 365 instaladas en Windows 7. A decir verdad, Office 365 espera los servicios provistos por un sistema operativo que, al menos, date del 2018. Si se instala un software tan actualizado en un sistema operativo como Windows 8.1 o anteriores, los resultados pueden ser poco halagüeños y acompañados por las sonoras quejas de los usuarios. Además, Microsoft Excel 365 ya utiliza SMP para los cálculos, y se requiere de un mejor manejo de SMP que el que ofrecen versiones antiguas de Windows.

➢ **Dejar el BIOS/UEFI sin contraseña:** Ningún equipo de cómputo corporativo debería dejar libre el acceso al BIOS. El área de soporte técnico de la Organización debería **SIEMPRE** configurar una contraseña para acceder a la configuración del BIOS/UEFI. En más de una ocasión, la curiosidad de los usuarios o de sus allegados pueden cambiar ciertos valores en el BIOS/UEFI que podrían dejar a la máquina incapaz de arrancar (y, en algunos casos, hasta borrar irremediablemente la información de la unidad de almacenamiento).

➢ **Configurar el equipo en Alto Rendimiento:** Hay quienes creen que esta configuración les mejora la capacidad de respuesta del equipo. La verdad es que la mejora es marginal y suele no superar el 1%. Las nuevas tecnologías están pensadas para funcionar en un modo equilibrado, donde se aprovechen mejor las capacidades del hardware, pero se reduzca el consumo de energía. Esta configuración es en particular dañina en equipos portátiles, donde puede sentirse en el equipo una temperatura alta que incomoda, así como un ruido persistente de los ventiladores de la computadora. Es muy recomendable evitar seleccionar esta opción. No hay razón de peso para hacerlo.

Si se evitan estas prácticas (y algunas otras), se reducirá sensiblemente la posibilidad de problemas de rendimiento, estabilidad o térmicos con la máquina.

PARTIR DE LAS NECESIDADES DEL USUARIO

Las necesidades del usuario serán clave para definir qué software satisfará mejor sus requerimientos. Una vez definido el software, los requerimientos de éste serán lo más adecuado para definir los requerimientos del hardware. El software, particularmente el software comercial, integra páginas Web que especifican sus requerimientos mínimos de hardware. Ello, así, será una buena guía para la configuración de los equipos.

EL PROCESADOR

En general, los núcleos del procesador deberán ir en relación con la cantidad de aplicaciones que estarán abiertas al mismo tiempo. Cuatro núcleos físicos deberían ser suficientes para la mayor cantidad de requerimientos de cómputo. Hay que recordar vestir al procesador con suficiente cantidad de memoria RAM para que funcione adecuadamente. Si se hará uso profuso de hojas de cálculo, o se hará desarrollo de aplicaciones, se utilizarán máquinas virtuales, se administrarán bases de datos, o se realizará cualquier tipo de procesamiento pesado, lo mejor será utilizar procesadores con más de 4 núcleos (6 u 8) físicos para facilitar estos procesos. Reitero, hay que recordar que, a mayor cantidad de núcleos, también se requerirá aumentar la memoria RAM.

La moderna tecnología de software hace un uso profuso del cómputo heterogéneo, de modo que hay que asegurarse que el procesador sea apto para este tipo de cómputo.

LA MEMORIA RAM

Es importante contar con la cantidad y la rapidez de memoria RAM que ofrezca el mejor funcionamiento posible de nuestro equipo. Lo mínimo es asignar 2GB por cada núcleo físico del procesador, y, de manera ideal, serían 4GB por cada núcleo. Es decir, lo mínimo para un procesador de 4 núcleos serían 8GB de RAM, aunque 16GB son más adecuados para las modernas necesidades. Ahora bien, lo mínimo de rapidez sería memoria DDR4 de 2666MT/s CL19, lo ideal sería memoria DDR4 de 2933 CL21, aunque una menor latencia sería bienvenida.

En la productividad, es importante tener la mayor capacidad de comunicación posible entre el procesador y la memoria RAM. De este modo, hay que asegurarse que la memoria funcione en modo Dual Channel (2 pastillas idénticas conectadas de forma adecuada en sus ranuras, hay que guiarse por el manual).

EL ALMACENAMIENTO MASIVO

Las unidades de almacenamiento masivo son, en la actualidad, el componente menos veloz de la computadora. Si la equipo tiene una cantidad adecuada de memoria RAM, esa lentitud se percibirá únicamente cuando algo se ejecute por primera vez, luego de encender la computadora, ya sea una aplicación o cuando se abran o consulten archivos en el disco. Si no se tiene la cantidad adecuada de memoria, el sistema tenderá a "paginar" o hasta "sobrepaginar", lo que podría llegar hasta el grado de entorpecer la productividad y, con ello, afectar seriamente la capacidad de respuesta del equipo.

Lo mínimo es utilizar unidades de disco duro estándar (HDD) de 7200RPM. Lo ideal es utilizar unidades SSD (y más ideal, aún, si son tipo M.2 NVMe) para agilizar la lectura y grabación de datos, así como el arranque de las aplicaciones. Los HDD ofrecen amplísimas capacidades de almacenamiento a expensas de la rapidez. Los SSD proveen una enorme rapidez a expensas de la capacidad de almacenamiento. Unas por otras.

GRÁFICOS

La moderna tecnología gráfica se basa en DirectX 12.1 para poder utilizar las actuales funciones de cómputo heterogéneo. Hay que asegurarse que los gráficos que se soliciten cumplan con DirectX 12.1 para funcionar lo mejor posible en Windows 10.

Ahora bien, los procesadores gráficos también ofrecen distintos grados de rapidez que se puede medir en GFLOPS o en cuadros/seg. Existen programas de pruebas de rendimiento, como UL 3DMark, Sisoftware Sandra, Passmark PerformanceTest, CompuBench y otros, que le pueden permitir conocer estas medidas. Hay que obtener los valores que de manera sobresaliente se adapten a las necesidades requeridas. Las tarjetas gráficas que mejores resultados gráficos y de procesamiento heterogéneo ofrecen son de las marcas AMD Radeon o nVidia Geforce, para la productividad general, o AMD Radeon PRO o nVidia Quadro para la productividad que requiere certificación.

PANTALLA

Una pantalla de 21" HD (1920 x 1080) puede ser lo mínimo recomendable para la máquina; sin embargo, agregar una segunda pantalla, sobre todo si ya se prevé que el usuario abrirá varias aplicaciones al mismo tiempo, puede ayudar a mejorar la productividad de manera significativa[217]. Un mayor campo de visión podría ser la diferencia entre una mayor productividad del usuario y un usuario que no perciba cambios debido a las limitaciones visuales que supone una sola pantalla. Comprar pantallas de mayor tamaño puede ser muy caro, y existe la posibilidad que comprar dos pantallas de 21" sea más económico que una grande.

ANTES DE INICIAR LA CONFIGURACIÓN

Es recomendable hacer un levantamiento del hardware al que se le hará la configuración. Ello permitirá tener claridad total del tipo y orientación que tendrá el hardware, así como de facilitar el control de las imágenes de referencia generadas. Para ello, se sugiere la siguiente lista de verificación:

- ☐ Marca y modelo: _____
- ☐ Tipo (MT/SFF/USFF/Laptop): _____
- ☐ Procesador: _____
- ☐ Capacidad, tipo y configuración de la RAM:_____

---

[217] En algunos estudios se reportan mejoras productivas del 40%, en otras llegan a más del 75%. A decir verdad, la mejora en productividad dependerá de la destreza del usuario para abrir y acomodar la información en las diferentes pantallas. Una tercera o cuarta pantallas podrían mejorar la experiencia si la multitarea es profusa.

- ☐ Capacidad y tipo de la(s) unidad(es) de almacenamiento: _____
- ☐ Sistema Operativo (versión, 32/64 bits, tipo): _____
- ☐ Aplicaciones requeridas: _____
- ☐ Generales (seguridad, tipo de uso, etcétera): _____

Si bien ésta es una lista limitada (y con líneas limitadas para escribir), dará una idea general del equipo y del tipo de imagen de referencia que se generará. Puede agregarse un apartado con una clave de imagen que debe aplicarse a este tipo de equipos una vez que se haya generado.

Hay ocasiones en que será necesario encender la máquina, realizar el proceso inicial de configuración incluido por el fabricante y activar a Windows 10 Pro mediante una conexión de red. Hay que asegurarse que Windows 10 Pro pueda activarse. Si no se activa, es probable que uno se encuentre ante un equipo con software pirata y ello puede traer serios riesgos de seguridad y de soporte.

BIOS/UEFI

Antes de generar la imagen de referencia, hay que asegurarse que el equipo donde se vaya a hacer cuente con la última actualización disponible de BIOS. Esto debe verificarse en el sitio Web del fabricante. Si se tiene un equipo prototipo o "engineering sample", hay que evitar actualizar el BIOS o podría quedar inutilizable.

La tarea de actualizar el BIOS es delicada y requiere de alguien con experiencia. Si el proceso falla, el equipo podría quedar inutilizable. A pesar de todo, la modernización ha traído la generación de herramientas que facilitan este proceso.

En las opciones del BIOS es preciso asegurarse que SIEMPRE esté activada la tecnología de virtualización por hardware (AMD-V o Intel-VT), por las causas explicadas en el Capítulo 7. A su vez, hay que procurar deshabilitar los dispositivos que no se utilicen (Puerto paralelo, puerto serial, OOBM, etcétera). Por último, si se va a utilizar Windows 10, hay que optar por el modo UEFI sin CSM para hacer el mejor uso de las características de seguridad y funcionalidad del equipo (para mayores detalles, ver el Capítulo 7). Si se instalará GNU/Linux, hay que verificar en la documentación si la distribución que se utilizará soporta UEFI (Linux Mint/Ubuntu, entre otros, sí lo soportan).

SISTEMA OPERATIVO

Hay que procurar elegir el sistema operativo que mejor aproveche las características del hardware, además de ofrecer la mejor funcionalidad posible para el uso profesional. Windows 10 Pro, Windows 10 Enterprise, Windows 10 Workstation o GNU/Linux en sus distribuciones con el Kernel 4.14 o superior pueden ser las mejores opciones para ello.

Drivers
En el caso de Windows, se deben utilizar solo los drivers o controladores que provienen del fabricante del equipo. Los equipos de uso profesional tienden a exigir controladores que estén firmados por el fabricante para asegurar la mayor compatibilidad y estabilidad posible. En ocasiones, el fabricante también ofrece alternativas de drivers para GNU/Linux. Hay que consultar con él cuáles son las distribuciones que se soportan por ellos de manera oficial.

Windows 7
Si se instala Windows 7, y se cuenta con una APU de AMD hasta de 6ª generación[218], se deberán instalar las correcciones KB2645594 y KB2646060 (en ese orden) para que el Kernel se adapte mejor al funcionamiento de la tecnología subyacente de las APU de AMD. Estas correcciones deben ser instaladas manualmente y pueden obtenerse desde http://support.microsoft.com/kb/2645594 y http://support.microsoft.com/kb/2646060. Los procesadores Intel hasta de 6ª generación[219] no requieren esta modificación en Windows 7. Cualquier procesador en Windows 8 y superiores tampoco requiere de estas actualizaciones.

Paginación distribuida
Si se está usando una unidad de disco duro estándar, se puede mejorar su capacidad de respuesta si se utiliza una unidad de memoria Flash que funja como archivo de paginación por separado. Desde 2007 Microsoft empezó a ofrecer esta opción en la forma de ReadyBoost, mismo que viene integrado en Windows desde la versión

---

[218] Recordar: en AMD los procesadores de 6ª generación son los A serie 8000.
[219] Recordar: los procesadores Intel de 6ª generación son los de la línea Core serie 6000.

Windows Vista. Para ello, se necesita insertar una unidad de USB o SD de, al menos, 256MB con un mínimo de transferencia de lectura de 2.5MB/s y de escritura de 1.75MB/s. Lo recomendable, en el caso de las memorias SD, es usar Clase 10@32MB/s. Para que esto funcione, simplemente se introduce la unidad de USB y, si tiene AutoPlay activado, aparecerá un cuadro como el siguiente:

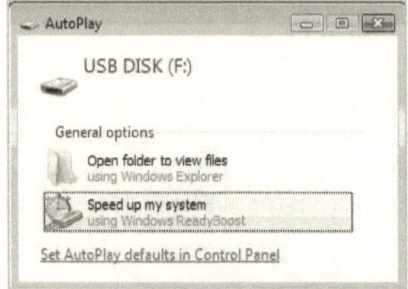

Fuente: Captura de pantalla

Lo recomendable, antes de hacer clic en "Speed up my system", es cambiar el formato de la unidad USB o SD. Esto requerirá que la unidad USB esté vacía, so pena de perder toda la información que allí se tenga. Solo hay que entrar a la opción de formatear y seleccionar exFAT como el tipo de formato. Una vez terminado el formato, hay que volver a hacer clic con el botón derecho en la unidad USB o SD y hacer clic en la opción "Propiedades" del menú desplegable. Allí en el cuadro "Propiedades", se hace clic en la ficha "ReadyBoost". Allí aparecerá un cuadro como el de la siguiente figura:

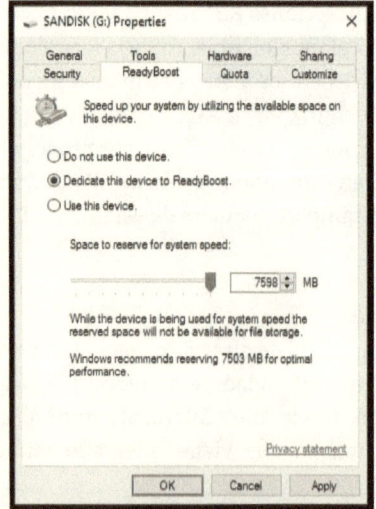

Fuente: Captura de pantalla

Estas opciones solo estarán disponibles si 1) la unidad de USB o SD insertada cumplen con los requerimientos de ReadyBoost y 2) si se tiene un disco duro HDD o SSHD instalado en la computadora, y que sea el de arranque. Si se cuenta con una SSD SATA-III o M.2, estas opciones no aparecerán, pues el rendimiento del SSD en sí será mayor que cualquier mejora que pueda obtenerse de ReadyBoost.

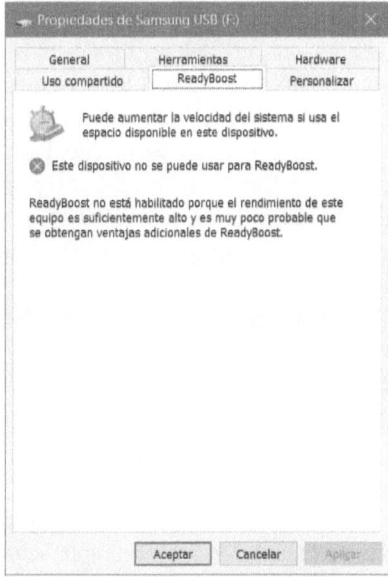

Fuente: Captura de pantalla

Existen alternativas a este tipo de tecnología ofrecida por Microsoft para brindar una agilización de computadoras que tengan discos duros estándar, como SanDisk/WesternDigital ReadyCache, AMD Radeon RAMDisk (que funciona directamente en la memoria RAM), AMD StoreMI, Enmotus FuzeDrive e Intel Optane, entre otros. En cualquier caso, la finalidad es la misma: ofrecer un medio alternativo para la paginación de la memoria en equipos con discos duros estándar y, además, con una limitada cantidad de memoria o, como en los últimos cuatro casos, agilizar el acceso a través de un medio ágil como las unidades SSD NVMe o la memoria RAM. Para el caso, lo mejor sería usar unidades SSD y, así, evitar el circo que significa instalar paliativos como los ya citados.

Inicio rápido

En otro orden de ideas, existe la posibilidad que una característica de Windows 10 diseñada para agilizar el proceso de arranque y apagado del sistema pueda traer problemas. Se trata de Inicio rápido (o Fast Startup) que es un híbrido de arranque en frío y activación por hibernación.

Hay ocasiones en que, cuando se instalan en automático las actualizaciones en el sistema, se requiere de un reinicio del sistema. Sin embargo, cuando el sistema avisa al usuario que debe realizarse el reinicio, los usuarios, por lo común, posponen el reinicio hasta finalizar el día. Al llegar el final del día, es posible que apaguen el equipo, pero el Inicio rápido no hace un apagado completo, sino que cierra los programas abiertos u lo hiberna (con lo cual, no se hace un apagado en frío y, por ende, no se instalan las actualizaciones). De acuerdo con la documentación de Microsoft[220], un posible efecto colateral de esto es que las actualizaciones podrían no instalarse y ello podría generar un estado errático del sistema que llegaría al grado de provocar comportamientos inesperados, como reinicios súbitos o pantallas azules. En los anillos actuales de Windows 10, al menos desde la versión 1903, cuando está pendiente un reinicio, en el botón de Apagar se encontrará la opción "Apagar y actualizar", lo cual eliminará este problema.

No obstante, si el equipo tiene un comportamiento errático, lo mejor será desactivar la característica del inicio rápido. Para ello se requieren permisos de administrador en Windows, y entrar a Menú de Windows | Configuración | Sistema | Inicio/apagado y Suspensión. Allí, hacer clic en el hipervínculo "Configuración adicional avanzada". En el applet Opciones de energía, hacer clic en el hipervínculo "Elegir la acción de los botones de inicio/apagado" y aparecerá el applet "Configuración del sistema". Para deshabilitar Inicio Rápido, hay que hacer clic en el hipervínculo "Cambiar la configuración no disponible actualmente" (para lo cual, se requiere permiso de Administrador). Ya que las opciones inferiores quedan habilitadas, se debe hacer clic en la casilla de verificación "Activar inicio rápido (recomendado)" para eliminar la marca y, luego, se hace clic en el botón "Guardar cambios". Una vez hecho esto, se recomienda reiniciar la máquina para que los cambios surtan efecto. A partir de ahora, cuando la máquina se apague hará un apagado total, y al encenderla se hará un arranque en frío.

[220] Microsoft, "Updates may not be installed with Fast Startup in Windows 10", https://support.microsoft.com/en-us/help/4011287/windows-updates-not-install-with-fast-startup

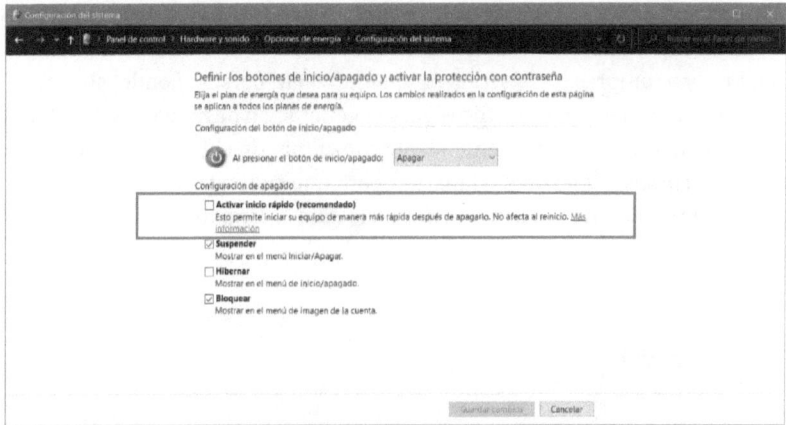

Fuente: Captura de pantalla.

Sin duda, esta característica de Inicio rápido mejorará con el tiempo. Mientras, si se sufren problemas de inestabilidad en el equipo, hay que probar inhabilitar esta opción.

IMAGEN DE REFERENCIA

Si se va a hacer una imagen de referencia, hay que asegurarse que el equipo cuente con todas las actualizaciones posibles y que se trate de un equipo de producción. Se debe evitar hacer imágenes de referencia sobre equipos prototipo o "engineering sample" pues el resultado puede ser contraproducente, al grado de tener que volver a hacer la imagen.

El proceso de generación de una imagen de referencia para la organización debe realizarse por cada diferente máquina que se tenga. Es importante evitar utilizar imágenes generadas para otras máquinas (o generaciones anteriores de un modelo de máquina en particular) para que no haya desaguisados. La creación de imágenes de referencia con la utilidad Windows ADK 10 v1903 es una de las más recomendables para generar imágenes de referencia que, incluso, pueden abarcar diversas configuraciones de máquinas. Puede verse una guía detallada, paso a paso, para la generación de una imagen de referencia en el sitio Deployment Research en https://deploymentresearch.com/Research/Post/1676/Building–a–Windows–10–v1809–reference-image-using-Microsoft-Deployment-Toolkit-MDT o en el sitio de

Microsoft https://docs.microsoft.com/en-us/windows-hardware/get-started/adk-install.

También, hay empresas fabricantes que ofrecen cursos donde se ponen en perspectiva procesos detallados técnicos para la generación de imágenes de referencia, en algunos casos, gratuitos. Es recomendable consultar con el fabricante para conocer si existen tales cursos y cuándo se imparten para que se tenga una idea clara para la correcta generación de una imagen de referencia para la Organización.

NOTAS FINALES

Quiero reiterar que no hago recomendaciones exclusivas, ni ofrezco garantías o asumo responsabilidad alguna por la instalación o efectividad de las herramientas o ajustes mencionados en este apéndice. El lector o la Organización asumirá toda la responsabilidad del licenciamiento comercial y decisión de instalación de cualquiera de estas herramientas indicadas.

A su vez, no garantizo de forma alguna que el rendimiento, la funcionalidad o la estabilidad mejoren ostensiblemente si se siguen detenidamente las guías indicadas en este apéndice. La proporción de la mejora dependerá de muchos aspectos, entre los que se incluyen la versión y configuración del sistema operativo y de las aplicaciones que allí se ejecuten, así como la cantidad de controladores (drivers), programas y utilidades que sean cargados automáticamente durante el arranque del equipo. No asumo responsabilidad alguna por los resultados obtenidos por el proceso de configuración del equipo.

Estas configuraciones son genéricas y pueden requerir que se adapten a las opciones ofrecidas por cada fabricante. Nuevamente, mi recomendación es: consultar con el fabricante.

APÉNDICE G

Tecnología

"Hemos preparado una civilización global en la
que los elementos más cruciales dependen
profundamente de la ciencia y la tecnología.
También hemos dispuesto las cosas de modo que
nadie entienda la ciencia y la tecnología."
—*Carl Sagan*

El uso de la palabra "tecnología" ha tenido un sinnúmero de definiciones a lo largo de la historia. Dentro de todo, he concebido a la tecnología y la he definido como "Todo aquello que permite ampliar los alcances o trascender los límites del quehacer humano". Ante ello, me interesó cuestionarme con mayor detenimiento qué es la tecnología y si una técnica o metodología también es tecnología. Este apéndice es una lectura de esparcimiento que me doy la licencia de agregar para cultura general.

ESTADO DEL ARTE

¿Qué existe ya escrito respecto a la tecnología? Hay estudiosos que se han orientado a sugerir definiciones de esta palabra y ésta es una excelente oportunidad para citarles y recordarles.

El Diccionario de la Lengua Española (2015) nos indica que se trata de un "Conjunto de teorías y de técnicas que permiten el aprovechamiento práctico del conocimiento científico". También agrega, "Tratado de los términos técnicos", "Lenguaje propio de una ciencia o un arte", "Conjunto de los instrumentos y procedimientos industriales de un determinado sector o producto".

Martin Heidegger (1954) en su histórico y conspicuo ensayo nos indica: "La tecnología es un medio para un fin [y] una actividad humana" y aclara: "La tecnología por sí misma es un artilugio o, en latín, un instrumento". Propone que, si la tecnología es un instrumento para un fin humano, esta concepción puede, por lo tanto, llamarse: "definición instrumental y antropológica de la tecnología".

La Wikipedia (2018) define los orígenes de la palabra Tecnología, "ciencia de la artesanía", como proveniente del griego τέχνη, techne, "arte, habilidad, capacidad manual", y λογία, logía, "estudio de" o "área de conocimiento". Establece que "es la colección de técnicas, habilidades, métodos y procesos utilizados en la producción de bienes o servicios o en el logro de objetivos, como en la investigación científica". Asegura que el uso de esta palabra "ha cambiado significativamente durante los últimos 200 años. Antes del s.XX, este término era poco común en inglés, y se utilizó tanto para referirse a la descripción o estudio de las artes útiles[221] como para hacer alusión a la educación tecnológica, tal como en el Instituto de Tecnología de Massachusetts (MIT)".

Y agrega que "el término 'tecnología' se destacó en el s.XX debido a la Segunda Revolución Industrial. Su significado cambió cuando los científicos sociales estadounidenses, a partir de Thorstein Veblen, tradujeron las ideas del concepto alemán 'technik' a 'tecnología'. En alemán y otros idiomas existe una distinción entre 'technik' y 'tecnología', misma que no existe en inglés, y que por lo general traduce ambos términos como 'tecnología'.

El Profr. Andy Lane (2006) nos ofrece unos interesantes puntos de vista al respecto, así como varias definiciones. En principio nos establece que "la palabra tecnología no es neutral. Distintas personas le dan distintos significados de acuerdo con su punto de vista y su contexto". Y define a la tecnología así: "La tecnología se ocupa de comprender cómo se utiliza el conocimiento de manera creativa en tareas organizadas que involucran a personas y máquinas para que cumplan con objetivos sostenibles".

El Business Dictionary (s.f.) nos da la siguiente definición: "El uso intencional de la información en el diseño, producción y utilización de bienes y servicios, y en la organización de actividades humanas". Y agrega: "La tecnología puede ser descrita de las siguientes maneras:

1. Tangible: planos, modelos, manuales operativos, prototipos.

2. Intangible: consultoría, resolución de problemas, métodos de capacitación.

---

[221] Las artes útiles, o técnicas, son las habilidades y métodos propias de materias prácticas, como la fabricación o la artesanía. De hecho, son antónimas al arte escénico y a las bellas artes. El término "artes útiles" está referido en la Constitución Estadounidense como "invenciones" (artículo uno, sección 8, cláusula 8).

3. Alta: uso de medios[222] total o casi totalmente automatizados e inteligentes que manipulan incluso cosas finas o cosas muy potentes.

4. Intermedia: empleo de medios semiautomatizados y parcialmente inteligentes que manipulan materia refinada y fuerzas de nivel medio.

5. Baja: manejo de medios que requieren de mucha mano de obra y que solo manipula materia gruesa y fuerzas más débiles".

Robert Romansyshyn (1989) establece una definición más poética: "La tecnología es la representación de la imaginación humana en el mundo".

Y, bueno, cabe destacar una cita de uno de mis mentores, Carl Sagan (2017), que nos dice: "Hemos preparado una civilización global en la que los elementos más cruciales dependen profundamente de la ciencia y la tecnología. También hemos dispuesto las cosas de modo que nadie entienda la ciencia y la tecnología. Eso es una garantía de desastre".

En el ámbito de una técnica, el Diccionario Collins (s.f.) la define como "un método en particular para realizar una actividad, usualmente un método que involucra capacidades prácticas". Y agrega, "es una capacidad y habilidad en actividades artísticas, de deportes u otras actividades que se desarrollan a través de la capacitación y la práctica".

El Diccionario Oxford (s.f.) la define como "una forma de realizar una tarea en particular, especialmente la ejecución o realización de un trabajo artístico o un procedimiento científico". Y agrega, "Destreza o habilidad en un campo en particular", y "Una forma diestra o eficiente de realizar o lograr algo".

El Business Dictionary (s.f.) la define como "Un procedimiento, fórmula o rutina sistemáticos mediante el cual se logra una tarea".

Wikipedia (2018) define la palabra como "un procedimiento para completar una tarea". Y separa a tecnología de técnica pues resume a la tecnología como "el estudio de o una colección de técnicas".

Podríamos continuar con las definiciones de "técnica" pero todas apuntan a lo mismo: "una serie de pasos para completar una tarea" o "una habilidad en algo".

---

[222] Si bien la traducción no es literal, dado que en el sitio se usa la palabra "tecnología" en esta parte, no es correcto definir una palabra con el uso de la palabra en sí. Es decir, no es correcto definir: "Tecnología: Es la tecnología que se usa para..."

ANÁLISIS

Como ha sido evidente en éstas y muchas otras definiciones de "tecnología" que encontré en diversas fuentes, el término "tecnología" se refiere, en particular, al **uso de** cualquier recurso que permita conseguir determinado fin. El recurso puede ser conformado por uno o varios de ellos. No es el recurso como tal, sino **es su uso** el que lo convierte en tecnología. El recurso puede ser tangible (dispositivos, herramientas, artilugios) o intangible (software, conocimientos, destrezas, técnicas). El recurso por sí mismo puede ser algo teórico, algo tangible o intangible, pero mientras no se utilice, pierde, por definición, su categoría de tecnología. Es hasta que se utiliza con un objetivo determinado que se le confiere su carácter de tecnología.

Y todas las definiciones concuerdan en ese punto: el DLE indica "permiten el aprovechamiento práctico...", lo cual es directamente asumido como "utilizar". Si se usa un recurso como un instrumento, es cuando se le confiere su calidad de tecnología (tal como lo define Martin Heidegger), y ello tiene sentido si revisamos en el DLE la definición de instrumento: "1. Objeto fabricado, relativamente, sencillo, con el que se puede realizar una actividad. 2. Cosa o persona de que alguien se sirve para hacer algo o conseguir un fin". Wikipedia establece también la expresión "utilizados en la producción" (es decir, que se usan).

El Profr. Lane también establece "utilizar el conocimiento" como parte neurálgica de la definición de tecnología. El Business Dictionary también se refiere al "uso intencional"; es decir, la utilización con un objetivo en particular. Hasta en la definición poética de Romansyshyn, la "representación de la imaginación humana en el mundo" no sería posible si no se pone en práctica o se ponen manos a la obra para convertir en algo tangible, o instrumentar o usar, lo que hay en la imaginación. A su vez, todos ellos apuntan a su uso con un determinado objetivo.

Ahora bien, una técnica no es tecnología por sí misma hasta que se la usa. La técnica define una serie de pasos para realizar una determinada tarea. Es una metodología o, incluso, una habilidad. Reitero que, de acuerdo con las definiciones, la única forma en que una técnica puede convertirse en tecnología es cuando **se la usa** para lograr una determinada finalidad.

CONCLUSIÓN

Así, con lo anterior, una técnica o metodología es un recurso y no equivale a tecnología si no se le usa como instrumento. La tecnología puede constar de una o varias técnicas, incluso, puede no incluir técnica alguna, mientras que una técnica puede no ser tecnología si solo está plasmada sin utilizarse. Así pues, mi definición original: "Tecnología es todo aquello que permite ampliar los alcances o trascender los límites del quehacer humano" cumple con las definiciones estándar de tecnología al integrar el uso (todo aquello que permite ampliar los alcances o trascender los límites) de algo con un fin en particular (el quehacer humano). Si esta definición se transforma, su esencia no cambia: "Son los instrumentos que permiten ampliar los alcances o trascender los límites del quehacer humano". Así, pues, no solo se habla de computadoras cuando se trata de tecnología.

EPÍLOGO

Descargo de responsabilidad y atribución

Este libro ha sido creado por A. David Garza Marín. Lo que escribe son sus propias opiniones y no representan el posicionamiento, estrategia u opiniones de Advanced Micro Devices, Inc. o la Universidad Nacional Autónoma de México, o de ninguna otra empresa o institución. Se proveen los vínculos a sitios de terceros y a las marcas registradas de terceros únicamente con fines ilustrativos para facilitar su referencia y para conveniencia del lector. A menos que se establezca de manera explícita, ni Advanced Micro Devices, Inc., ni la Universidad Nacional Autónoma de México se hacen responsables por los contenidos de este libro, ni de los vínculos, ni tampoco respaldan, apoyan o aprueban a terceros o a cualquiera de sus productos implicados.

La información presentada en este libro es solo para propósitos informativos y podría contener inexactitudes técnicas, omisiones y errores tipográficos.

La información contenida aquí está sujeta a cambios y podría percibirse inexacta por varias razones, entre las que se incluyen (pero no se limitan) cambios a los productos y a los roadmaps, cambios en la versión de los componentes (hardware y software), nuevos modelos o presentaciones de productos, diferencias de productos entre distintos fabricantes, cambios en el software, actualizaciones de BIOS, actualizaciones de firmware o cosas por el estilo. A. David Garza Marín no asume obligación alguna de actualizar, corregir o revisar esta información. Sin embargo, se reserva el derecho de revisarla y hacer cambios ocasionales al contenido sin obligación de notificar a persona alguna de tales revisiones o modificaciones.

NI A. DAVID GARZA MARÍN NI SUS EMPLEADORES HACEN REPRESENTACIÓN O GARANTÍA RESPECTO A LOS CONTENIDOS DE ESTE TEXTO Y NO ASUME RESPONSABILIDAD ALGUNA POR INEXACTITUDES, ERRORES U OMISIONES QUE PODRÍAN APARECER EN ESTA INFORMACIÓN.

A. DAVID GARZA MARÍN EN ESPECÍFICO RENUNCIA A CUALQUIER GARANTÍA DE COMERCIALIZACIÓN, LITIGACIÓN O DEMANDA POR CUALQUIER PROPÓSITO PARTICULAR. EN NINGÚN CASO PODRÁ DEMANDARSE A A. DAVID GARZA MARÍN POR

PERSONA ALGUNA POR ALGÚN DAÑO DIRECTO, INDIRECTO, ESPECIAL O CONSECUENTE POR EL USO DE ALGUNA INFORMACIÓN AQUÍ CONTENIDA, INCLUSO SI A. DAVID GARZA MARÍN ESTÁ DE MANERA DIRECTA ADVERTIDO DE LA POSIBILIDAD DE TALES DAÑOS.

www.ingramcontent.com/pod-product-compliance
Lightning Source LLC
Chambersburg PA
CBHW030610220526
45463CB00004B/1244